Great Lakes

Die Großen Seen Nordamerikas

Benjamin Jakobs · Peter Tautfest

Great Lakes

Die Großen Seen Nordamerikas

VISTA POINT VERLAG

Inhalt

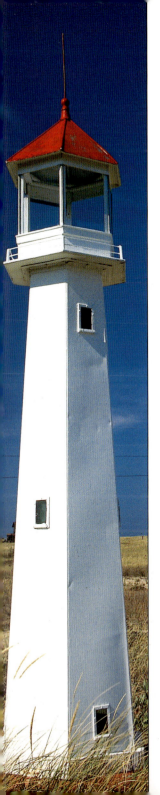

Die Großen Seen
Reiseland im Herzen Amerikas

Amerika hat seine West- und seine Ostküste. Jede steht für unterschiedliche Traditionen und Lebensarten und jede prägt nicht nur die Menschen, die direkt dort leben, sondern wirkt auch weit ins Landesinnere hinein. Soweit, so einfach, und doch ist das nur ein Teil der Wahrheit.

Denn Amerika hat noch eine Küste, die Third Coast oder North Coast, die Küste der Großen Seen. Diese Küste prägt Land und Leute nicht minder, und auch ihr Einfluss reicht weit ins Land hinein. So wie San Francisco und New York für das Lebensgefühl der West- und der Ostküste stehen, so ist Chicago die Hauptstadt der Nordküste. Auch Chicago ist eine Hafenstadt – und der dortige Hafen ist heute genauso unbelebt wie der von New York City.

Chicago, eine Hafen- und Küstenstadt? Amerikas *Heartland* eine Küstenprovinz? Das will einem erst nicht in den Kopf, denn Chicago ist zugleich die Hauptstadt der

Leuchtturm von Holland

Prärie, des Mittleren Westens und *Middle America*. All das ruft so viele ländliche Bilder hervor, dass eine Hafen- und Küstenstadt einfach nicht in die mentale Landkarte passt, die man sich von Amerikas Mittlerem Westen macht. Und doch, wer morgens in Chicago aufbricht, um im Süden um den Lake Michigan zu fahren, kann abends die Sonne im gleichen goldrot schimmernden See versinken sehen, aus dem sie morgens aufstieg – bei keinem der fünf Seen kann man das gegenüberliegende Ufer erkennen. Der Lake Michigan, mit 58 016 Quadratkilometern der drittgrößte, ist größer als Belgien, Luxemburg und die Niederlande zusammen, und der Lake Superior, mit 82 414 Quadratkilometern der größte, ist größer als Österreich.

Jean Nicolet befuhr 1634 die Großen Seen auf seiner Suche nach einer Nordwestpassage. Als er mit seinem Paddelboot bei Green Bay im heutigen Wisconsin anlegte, glaubte er in China zu sein. Er ahnte nicht, dass er durch lauter Binnenseen gepaddelt war – man könnte sich natürlich fragen, warum er nie das Wasser probiert hat. Die Strecke vom Ostufer des Ontario-Sees bis zum fernsten westlichen Zipfel des Lake Superior beträgt ein Drittel der Distanz von Küste zu Küste. Lake Michigan, Lake Huron, Lake Superior und Lake Erie machen aus dem Bundesstaat Michigan eine doppelte Halbinsel, und am Westufer des Lake Michigan trafen einst die Wasser des Sees auf die wogende Unendlichkeit der Prärie. Die Winde haben hier Auslauf, und die Möwe ist bis weit ins Landesinnere hinein der die Lüfte beherrschende Vogel.

Der Legende nach entstanden die Großen Seen, als der gigantische Holzfäller Paul Bunyan Wasser für seine Sägewerke brauchte. Er hob riesige Löcher aus, und warf die Erde – damit sie nicht auf seine Wälder falle – bis nach North und South Dakota, wo sie die Black Hills bildeten. Das Wasser für die Seen besorgte er sich aus dem Atlantik, zu dem er einen Graben buddelte, den St.-Lorenz-Strom. Als die Löcher vollgelaufen und so die Seen entstanden waren, nahm Paul Bunyan erneut die Schaufel und änderte die Laufrichtung des St.-Lorenz-Stromes wieder. Bei Niagara errichtete er ein steinernes Stauwehr, um das Wasser am Auslaufen zu hindern. Etwas Wasser läuft jedoch immer ab – Niagara Falls. Dass die Seen eine unterschiedliche Wasserhöhe besitzen, liegt an Paul Bunyans großem blauen Ochsen. Der trank zwar nur alle paar Jahre, soff aber dann ganze Seen aus, die dann erst langsam wieder volllaufen mussten.

Die Wirklichkeit ist auf ihre Weise so fantastisch wie die Sage: Die Großen Seen sind das Werk der Eiszeit. Vor etwa 13 000 Jahren bedeckten gewaltige Gletschermassen die Erde mit kilometerhohen Eispanzern. Deren Gewicht presste Vertiefungen in den Boden, die sich beim Rückzug des Eises mit Schmelzwasser füllten. So entstanden die Flüsse, Flüsschen und Ströme, die wie der Chicago River, der Illinois River und der Mississippi das Land durchkreuzen, so entstanden die ungezählten Gewässer der Seenplatten Wisconsins und Minnesotas, an denen man die Sommervillen und Schlösser der reichen Chicagoer ebenso findet wie die rustikalen Blockhütten bescheidenerer Urlauber; und so entstanden auch die riesigen Seen und Buchten, die Amerikas Silhouette an seiner nördlichen Grenze auf so charakteristische Weise ausfransen. Die Großen Seen sind gleichsam die amerikanischen Geschwister des Bottnischen Meerbusens, nur dass diese – anders als jener – keinen Ausgang zum Meer haben. Das vom Eis befreite Land gebärdete sich ein wenig wie ein auftauchendes U-Boot, es schwankte und troff. Deshalb flossen die Schmelzwassermassen erst nach Westen ins Mississippi-Becken ab und drängten dann in einer urzeitlichen Flutkatatrophe, die den St.-Lorenz-Strom schuf, nach Osten. Einen Nachhall dieser Katastrophe hört man noch heute im Donnern der Niagarafälle. Die Ostneigung des Landes nämlich ließ die Seen einen in den anderen überfließen, und die Höhendifferenz zwischen dem Erie-See und dem Ontario-See ließ den berühmten Katarakt entstehen, an dem der eine See in den anderen stürzt.

Die umherschweifenden Schmelzwasser verteilten das von den Gletschern fein gemahlene Gestein und mineralische Material in große Schwemmfächer. Sand- und Staubstürme brachten fruchtbaren Lös heran. Die Präriepflanzen trugen das Ihre zum Jahrtausendwerk guten Bodens bei. Um die Großen Seen und westlich von ihnen entstand ein Boden, dessen Mächtigkeit in Metern statt wie anderswo in Zentimetern gemessen wird und der 400 Tonnen organisches Material je Hektar aufweist – ideales Land für europäische Auswanderer. Hier siedelten sich Farmer an, hier entstand die Kornkammer der Welt.

Die Große-Seen-Region war eine Schatzkammer für die frühen Neuankömmlinge. Ihr Reichtum an Holz, Wild und Fisch übertraf alles, was man in Europa je gesehen hatte. Im Laufe der Besiedlung wurden diese Reichtümer weitgehend geplündert. Die untere der beiden Halbinseln Michigans ist heute weitgehend Farm- und Industrieland – von den großen Wäldern, die einst dort wuchsen, blieb nicht viel übrig. Bäume waren rar auf der Prärie, und das Holz wurde für den Bau der Städte wie Chicago

Die Schrammen im Gestein sind Spuren der Eiszeit

Farmgebäude im Sleeping Bear Dunes National Lakeshore

und Milwaukee sowie zur Verhüttung der Erze gebraucht. Die Seen wurden leer gefischt, es verschwanden der Riesenstör und der Lachs. Die in die Millionen gehenden Büffelherden wichen der Vieh- und Milchwirtschaft, die wogende Prärie den Weizen- und Maisfeldern.

Farmen und Industrie an den Großen Seen haben unser Leben mehr beeinflusst als wir mitunter ahnen: Hier wurden erstmals Rinder mit Mais gemästet, die dann in Chicago geschlachtet und durch Kühlzüge in alle Teile des Landes transportiert wurden. Hier erfand man Corned Beef, eingedostes Rindfleisch, auch die konfektionierten Fleischportionen, die Hamburger, und die dazugehörige industrielle Brotfertigung, hier wurden erstmals moderne Traktoren und Mähdrescher eingesetzt: Die industrielle Nahrungsmittelproduktion, die unsere Landwirtschaft und unsere Essgewohnheiten – nicht nur positiv – umwälzen sollte, nahm hier ihren Anfang.

Dabei ist die Region der Großen Seen keine kulinarische Einöde, in der es nichts als Hamburger aus Restaurantketten und Steaks gibt. Aus den Seen selbst kommen Stör und Walley Hecht und *Whitefish* (amerikanischer Seehering), aus ihren Zuflüssen Lachs und Forelle. In Wisconsin und Minnesota gibt es zarte Lämmer, Käse und gutes Bier, in Illinois Kälber und Kornschweine, Michigan ist Amerikas Obstgarten, und im Staat New York wird Wein angebaut und bestes Bier gebraut. Im Vielvölkergemisch der Städte durchdringen sich die Küchentraditionen aus aller Herren Länder, und man muss nur noch entscheiden, wie man essen will: vietnamesisch, thailändisch, chinesisch, libanesisch, griechisch, polnisch, deutsch, italienisch oder ...

So hat nicht nur die Gunst der Natur die Großen Seen zu dem gemacht, was sie in der Geschichte und Gegenwart Amerikas waren und sind. Denn als das Land nach seinen Schwankungen zur Ruhe gekommen war, hatten die Seen ihre Verbindung sowohl zum Mississippi wie zum Atlantik verloren. Erst der Bau von Kanälen und Wasserstraßen verlieh den Seen und den an ihren Ufern entstehenden Städten ihre Bedeutung. Der Erie-Kanal, 1825 vollendet, verband Chicago mit den Städten des Ostens und der Illinois-Kanal (1848) die Städte an den Seen mit dem Mississippi. Damit konnten Schiffe bis nach New Orleans segeln. Und seit der Eröffnung des St.-Lorenz-Seeweges zum Atlantik können Ozeanriesen von Griechenland, Indien und Australien aus bis nach Chicago und Duluth am Lake Superior fahren.

Die Kanäle gaben den Großen Seen ihre Bedeutung als Wasserstraße für die Eroberung, Erschließung, Besiedlung und Bewirtschaftung des amerikanischen Kontinents. Chicago wurde zur Hauptstadt zwischen Ost und West, und über die Seen kamen Rohstoffe und Güter von der Ostküste ins Landesinnere und von da zurück an die Häfen der Ostküste. Die Städte boomten, sie waren Zentren zur Verschiffung von Holz und Erzen und auch mehr und mehr Ziele für Einwanderer, die kamen, um ihr Glück in Amerika zu machen. Chicago, Milwaukee und Detroit wuchsen zu Millionenstädten, und um die Seen siedelten sich in aufeinander folgenden Wellen Polen, Iren, Skandinavier, Russen, Italiener und besonders Deutsche an. Sie alle prägten und prägen noch heute diese Region.

Das Wrigley Building am Nordende der Magnificent Mile von Chicago

Gleichzeitig lösten die Industriestädte wie Chicago, Milwaukee, Detroit, Toledo, Lansing, Flint, Pontiac, Gary, Cleveland, Toronto und Buffalo eine der größten Migrationswellen der Geschichte Amerikas aus, die Wanderung der Schwarzen aus dem Mississippi-Delta in den industriellen Norden. Die schwarze Bevölkerung brachte ihre Arbeitskraft und ihre Kultur mit. Der so genannte Blues Highway mündet in Chicago, verzweigt sich aber auch in andere urbane Zentren wie Milwaukee, Detroit und Minneapolis, die auch heute noch, genau wie Chicago, eine rege Musikszene haben.

Die fünf Großen Seen verbinden zwei Nationen und berühren acht amerikanische Bundesstaaten. Die Grenze zwischen Kanada und den USA verläuft durch die geografische Mitte der Seen Ontario, Erie, Huron und Superior. Einzig der Lake Michigan liegt vollständig auf US-amerikanischem Territorium. Durch ihn verläuft dafür die Grenze zwischen den Bundesstaaten Wisconsin und Michigan und zwischen den Zeitzonen Eastern und Central. In Chicago ist es also eine Stunde früher als in Detroit.

An den Großen Seen liegen die Bundesstaaten Minnesota, Wisconsin, Illinois, Indiana, Michigan, Ohio, Pennsylvania und New York. Die Seen bilden die Klammer zwischen Amerikas so genanntem Rostgürtel und seiner Kornkammer. Städte wie Milwaukee, Chicago, Gary (Indiana), Detroit, Cleveland und Toledo (Ohio) sowie Buffalo (New York) sind alte Industriestandorte, die in der Deindustrialisierung seit den 1970er Jahren erst verfielen – daher der Name Rostgürtel – und zur Zeit eine Renaissance erleben. In den Hafenstädten Duluth (Minnesota) am Lake Superior, Chicago am Lake Michigan, Port Huron am Lake Huron, Buffalo am Lake Erie und auch Minneapolis am Mississippi wurde der Reichtum der Prärie verarbeitet und umgeschlagen. Wer heute mit der Eisenbahn von Chicago nach Seattle fährt, muss an manchen Weichen entlang der Strecke auf einen der von vier haushohen Lokomotiven gezogenen kilometerlangen Güterzüge warten, die Getreide nach Duluth oder in die Brauereien von Milwaukee bringen. Die Seen verklammern zugleich die am dichtesten besiedelten Regionen der USA mit ihren entlegensten Provinzen. Auf der nördlichen Halbinsel Michigans, in einer an die arktische Tundra erinnernden Landschaft, weist nichts auf das nur anderthalb Tagesreisen entfernte Chicago oder Toronto hin, und in Wisconsin, nur ein paar Stunden von Milwaukee entfernt, kann man sich in den Weiten der Wälder verlieren.

Die Großen Seen liegen inmitten von Amerikas *Heartland*. Hier schlägt Amerikas Herz, und hier trägt Amerika sein Herz auf der Zunge. Keine Region verkörpert auf so dichtem Raum die ganze Mannigfaltigkeit und alle Widersprüche, die Amerika ausmachen. Hier entstanden Amerikas große Finanzimperien, hier walteten die Eisenbahn-, Auto- und Stahlbarone. Und nirgendwo sonst lagen Reichtum und Armut so dicht beieinander wie in Chicago, Detroit oder Milwaukee.

Seit Anfang der 1990er Jahre belebt sich die Region wieder. Die Großen Seen sind wieder sauberer, und in ihnen überleben neu ausgesetzte Fische. Die Wälder des nördlichen Michigan bevölkern sich wieder mit Bären, und der aus Kanada zurückkehrende Wolf wird hier wieder heimisch. Chicago und Milwaukee, Cleveland und Detroit sind nicht mehr Synonyme für städtische Armut, Slums und die Geißel des Verbrechens, sondern für eine saubere Service-Industrie und eine lebendige Kunstszene. Toronto ist die kanadische Boomstadt schlechthin, lebhaft, intellektuell, sicher und mit einem fantastischen Kulturprogramm wird es von amerikanischen Blättern überschwänglich als »New York ohne Fehler« gerühmt. ✾

Routenplanung
Wie man die Reise gestalten kann

Schon immer ein bevorzugtes Reiseziel für inneramerikanische Urlauber, sind die Großen Seen touristische Kleinodien, die so manchen Geheimtipp bergen. Ob man im Frühjahr und Sommer wandern, paddeln, schwimmen oder angeln will, im Herbst die Farbenexplosion der Ahornwälder erleben oder jagen, im Winter per Langlaufski oder Snowmobile durch die Wälder streift, hier ist das alles möglich. Wer urbanes Leben sucht, kommt in Chicago und Toronto am besten auf seine Kosten. Wie man sich die Region erschließt? Eine Anreise per Eisenbahn wäre kein schlechter Anfang. Zur Eisenbahn hat diese Region nämlich ein intimes Verhältnis. Denn so wichtig die Seen, Flüsse und die sie verbindenden Kanäle für die Erschließung auch waren, erst die Eisenbahn machte aus ihr das Herz Amerikas. Chicago ist die Eisenbahn-Hauptstadt des Landes. Von New York nach Chicago verkehrt ein traditionsreicher Nachtzug, der mit seinem Flair und seinem (durchaus erschwinglichen) Luxus an die entsprechenden Szenen in Hitchcocks berühmten Film »North by Northwest« (dt. »Der unsichtbare Dritte«, 1959) erinnert. Der Chicagoer Bahnhof ist grandios und ein Frühstück in einem Café auf der Michigan Avenue mit dem Blick auf den Lake Michigan ein guter Auftakt der Reise.

Wie geht es weiter? Zum Auto gibt es im modernen Amerika keine Alternative. Ein Netz von Highways durchzieht das Land, und wer sich die Landkarte der USA anguckt, gewahrt ein Phänomen, das Amerikaner *varicose highways* nennen. *Varicose veins* sind Krampfadern. Die großen Highways durchziehen wie hervorstehende Adern die Landschaft. Das Interstate-Highway-System wurde in den 1950er Jahren geschaffen, um eine schnelle Flucht aus den Städten zu ermöglichen, sollte es zu einem Atomangriff der Sowjetunion kommen. Sie dienten natürlich auch der Erschließung der Industriegebiete und trugen zum Zusammenbruch von Amerikas Eisenbahnsystem bei. Die Interstate Highways förderten auch die Suburbanisierung der Städte und die Zersiedlung der Landschaft.

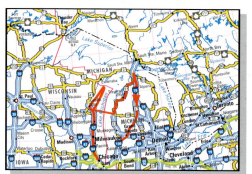

Drei Touren bieten wir in diesem Band an, und für jede benötigt man mindestens acht bis zehn Tage. Alle Touren beginnen in oder nahe Chicago, und die Routen sind miteinander verknüpft und berühren sich, so dass man sich problemlos eine mehrwöchige Reise zusammenstellen kann.

Die erste Route führt um den Lake Michigan herum – allerdings nicht

Spritztour auf der Keweenaw Peninsula bei Copper Harbor

ganz, denn die nördliche Spitze des Sees schneidet eine Überfahrt mit der letzten auf dem Lake Michigan noch verkehrenden Fähre ab. Die Reise beginnt in Chicago und führt am westlichen Seeufer entlang nach Norden über Milwaukee, die Hauptstadt der Deutschen in Amerika, ins bukolische Wisconsin bis hinauf in den Sporn der Door-Halbinsel, macht dann einen Bogen nach Manitowoc zurück, von wo es über den See nach Ludington im Bundesstaat Michigan geht.

Am Ostufer führt der Weg dann immer am Wasser entlang nach Norden, vorbei an den einzigartigen großen Binnenseedünen und auf der Fährte des jugendlichen Hemingway, dessen erste Geschichten in dieser Region spielen. Bei Mackinaw City, wo sich eine luftige Hängebrücke über die »Meerenge« zwischen Lake Michigan und Lake Huron zur nördlichen Halbinsel Michigans hinüberschwingt, besteht Anschlussmöglichkeit an die Route zwei (blau), der man dann in umgekehrter Richtung folgt. Die erste Route führt zurück durch das Landesinnere der unteren Halbinsel nach Süden, wo sich bei Saugatuck erste und dritte Route begegnen – eine durchaus sinnvolle Kombination. Von hier aus, einem amerikanischen Worpswede, kann man zum Ausgangspunkt Chicago zurückkehren und dann die Route drei (grün) anschließen.

Route zwei (blau) beginnt in Milwaukee, führt von dort in die lebhafte Studentenstadt Madison (die zugleich Wisconsins Hauptstadt ist), dann vorbei an Musterbeispielen der Präriearchitektur Frank Lloyd Wrights und entlang dem Mississippi zum

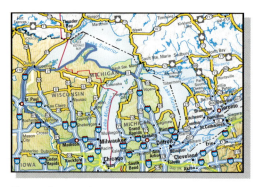

westlichsten Punkt der Reise, in die Twin Cities Minneapolis und St. Paul. Letztere ist die Hauptstadt von Minnesota. Von dort geht es nach Duluth am Lake Superior, dem größten der Großen Seen, dann das Südufer entlang nach Osten. Ein Abstecher, der nur lohnt, wenn man dort mehrere Tage bleiben will, führt auf die Isle Royale, die größte Insel im Lake Superior, einen Nationalpark mit Elchen und Wölfen. Durch Michigans Upper Peninsula, eine einsame Landschaft mit vereinzelten alten Erzstädten und wundervollen, auch während der Hochsaison einsamen Stränden – so am Pictured Rocks National Lakeshore westlich der Stadt Munising – geht es nach Osten. Bei St. Ignace fährt man auf die nördliche Auffahrt der Brücke über die Straits of Mackinac, dann ist Mackinaw City erreicht. Ein lohnendes Ziel für einen letzten Tagesausflug ist Mackinac Island. In Mackinaw City, dem Endpunkt der Tour, trifft man übrigens wieder auf die Route eins (rot).

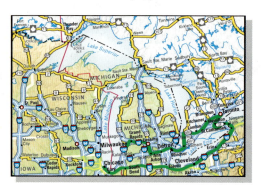

Route drei (grün) beginnt wie Route eins in Chicago, führt von dort nach Osten quer durch das nördliche, ländliche Indiana und Ohio bis zum Lake Erie. In Ohio ist Cleveland ein Ziel, weiter östlich in Pennsylvania die Stadt Erie und im Staat New York schließlich sind es Buffalo und die weltberühmten Niagarafälle. Dort überquert man die Grenze nach Kanada, nicht nur, weil die Fälle auf der kanadischen Seite imposanter sind, sondern auch, weil man Toronto, neben Chicago die aufregendste Stadt an den Seen, auf keinen Fall auslassen sollte. Vorbei an Waterloo und Kitchener, einer Doppelstadt, in deren Umgebung zahlreiche Mennoniten leben, an Stratford, wo jedes Jahr ein riesiges, international beachtetes Theaterfestival stattfindet, an den Stränden des Lake Huron, den ersten Ölfeldern des amerikanischen Kontinents bei Oil Springs (in Kanada) und dem Vogelparadies Point Pelee, einer Halbinsel im Lake Erie, erreicht man Detroit, einst Autozentrum, dann zerfallende Großstadt und heute wieder auf dem Weg zur interessanten Metropole. Weiter westlich liegen Ann Arbor, eine lebhafte und kultivierte Studentenstadt, Lansing, die ruhige Hauptstadt Michigans, und Grand Rapids, das Musterbeispiel einer amerikanisch-ländlichen, auch auf Tradition bedachten mittleren Großstadt. Nur wenige Meilen weiter ist Saugatuck erreicht, Endpunkt der Route und Treffpunkt mit der Route eins (rot).

Diese Routen sind Vorschläge. Natürlich kann man länger als einen Tag in Chicago oder Toronto bleiben – manch einer geht sein Leben dort nicht mehr weg –, natürlich auch länger als ein paar Stunden an der Pictured Rocks National Lakeshore, an den Stränden am Lake Michigan oder Lake Huron. Man kann die einzelnen Routen auch anders als angegeben miteinander kombinieren, wer es eiliger hat und viel sehen möchte, kann beispielsweise von Chicago nach Toronto fliegen und so eine große Strecke der Route drei (grün) abschneiden. Von Toronto führt dann ein Tagesausflug zu den Niagara Falls. Anschließend widmet man sich den Theateraufführungen in Stratford oder den Lake-Huron-Stränden in Grand Bend. Oder wer in Toronto landet, kann von dort dem Nordteil der Route drei folgen, an deren Endpunkt ein Stück rückwärts der Route eins (rot) und dann von Mackinaw City (ebenfalls umgekehrt) der Route zwei (blau), entlang dem Lake Superior bis Duluth und Minneapolis.

Benutzen Sie die Routen und Wegbeschreibungen als Bausteine und basteln Sie sich Ihren persönlichen idealen Aufenthalt. Tagelange Wanderungen können Sie in die Wildnis des Nordens führen oder aber über das Pflaster der Großstädte. Zwar sind die Vorschläge in diesem Buch erprobt, um eine erlebnisreiche Reise zu gestalten – wer will, sollte sich aber stärker treiben lassen. Immer dran denken: Man kann auch noch einmal wiederkommen. Erstens lohnt es sich und zweitens laufen die Seen nicht weg. ✦

Die Region der Großen Seen ist zu allen Jahreszeiten reizvoll: lodernde Farben der herbstlichen Laubwälder

Chronik
Abriss der Geschichte

Nachdem vor etwa 13 000 Jahren der letzte große Gletscher seinen Rückzug aus dem Gebiet der Großen Seen angetreten hatte, lag das Land in etwa so da, wie man es heute vorfindet: Das Eis hatte es abgehobelt und zahllose Seen gegraben, kleine wie die der Seenplatten von Minnesota und Wisconsin, große wie den Lake Michigan. Sie ließen auch ein Gewirr aus Flüssen und Strömen zurück und große Schuttsäume, Moränen genannte Geröllhalden. Um 7000 v. Chr. lassen sich hier die ersten Indianervölker nieder, Gruppen, die man gemeinhin als Old Copper Culture Indianer bezeichnet. Diese verarbeiten schon zwischen 5000 und 1500 v. Chr. im Gebiet der Upper Peninsula Michigans Kupfer.

Um 1000 v. Chr. Die ersten Woodland-Indianer sind im Gebiet der Großen Seen nachweisbar. Diese Kultur erlebt ihre Blütezeit zwischen 800 und 1600 n. Chr.

Um 1000 n. Chr. Drei Volksgruppen der Algonkin-Indianer aus dem Gebiet des St.-Lorenz-Stromes wandern nach Westen. Zu ihnen gehören die Ottawa- (oder Odawa), die Ojibwa- (oder Chippewa) und die Potawatomi-Indianer. Sie nennen sich selbst *Anishinabe*, übersetzt »erste Menschen«, und ihr neues Land *»Michi Gami«* – »großer See«. Die drei Stämme leben friedlich miteinander, allerdings in scharfer, auch kriegerischer Konkurrenz zu den um 1600 einwandernden Irokesen.

Ab 1000 Die ersten Europäer kommen nach Nordamerika. Wikinger landen an der Küste Labradors in Ostkanada; 1492, als Kolumbus Amerika erneut entdeckt, sind ihre Fahrten vergessen. Die europäische Aufmerksamkeit

Die Kultur der Ojibwa-Indianer ist noch heute bei PowWows lebendig

richtet sich auf den Süden des Doppelkontinents. Kolumbus und seine Nachfolger bringen Gold und Silber nach Spanien. John Cabot, ein im englischen Dienst stehender Seefahrer (eigentlich Giovanni Caboto) berichtet nach seinen Entdeckungsfahrten gen Norden – er landet 1497 wahrscheinlich an der Küste Neufundlands – über großen Fischreichtum. 1534 erforscht Jaques Cartier, ein Franzose, den St.-Lorenz-Strom. Er tastet sich weit in die Flussmündung hinein bis dorthin, wo heute Montréal und Québec liegen, und reklamiert das Land für Frankreich.

Ziel der europäischen Entdeckungen war nicht das Land selbst, es waren die schiffbaren Flüsse und Seen. Man war auf der Suche nach der Nordwestpassage, dem leichten Seeweg zu den Schätzen Chinas und Indiens. Man wusste inzwischen, dass Kolumbus nicht nach Indien gesegelt war, sondern einen neuen Kontinent entdeckt hatte. Aber quer durch diesen Kontinent musste es einen Weg nach Ostasien geben. Diese Suche wurde im Lauf der Jahrhunderte zu einer fixen Idee – überall wurde nach der Passage gesucht, keine Bucht ausgelassen, und auch der St.-Lorenz-Strom erschien vielen Seefahrern als ein möglicher Weg durch den Kontinent.

1603 Der französische Geograf Samuel de Champlain befährt den St.-Lorenz-Strom. Er gründet 1608 Québec als Ausgangspunkt der französischen Kolonialisierung und unternimmt von dort aus mehrere Reisen. 1615 gelangt er als vermutlich erster Europäer zum Lake Huron. Bei diesen Reisen gründet Champlain Handelsposten – der Pelzhandel ist das wirtschaftliche Rückgrat der ersten Niederlassungen in Nordamerika/Kanada. Der Tauschhandel mit den Indianern ist schwierig, da diese in Stammesfehden untereinander verwickelt sind. Champlain treibt vor allem Handel mit den Algonkins und den Huronen, nicht mit den Irokesen. Biberpelze sind in Europa ein beliebtes Handelsgut geworden. Waldläufer *(coureurs de bois)* wie Étienne Brûlé leben gemeinsam mit den Indianern, erkunden neue Handelsrouten für Pelze und entfernte Regionen und schaffen so die Grundlagen für eine erfolgreiche Handelspolitik.

1628/29 Engländer nehmen die Stadt Québec ein. Sie kontrollieren damit den Pelzhandel über den St.-Lorenz-Strom.

1634 Jean Nicolet erreicht als erster Europäer das Westufer des Lake Michigan.

1640 Jesuiten entdecken den Niagara River, die Fälle und den Lake Erie. In den nächsten Jahrzehnten werden Jesuiten zur treibenden Kraft bei der Entdeckung des Nordens. Sie lernen die Indianersprachen und gründen Siedlungen, in denen sie gemeinsam mit den Indianern leben.

1643 Beginn der Indianerkriege zwischen den Irokesen und den Huronen/Algonkins. Die bestehenden Fehden haben sich wegen der wirtschaftlichen Konkurrenz der Indianer untereinander verschärft. Die Huronen/Algonkins arbeiten eng mit den französischen Siedlern zusammen, die Irokesen vertreiben Pelze an die Niederländer, die weiter südlich entlang dem Hudson River siedeln. Um die eigenen Kolonien zu stärken, fördert Frankreich die Auswanderung nach Nordamerika.

1659 Franzosen erreichen als erste Europäer das westliche Ufer des Lake Superior.

1668	Der Jesuitenpater Jacques Marquette gründet Sault Ste. Marie am Ostufer des Lake Superior. Berichte über Pelzreichtum bringen neue Pelzhändler nach Norden. Johann Jacob Astor aus Walldorf bei Heidelberg, der nach New York ausgewandert war, wird mit seiner Handelsgesellschaft einer der neuen Pelz-Millionäre.

Jacques Marquette (1637–75), ein französischer Jesuit

1673 Louis Jolliet, ein französischer Waldläufer, und Jacques Marquette, erhalten den Auftrag, den Mississippi zu befahren, um dessen Verlauf endgültig zu bestimmen. Ziel der Expedition ist der Pazifik, denn man glaubt, der Mississippi münde in den Golf von Kalifornien, nicht in den Golf von Mexiko. Marquette, Jolliet und fünf Begleiter starten mit ihren Kanus im Mai 1673 von Mackinac Island, befahren das Westufer des Lake Michigan bis Green Bay und erreichen dann über den Fox und den Wisconsin River im Juni bei Prairie du Chien den Mississippi. Stromabwärts, am Zusammenfluss mit dem Missouri vorbei, gelangen sie bis Quapaw, das südlichste Dorf in Arkansas (südlich von Memphis/Tennessee gelegen und mehr als 1800 Kilometer Luftlinie von ihrem Ausgangspunkt entfernt). Dort beschließen sie Mitte Juli umzukehren – zumal geklärt war, dass der Mississippi in den Golf von Mexiko fließt. Zurück geht es über den Mississippi, dann den Illinois River, und im September 1673 erreicht die kleine Expedition wieder den Lake Michigan, dort, wo heute Chicago liegt.

1680 Louis Hennepin, ein Franziskanermönch, erkundet den Oberlauf des Mississippi.

1701 Antoine de la Mothe Cadillac überzeugt den französischen König aus strategischen Gründen eine Siedlung am Westufer des Lake Ontario zu gründen – die Keimzelle der Stadt Detroit.

1701–38 Kämpfe französischer Siedler gegen die Fox-Indianer und die Irokesen, die sich dem Bau französischer Forts entgegensetzen. Lachende Dritte sind die britischen Pelzhändler und Siedler. Um 1750 leben im Gebiet der Großen Seen etwa 20 Mal so viele Briten wie Franzosen.

1756 Der »French and Indian War« zwischen England und Frankreich beginnt – in Europa geht er als Siebenjähriger Krieg in die Geschichte ein. 1760 besetzen die Briten Detroit, Québec und Montréal. Im Frieden von Paris übergibt Frankreich 1763 alle nordamerikanischen Besitzungen den Briten.

1773 Die »Boston Tea Party« am 16. Dezember ist der Auftakt des amerikanischen Revolutionskrieges gegen die Briten. Was als Wirtschaftskrieg beginnt, wird 1775 zur militärischen Auseinandersetzung zwischen den Briten und ihren zwölf abtrünnigen Kolonien. Am 4. Juli 1776 verabschieden die Delegierten des »Zweiten Kontinentalkongresses« die von Thomas Jefferson entworfene Unabhängigkeitserklärung. 1781 kapituliert die britische Armee, und am 3. September 1783 wird die Souveränität der Vereinigten Staaten schließlich anerkannt. Tausende von Siedlern, die sich weiterhin der britischen Krone loyal verpflichtet fühlen, ziehen über die Landesgrenze nach Norden, nach Kanada.

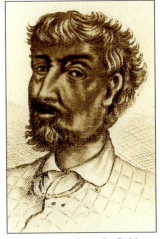

Jean Baptiste Point DuSable, Begründer und erster Einwohner Chicagos

1779 Jean Baptiste Point DuSable, Sohn eines Kaufmanns aus Québec und einer schwarzen Sklavin aus der Karibik, wird erstmals urkundlich erwähnt. Er hatte sich an der Mündung des Chicago River niedergelassen und trieb dort Handel mit den Indianern. Er gilt als erster Einwohner Chicagos – und Chicago ist damit die erste von einem Schwarzen gegründete Stadt der USA.

1787 Pennsylvania ratifiziert als erster Bundesstaat die US-Verfassung. Der Quäkerstaat ist zu dieser Zeit schon recht dicht besiedelt – 300 000 Menschen leben hier.

1803 Die Amerikaner errichten Fort Dearborn an der Mündung des Chicago River in den Lake Michigan (heute in Chicago). Sie beherrschen damit den Übergang von den Großen Seen zum Tal des Mississippi. Im selben Jahr wird Ohio Mitglied der Amerikanischen Union.

1805 Detroit wird bei einem Brand fast vollständig zerstört.

1812–14 Wegen einer von Großbritannien verhängten Handelssperre erklären die USA den Briten den Krieg. Der Krieg selbst führt zu keinerlei territorialen Veränderungen – auch wenn die Briten 1812 kurzfristig Fort Mackinac auf Mackinac Island einnehmen. Allerdings wird 1812 die aus Fort Dearborn abziehende Besatzung von Indianern überfallen, und 39 Männer, zwei Frauen und zwölf Kinder werden niedergemacht. Das »Dearborn Massaker« geht als ein traumatisches, mythenbildendes Ereignis ins kollektive Bewusstsein Amerikas ein: als Beleg dafür, dass die Indianer grausam und unberechenbar sind und dass die Territorien des Westens von der Regierung besser geschützt werden müssen. 1816 entsteht zur Befestigung der »Frontier« ein ganzes System von Forts, in dem das wiedererbaute Fort Dearborn eine Schlüsselstellung einnimmt. Es wird auch zum Zentrum des Pelzhandels, den jetzt die Amerikaner beherrschen.

1816 Indiana wird als 19. Bundesstaat in die Amerikanische Union aufgenommen, nachdem es die dafür notwendige Bevölkerungszahl von 60 000 Personen erreicht hat. Zwei Jahre später tritt auch Illinois (als 21. Staat) bei.

1825 Mit der Eröffnung des Erie-Kanals entsteht ein Wasserweg, der New York mit dem Erie-See (bei Buffalo) verbindet. Alle Städte an den Großen Seen, wie beispielsweise Chicago, haben nun einen direkten Warenaustausch mit den Städten des Ostens.

1828	Chicago entwickelt sich zu einem kosmopolitischen Zentrum, in dem die Welten der Indianer und Europäer, der Briten und Franzosen, der Kanadier und Amerikaner aufeinander stoßen und sich durchdringen. Hier wird gehandelt, getauscht, sich verproviantiert, Zwischenstation gemacht und in Kneipen gezecht; hier werden Expeditionen geplant, Waren umgeschlagen, Gewinne in Banken deponiert, angelegt oder transferiert, Kontrakte unterschrieben und Verträge erfüllt. Das kulturelle Leben ist von den Sitten, Gebräuchen und religiösen Riten der französischen Katholiken, der angelsächsischen Protestanten und der Potawatomi-Indianer geprägt.
1832	Am 5. April 1832 überquert der über 60jährige Häuptling Black (Sparrow) Hawk mit einem Heer aus Sauk-, Fox- und Kickapoo-Indianern aus dem heutigen Iowa kommend den Mississippi. Er will Territorien zurückgewinnen, um die er sich in einem Vertrag aus dem Jahre 1804 betrogen fühlt. Doch die Indianer haben kein Kriegsglück. Am 1. August 1832 treffen die versprengten Reste von Black Hawks Indianertruppen auf dem Mississippi auf ein Kanonenboot der Amerikaner. Diese eröffnen das Feuer und beschießen zwei Stunden die indianischen Flöße, obwohl die Indianer eine weiße Flagge hissen. Black Hawk kann mit 50 Mann entkommen, die anderen 300 Indianer – darunter Frauen, Kinder und alte Menschen – werden von den Truppen des Generals Henry Atkinson niedergemetzelt. Black Hawk wird später gefangen genommen und an der Ostküste inhaftiert.
1833	Am 28. September versammeln sich vor Chicago 8000 Ojibwa-, Ottawa- und Potawatomi-Indianer zur Unterzeichnung eines Vertrags mit den USA, in dem sie jeden Anspruch auf das Land östlich des Mississippi aufgeben. Als Gegenleistung verpflichten sich die Vereinigten Staaten zur Zahlung von einer Million Dollar in Geld und Waren über einen Zeitraum von 25 Jahren und zur Ansiedlung der Indianer in einem Gebiet gleicher Größe in Kansas und Missouri innerhalb von zwei Jahren. Von der ersten Anzahlung in Höhe von 150 000 Dollar werden etwa 20 000 Dollar an Waren von weißen Händlern gestohlen, nachdem sie reichlich Whiskey an die Indianer ausgegeben hatten. Nach dem Vertragsabschluss strömten die Siedler zu Tausenden nach Chicago. Am 5. August 1833 wird Chicago offiziell als Siedlung mit diesem Namen gegründet.
1837	Michigan tritt der Amerikanischen Union bei. Grenzstreitigkeiten mit Ohio und Illinois hatten eine frühere Aufnahme in die Union verhindert.

Ein Bankenkrach beendet eine Phase wilder Bodenspekulationen, nicht nur in Chicago. Die Spekulationen hatten mit der Idee begonnen, dass ein zentraler Hafen und ein Eisenbahnknotenpunkt gefunden werden müsse, der den Zugang zum Westen beherrscht. So beginnt im ganzen Westen ein Run auf Land, das den Baugrund für eine solche Stadt abgeben könnte. Spekulanten kaufen wertlosen Boden auf und propagieren ihn als ideal für die zentrale Stadt. Manche dieser Orte wie Toledo, Cleveland und Buffalo entwickeln sich tatsächlich zu wichtigen Zentren, die meisten nicht. 1827 bewilligt der Kongress Geld für den Bau des Illiniois-Michigan-Kanals, der das Flusssystem des Mississippi mit den Großen Seen verbindet. Auf die vage Vermutung hin, dass solch ein Durchstich Chicago zum Zentrum des

Westens machen würde, beginnen Spekulanten in die Stadt zu strömen und Land aufzukaufen. Grundstücke für 30 Dollar gehen ein Jahr später für 100 000 Dollar weg. Doch irgendwann ist der Boom zu Ende, zumal die Planung und erst recht der Bau keine Fortschritte machen.

1840 Douglass Houghton weist große Kupfervorkommen auf der Upper Peninsula Michigans nach. 1842 erwerben die USA den westlichen Teil der Halbinsel von den Ojibwa-Indianern und damit beginnt der »Kupferrausch«. Tausende suchen ihr Glück im Norden der Keweenaw-Halbinsel – einige finden es tatsächlich: In den nächsten 50 Jahren schafft »King Copper« Millionäre, und bis zum Ende des Jahrhunderts werden mit Kupfer 9,6 Milliarden Dollar verdient – zehn Mal mehr als mit dem Gold aus Kalifornien. Kupfer und Eisenerze begründen auch den industriellen Aufschwung der Städte im Süden der Großen Seen – von Duluth, Milwaukee, Chicago, Toledo, Detroit, Cleveland und Buffalo.

1847 Cyrus Hall McCormick verlegt die Fertigungsstätte seiner neu entwickelten Erntemaschine nach Chicago und legt den Grundstein der »International Harvester Company«, eines weltumspannenden Landmaschinenimperiums. Die Einführung seiner Erfindungen beschleunigt die landwirtschaftliche Erschließung des Westens und leitet die Mechanisierung der Landwirtschaft ein.

1848 Wisconsin wird Mitglied der Amerikanische Union. Im gleichen Jahr werden der Illiniois-Michigan-Kanal und die erste Eisenbahnstrecke nach Chicago eröffnet. Sie machen aus Chicago das Zentrum des Westens mit einem Hinterland bis zum Mississippi. Chicago entwickelt sich zum Eisenbahnzentrum Amerikas und damit zum wichtigsten Absatzmarkt für Getreide. So wird im selben Jahr auch die Weizenbörse in Chicago gegründet, auf der bis heute der Preis für Weizen festgelegt wird.

1848 Kanada erhält von Großbritannien das Recht auf innere Selbstverwaltung.

1855 In Oil Springs (Ontario) beginnt das Zeitalter der industriellen Ölförderung. 1861 wird hier die erste erfolgreiche Tiefenbohrung nach Öl durchgeführt.

1858 Minnesota wird Mitglied der Amerikanischen Union.

1861–65 Im Amerikanischen Bürgerkrieg zwischen dem industriellen Norden und dem agrarischen Süden, dessen Wohlstand weitgehend auf Sklavenarbeit beruht, setzen sich die Nordstaaten durch. Am 18. Dezember 1865 wird der 13. Verfassungszusatz verabschiedet, der die Sklaverei in allen Bundesstaaten der Union verbietet. Nach dem Ende des Bürgerkrieges kommt es zu einer riesigen Binnenwanderung innerhalb der USA. Aus den Südstaaten ziehen Millionen freigelassene ehemalige Sklaven in die Industriestädte des Nordens.

1865 In Chicago werden die Schlachthöfe eröffnet. Sie werden bald zu einer Touristenattraktion und als achtes Weltwunder gefeiert. Auf dem Höhepunkt ihres Betriebs werden täglich 21 000 Rinder, 75 000 Schweine und 22 000 Schafe geschlachtet, verarbeitet, verpackt und in alle Welt verschifft; seit 1868 in Kühlwagen.
In Cleveland (Ohio) gründen John D. Rockefeller und Samuel Andrews eine Ölraffinerie-Gesellschaft, die spätere Standard Oil.

1871 zerstört ein verheerender Brand Chicagos Innenstadt

1867   Der »British North America Act« vereinigt Ontario, Québec, Nova Scotia
und New Brunswick als Provinzen des *Dominion of Canada* zu einer parla-
mentarischen Monarchie mit voller innerer Autonomie, aber dem englischen König als Staatsoberhaupt.

1871   Eine verheerende Feuersbrunst zerstört den größten Teil der Innenstadt
Chicagos. Danach wird die Stadt vollständig neu wieder aufgebaut. Statt
Holz nutzt man nun Sandstein von der Upper Peninsula als Baumaterial.

1886   In Chicago demonstrieren am 1. Mai 80 000 Arbeiter für den Achtstunden-
tag, erstmals in der Geschichte der Arbeiterbewegung. Die Stimmung ist
wegen vorausgegangener Arbeitskämpfe und Aussperrungen bei der Mc-
Cormick Landmaschinenfabrik gespannt. Am Montag den 3. Mai wird eine
Protestversammlung vor den Toren McCormicks von der Polizei unter
Schusswaffengebrauch auseinander getrieben. Zwei Arbeiter werden getötet. Aus Protest versammeln sich am 4. Mai zwischen 1000 und 3000 Arbeiter auf dem Haymarket. Gegen 22 Uhr, als die Versammlung auf etwa
300 Personen geschrumpft ist, wird sie von Polizisten mit Gewehren ange-
griffen. In die aufmarschierende Polizei wird – möglicherweise von einem
Agent provocateur – eine Bombe geworfen. Ein Polizist stirbt sofort, sechs
weitere in den nächsten Wochen, über 60 Polizisten werden verletzt. Die
Polizei schießt in die Menge. Vier Arbeiter werden getötet, zahllose ver-
wundet. Der Bombenwerfer wird nie ermittelt. In den folgenden Tagen werden die Verfassungsrechte außer Kraft gesetzt und Hunderte von Menschen
verhaftet. Gegen 31 wird Anklage erhoben und gegen elf deutsche Arbei-
terführer das Verfahren eröffnet. Acht von ihnen werden zum Tod verurteilt
– bis auf einen, der gerade auf der Rednertribüne stand, war nicht einer von
ihnen an dem Abend auf dem Haymarket. Trotz weltweiter Proteste werden

am Freitag den 11. November 1887 vier Verurteilte hingerichtet. Sieben Jahre später begnadigt der neue Gouverneur von Illinois Peter Altgeld die noch inhaftierten Verurteilten. Seine Begründung kommt einer Rehabilitierung gleich.

1893 In Chicago findet die Columbus-Weltausstellung statt.

1894 Ein Streik bei der Schlafwagenfabrik Pullman Palace Car Company weitet sich aus. Eisenbahner und Bergarbeiter schließen sich an. Bundestruppen schlagen den Streik, einen der erbittertsten Arbeitskämpfe der amerikanischen Geschichte, schließlich nieder.

1896 Henry Ford eröffnet seine Autofabrik in Detroit. In wenigen Jahrzehnten entwickelt sich Michgan zum Autostaat Nummer eins und Detroit zur Autostadt Nummer eins in der Welt. 1908 rollt der erste Ford T (Tin Lizzy) vom Band, zur gleichen Zeit entsteht durch die Fusion von Buick, Cadillac und Oldsmobile der Autokonzern General Motors.

1906 Upton Sinclairs Roman »The Jungle« (deutsch »Der Dschungel«) wird veröffentlicht. Sinclair sagt später selbst über sein Buch, er habe an die Herzen und das soziale Gewissen Amerikas rühren wollen, sein Roman aber habe Amerika in der Magengrube getroffen. Die Zustände in den Schlachthöfen empören sein Lesepublikum mehr als die erbärmliche soziale Lage der ausgebeuteten Emigranten. In Amerika wird eine Behörde zur Überwachung der Nahrungsmittelindustrie geschaffen.

1910 Chicago zählt mehr als zwei Millionen Einwohner und überholt damit Philadelphia. Es ist nun jeweils nach New York die zweitgrößte Stadt der USA und zweitwichtigster Banken- und Industriesitz.

1920–33 Während der Prohibition wird vor allem Chicago zu einer Stadt der organisierten Kriminalität. Gangster der Al-Capone-Bande erschießen 1929 als Polizisten verkleidete in einer Garage sieben Mitglieder der Moran-Bande. 1931 setzen die legendären »Unbestechlichen« um Elliot Ness den Gangsterkönig Al Capone fest – die Anklage lautet: Steuerhinterziehung.

1924 Indianer erhalten die amerikanischen Bürgerrechte – für jeden anderen in den USA Geborenen galten diese schon seit 1867.

1931 Kanada wird autonomes Mitglied im *Commonwealth of Nations*.

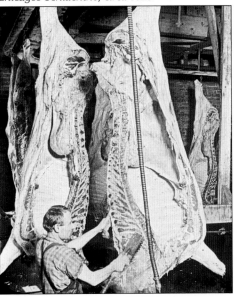
Chicagos Schlachthof circa 1923

1942	Einem Team von Physikern der University of Chicago gelingt die erste kontrollierte nukleare Kettenreaktion.
1943	Rassenunruhen in Detroit – 34 Menschen werden getötet.
1954	In Minneapolis und in Detroit entstehen die ersten Einkaufs-Malls – große Einkaufszentren außerhalb der Innenstädte, ein Modell, das sich nach und nach überall in den USA durchsetzt.
1959	Am 26. Juni wird der St. Lawrence Seaway eröffnet. Seither besteht eine Schiffsverbindung für Hochseeschiffe bis zum Hafen in Duluth am Westufer des Lake Superior.
1967	Soziale Unruhen in Detroit und Cleveland. Vor allem in den schwarzen Innenstadtvierteln brennen ganze Straßenzüge.

Al Capones ungefährliche Nachfahren

Am 23. Juli 1967 sterben in Detroit bei Unruhen 43 Menschen, 1000 werden verletzt und 7000 festgenommen. Der Grund: Die Wirtschaftskrise verwandelt den einst blühenden »Iron belt« – die schwerindustriell geprägten Städte am Südufer der Seen – in den so genannten »Rust belt«. Aus dem Eisengürtel wird der Rostgürtel. Fast überall ist die Lage gleich: Arbeitsplatzverluste durch Abwanderung von Industrien oder fehlende Konkurrenzfähigkeit auf den internationalen Märkten (vor allem in der Autoindustrie). Die Reaktionen sind ebenfalls überall ähnlich: Auszug der Besserverdienenden aus den Städten, Zerfall der Innenstädte, Revolten und erhöhte Kriminalität.

1968 Der demokratische Parteikonvent in Chicago, der den Präsidentschaftskandidaten und Nachfolger Lyndon Johnsons nominieren soll, ist Ziel großer Protestkundgebungen von Studenten und Gegnern des Vietnamkriegs. Bürgermeister Daley verwandelt Chicago in ein Heerlager und erlässt faktisch den Ausnahmezustand. Alle Demonstrationen werden gewaltsam niedergeschlagen. Nach dem Ende des Parteitages erhält Bürgermeister Daley ein Telegramm einer Gruppe von Delegierten aus Neuengland: Sie seien froh, Chicago verlassen zu haben und wieder in der freien Welt zu sein.

1974 Detroit wählt mit Coleman A. Young erstmals einen schwarzen Bürgermeister. In Chicago wird die Fertigstellung des Sears Towers, des mit 110 Stockwerken und 443 Metern damals höchsten Gebäudes der Welt, gefeiert.

1976 In Toronto wird der CN Tower nach dreijähriger Bauzeit eröffnet. Er übernimmt den Höhenrekord auf der Erde – 553,33 Meter.

1978 Cleveland muss den Bankrott erklären. Der Niedergang seit den 1950er Jahren hat sein logisches Ende gefunden.

1992 Vor den Toren von Minneapolis und St. Paul eröffnet die Mall of America, das größte Shopping Center der USA, in dem gleichzeitig auch ein Vergnügungspark untergebracht ist. Dort arbeiten 10 000 Menschen.

1995 In Cleveland wird die Rock 'n' Roll Hall of Fame and Museum eröffnet. Diese Eröffnung markiert einen Wendepunkt in der Geschichte der Industriestädte am Südufer der Großen Seen. Der Schuldenabbau der Städte, die Förderungen von privaten Investitionen durch Steuererleichterungen oder Ausgaben der öffentlichen Hand scheinen erfolgreich zu sein: Alte Industriestädte wie etwa Duluth, Cleveland, Milwaukee und Buffalo scheinen die Krise der 1950er bis 1980er Jahre überwunden zu haben – sie gelten heute als gute, wenn nicht erstklassige Adressen in den USA.

2000 Im Zentrum von Chicago eröffnet ein Theaterzentrum. Das Goodman Theatre nimmt den ganzen Block an der Ecke Randolph und State Streets ein.

2006 In Chicago soll der Spatenstich zum 115-stöckigen Fordham Spire erfolgen, dem mit 444 Metern höchsten Gebäude Amerikas. Bereits im Rohbau steht der nach Plänen des Architektenbüros Skidmore, Owings, and Merrill errichtete, 750 Millionen Dollar teure Trump Tower Chicago, mit 92 Stockwerken, 345 Meter (415 Meter bis zur Antenne) bei Fertigstellung 2008 Amerikas zweithöchster Wolkenkratzer. ✦

Die Skyline von Toronto: In der Mitte der CN Tower und die Kuppel des Rogers Centre, des Football- und Baseball-Stadions

① Chicago
Hauptstadt des Mittleren Westens

Programm

Vormittag   Mit der Ravenswood El (braune Linie) bis LaSalle St.; mit O'Hare-
                 Congress/Douglas (blaue Linie) und Howard-Dan Ryan El (rote Li-
                 nie) bis Haltestelle Jackson Blvd.; mit Lake St.-Eaglewood/Jackson
                 Park El (grüne Linie) bis Haltestelle Adams St.; mit allen anderen El-

Linien bis Haltestelle LaSalle St. Mit den Bussen 135, 136 oder 156 bis Haltestelle LaSalle St. & Jackson Blvd.
Von dort zu Fuß zur Ecke Jackson Blvd. & Dearborn St. Frühstück bei Jacobs Brothers. Anschließend Besichtigung der **Board of Trade** und Spaziergang zu **Rookery** und **Sears Tower**. Entlang der State St. nach Norden zu **Marshall Field's** und **Daley Plaza**. Vom Thompson Center über die Dearbon St. zum **First National Bank Plaza**.

Mittag   Lunch im **Italian Village** oder bei Berghoff.

Nachmittag   Vom **Federal Plaza** vorbei am Marquette Building zur **Harold Washington Library**.

Abend   Einkaufsbummel über **Magnificent Mile** und Cocktail im Signature Room auf dem Dach des **John Hancock Buildings**. Anschließend Nightlife in der Gegend um die **Rush St**.

Chicago war gleichzeitig und nacheinander: Präriesumpfloch, Westernstadt, Bodenspekulantenhölle, Eisenbahnzentrum, wichtigste Hafenstadt und industrielles Herz Amerikas, die Stadt brutalster Klassenkämpfe und das Mekka der Literaten, Heimat der renommierten University of Chicago und Hochburg des organisierten Verbrechens. Chicago war Erfinderin des Wolkenkratzers und des Urban Blues. Geniale Baumeister wie Louis Henry Sullivan, Frank Lloyd Wright, Daniel Burnham und Ludwig Mies van der Rohe hinterließen hier ebenso ihre Spuren wie die Abrissbirne.

Die Hauptstadt des Mittleren Westens sitzt fast genau im Zentrum des amerikanischen Kontinents und wie eine Spinne im Netz der transkontinentalen Eisenbahnverbindungen – in Amerika führen alle Wege nach oder über Chicago. Damit beherrscht die Stadt die strategische Nahtstelle zwischen den alten Zentren des Ostens und den Weiten des amerikanischen Westens. »Chicago, the city that works«, lautet ein Slogan, mit dem die Stadt sich gern selbst charakterisiert – und mit dem Doppelsinn des Wortes »work« meint man zugleich arbeiten und funktionieren. Chicago ist eine der Städte des amerikanischen Rostgürtels, die den Übergang von der Industrie- zur Servicemetropole geschafft haben. Ihre Luft ist davon besser geworden, die soziale Situation kaum.

Und was ist vom Image Chicagos heute geblieben, wo die Schlachthöfe und Gangster ebenso verschwunden sind wie die Rauchwolken, die den Hunderten von Schloten entstiegen? Chicago, das ist das Freilichtmuseum moderner Architektur in der »Loop«, wie die Chicagoer City genannt wird, und das Einkaufsparadies auf der Magnificent Mile, das sind an die 200 Theater und die größte Warenterminbörse der Welt, 100 Blues- und Jazzkneipen und die renommierte Chicagoer Oper, eine der aufregendsten Musik- und Künstlerszenen Amerikas und das berühmte Chicago Symphony Orchestra, das Ukrainian Village und Klein-Warschau, die vornehmen Vorstädte am North Shore und die Vielvölkermeile Devon Avenue. In Chicago kann man stundenlange Spaziergänge auf Clark Street und Halsted, auf Broadway und Belmont Avenue, durch Boutiquen und Kneipen ziehen; man kann im Straßencafé oder auf den Stufen der Häuser in den dörflich wirkenden *neighborhoods* sitzen, während das Völkergemisch einer kosmopolitischen Stadt an einem vorbeizieht. Chicago, das sind vor allem seine Menschen – dynamisch und innovativ, urban und bodenständig, kosmopolitisch und verwurzelt, freundlich und humorvoll.

Was in anderen amerikanischen Städten Downtown heißt, das ist in Chicago »The Loop«, die Schleife. Ihren Namen verdankt sie der Ringbahn, die auf Hochschienen rund ums Zentrum führt: »El« (von *elevated tracks)*. Eine Erkundung der Loop beginnt man am besten mit einer Rundfahrt auf ihr.

Das Herz Chicagos sitzt in der Loop – wozu auch deren Bannkreis außerhalb

Bluesfestival im Grant Park vor der Skyline Chicagos

des Rings gehört – mit den Weizen- und Warenterminbörsen, den Banken und Versicherungen, den Verwaltungszentren von Stadt, Bundesstaat und Bund, den großen traditionsreichen Kaufhäusern und vornehmen Geschäften. Hier befinden sich Chicagos berühmte Oper, das Chicago Symphony Orchestra und das berühmte Art Institute, und hier ragen vor allem die architektonischen Wunder-

Chicago ist für seine Wolkenkratzerarchitektur und ausgefallenen Konstruktionen berühmt

werke in die Höhe. Hier macht man Geschäfte, aber gewohnt wird in den außerhalb gelegenen *neighborhoods*.

Damit teilt die Loop das Schicksal fast aller Citys, denn für den Abend fehlen ihr die attraktiven öffentlichen Räume wie Parks, Kneipen, Cafés, Bars und Kinos. Zum Flanieren lädt Chicagos Zentrum vornehmlich tagsüber ein.

Am Anfang steht ein Besuch der Weizen- und Warenterminbörse auf dem Programm. Wer zwischen 8 und 10 Uhr auf dem Jackson Boulevard Richtung LaSalle Street strebt, wird von einem Menschenstrom mitgerissen, der in den Financial District eilt: Elegant gekleidete Männer und Frauen in *business suits* mit Kaffeebehältern in der einen und einer Tüte Donuts (eigentl. Doughnuts) oder Muffins in der anderen Hand. An der Ecke Dearborn Street findet man Futtertrog und Tränke dieser Businesselite. Neben der Eingangstür dieses wuchtigen Baus aus braunen Quadern ist »Jacobs Brothers Bagels«, wo sich die Büroangestellten ihr Frühstück zum Mitnehmen besorgen. Hier gibt es Bagels, kreisrunde im Wasserbad gegarte Hefebrötchen mit einem Loch in der Mitte, und Kaffee. Die Hektik vermittelt einen Eindruck von Tempo, Vitalität und Drive der Stadt; hier sollte man im hinteren Raum Bagels frühstücken und

vom Fenster aus dem Treiben auf der Dearborn Street zusehen.

Das **Monadnock Building** eignet sich auch bestens als Ausgangspunkt für eine Erkundung der Chicagoer Architektur, weil es zwei Welten und zwei Epochen vereint. Den nördlichen Teil bauten Burnham & Root 1889–1891 in klassischer Weise mit tragenden Wänden. Der südliche Teil des Architekten-Duos Holabird & Roche – eine mit Terrakottaziegeln verkleidete Stahlkonstruktion – verkörpert die neue, in Chicago erfundene Bauweise, die ohne tragende Wände auskommt. Das Monadnock war zeitweilig das höchste Gebäude der Stadt. Auf den Financial District mit der traditionsreichen Continental Illinois Bank (heute Bank of America, Illinois), der Federal Reserve Bank (der amerikanischen Bundesbank) und dem Allerheiligsten, dem

Treppenhaus des Rookery Building

Sakralbau des Mammon, dem Chicago Board of Trade, der Warenterminbörse, trifft man an der Ecke Jackson Boulevard und LaSalle Street. Die räumliche Nähe war früher wichtig, als Kauf- und Verkaufsorders sowie Kursänderungen noch durch Boten übermittelt wurden, im Zeitalter des Computers spielen Distanzen keine Rolle mehr. Die massige Präsenz dieser drei Finanztempel aber macht die Bedeutung des Geldes für diese Stadt sinnfällig.

Im fünften Stock des Chicago Board of Trade bietet sich ein unbeschreibliches Schauspiel: Unter einer hohen Decke, an der entlang unausgesetzt in Leuchtschrift Angaben über Preise und Mengen laufen, schreien und gestikulieren in einer Halle voller Monitore Hunderte Börsianer und werfen sich gegenseitig kryptische Handzeichen zu. In der Erregung kann es auch mal zu Tätlichkeiten kommen. Hier entstehen und vergehen Vermögen, hier werden Milliarden umgesetzt, hier geht es um Gewinn oder Verlust und nicht selten um die Existenz, hier werden Weizen und andere Rohstoffe gekauft und verkauft. Für die Zuschauer laufen auf Monitoren interaktive Lehrfilme, die erklären, was hier gespielt wird.

In unmittelbarer Nähe zu den Tempeln des Geldes steht an der Ecke LaSalle & Adams Streets das vielleicht schönste Gebäude von Chicago, die **Rookery**. Heute nehmen sich die zwölf Stockwerke neben den 110 des Sears Tower fast mickerig aus, aber was diesem Bauwerk an Höhe fehlt, macht es durch architektonische und ästhetische Raffinesse wett. Die Rookery wurde von den Begründern der Chicago School of Architecture, dem Duo Burnham & Root, 1886–87 gebaut. Sein maurisch anmutender Lichthof von Frank Lloyd Wright ist aber das eigentliche Schmuckstück.

Der Eindruck entsteht durch die filigrane schmiedeeiserne Konstruktion, die das Glasdach trägt und dem Raum die Atmosphäre eines orientalischen Herrscherzelts verleiht. Der Innenraum ist von goldverziertem weißen Marmor eingefasst. Eingangshalle, Lichthof und Galerie sind öffentlich zugänglich.

Auf dem Jackson Boulevard Richtung Westen, kommt man zum **Sears Tower**, und von dessen Aussichtsterrasse im 103. Stock gewinnt man einen Gesamteindruck von Chicago. Sears baute 1968–74 für 186 Millionen Dollar das mit 110 Stockwerken und 443 Metern bis 1996 höchste Gebäude der Welt für das weltgrößte Einzelhandelsunternehmen – damit schlug Chicago die Stadt New York, mit der sie seit Jahrzehnten um das höchste Gebäude wetteiferte. Im Zeitalter der Stadtflucht und der Telekommunikation zog Sears 1992 aus dem Gebäude aus und stellte 1993 seinen Versandhandel ein. Damit starb eine amerikanische Institution, und damit ging in Amerika auch die Ära der Wolkenkratzer zu Ende – zunächst jedenfalls. Deren neue Generation entstand in Kuala Lumpur, Hongkong, Shanghai und Dubai, wo die Türme inzwischen die amerikanischen überragen. Pläne Chicagoer Baumeister zu Beginn des 21. Jahrhunderts ein neues höchstes Gebäude mit dem höchsten Apartment des Globus zu errichten, wurden nicht verwirklicht.

Auf dem Jackson Boulevard führt unser Spaziergang zur State Street, der ehemaligen Prachtstraße und »Mall« der Loop. Wo Anfang des 20. Jahrhunderts zehn Kaufhäuser standen, gibt es heute noch zwei. **Carson Pirie Scott & Co.** beeindruckt durch seine ornamentale Fassade von Louis H. Sullivan. **Marshall Field's,** weiter nördlich, wurde Anfang der 1990er Jahre für 155 Millio-

nen Dollar zu einem veritablen Konsumtempel umgestaltet.

Jenseits des großen Platzes, gegenüber von Marshall Field's liegt die **Richard J. Daley Plaza** mit Chicagos Machtzentrum, dem Daley Center von Mies van der Rohe, das die älteren, von Holabird & Roche paarig angelegten Doppelgebäude des County Building und des City Council fast verdeckt. Richard J. Daley war Chicagos legendärer Bürgermeister, der nach 1955 fünfmal wiedergewählt wurde und die Stadt 21 Jahre lang wie seinen Erbhof regierte.

Der Bau des Daley Center machte den Abriss eines ganzen belebten Viertels aus kleinen Straßen und Geschäften notwendig, was zur Verödung der City beitrug. Die ursprünglich umstrittenen Plastiken von Picasso und Miró, mit denen die Öde des leeren Platzes gemildert werden sollte, sind zu Wahrzeichen der Stadt geworden.

An der nordwestlichen Ecke schließt sich das **Thompson Center** an, eins der kühnsten und umstrittensten Gebäude der Stadt von dem deutschen Architekten Helmut Jahn. Zu seiner Charakterisierung werden meist Begriffe aus der Raumfahrt gewählt: »überdimensionale Raumkapsel« oder »abgestürzte fliegende Untertasse«. Eine Fahrt mit einem der gläsernen Aufzüge durch das Atrium macht den dramatischen Innenraum erfahrbar.

Schräg über die Daley Plaza gelangt man zur Dearborn Street und auf dieser bis zur Kreuzung mit Monroe, wo die **First National Bank** den gleichnamigen Platz beherrscht. Chagalls Wandmosaik »Vier Jahreszeiten« aus buntem Marmor, Glas und Steinen kommt erst im Dunklen bei künstlicher Beleuchtung richtig zur Geltung.

Hier könnte man sich im Italian Village stärken, das drei Restaurants ver-

Diese Picasso-Skulptur auf der Daley Plaza wurde erst misstrauisch beäugt und ist heute eins der Wahrzeichen der Stadt

schiedener Preisklassen unter einem Dach beherbergt, oder bei »Berghoff«, einem alten deutschen Bierhaus und einer Chicagoer Institution. Am authentischsten ist allerdings der Imbiss in der Stehbierhalle, wo gutes Bier vom Fass ausgeschenkt wird und wo sich Chicagos Geschäftsleute ein schnelles Mittagessen holen. Hier ahnt man noch etwas von dem Flair der Chicagoer Gründerjahre.

Nach der Mittagspause geht es auf der Dearborn Street zum südlichen Rand der Loop, Richtung Congress Parkway, vorbei am **Marquette Building**, einem Klassiker der Chicago School of Architecture von William Holabird & Martin Roche. Etwas weiter südlich gelangt man zur Federal Plaza, dem dritten der großen Ensembles und Standort der Bundesbehörden mit Alexander

Calders roter Stahlskulptur »Flamingo«. Der monumental und zugleich schlicht wirkende Platz wurde von Mies van der Rohe entworfen und besteht aus der niedrigen, lang gestreckten Hauptpost, dem Kluczynski Building und dem Everett Dirksen Building auf der gegenüberliegenden Straßenseite.

An der Ecke Dearborn & Van Buren Streets biegt man nach links ab und steht an der State Street vor dem **Leiter Building**, einem der ältesten Gebäude der Chicago School of Architecture aus dem Jahr 1891 und dem ersten der architektonischen Moderne.

Das beeindruckende Backstein-Monstrum auf der gegenüberliegenden Straßenseite ist die 1991 fertig gestellte Harold Washington Library, benannt nach Chicagos erstem schwarzen Bürgermeister. An der rückwärtigen, westlichen Front sieht man, dass die Backsteinfassade nur ein modernes Stahlgerüst verkleidet. Der Eklektizismus dieses »Zwitters« markiert eine Zeitenwende in der Architektur: hinten strenge funktionale Stahlkonstruktion nach dem Glaskastenprinzip und vorn ein Spiel mit Stilelementen aller Epochen der Baugeschichte.

Am Congress Parkway hat man die südliche Begrenzung der Loop erreicht; nach Burnhams Plan sollte er das nie verwirklichte Civic Center mit dem See verbinden. Beim Verlassen der Loop durchschneidet er die **Midwest Stock Exchange**: Außer den Rundbögen ist nichts von Sullivans inzwischen abgerissener Börse übrig geblieben.

Alternativ oder als Ergänzung zum Rundgang durch die Loop bietet sich ein Spaziergang entlang der Michigan Avenue an. Sie bildet die östliche Grenze der Loop, entlang ihrer Achse dehnt sich die City nach Norden aus. Die Michigan Avenue zerfällt gleichsam in zwei Teile, eine Kultur- und eine Shoppingmeile. Südlich des Chicago River steht die Heimat des berühmten Chicago Symphony Orchestras – einem der »Großen Fünf« neben Boston, New York, Philadelphia und Cleveland. Nach umfangreicher Renovierung und Verbesserung der Akustik wurde sie im Oktober 1997 als **Symphony Center** wiedereröffnet. Schräg gegenüber findet man das Herzstück der Kunststadt Chicago, das **Art Institute of Chicago**, das mit seiner einzigartigen Sammlung französischer Impressionisten eins der bedeutendsten Museen Amerikas und der Welt ist.

In ihrem südlichen Bereich trennt der **Grant Park** die Michigan Avenue vom Lake Michigan. Der Grant Park, von

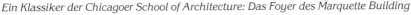

Ein Klassiker der Chicagoer School of Architecture: Das Foyer des Marquette Building

Fredrick Law Olmsted gestaltet (der gleiche, der den New Yorker Central Park entwarf), gehört zu den Schmuckstücken der Stadt, die mit Stolz darauf verweist, dass das Seeufer beinahe auf seiner gesamten Länge Parkgelände und öffentlich zugänglich ist. Im Süden ragt eine Landzunge in den Michigan-See, die mit der Navy Pier den Chicago Harbor begrenzt. Das **Adler Planetarium & Astronomy Museum** auf der südlichen Landzunge gewährt spektakuläre Blicke auf die Stadt und ins Universum und bietet mit dem Shedd Aquarium und dem Field Museum Zuflucht an heißen oder regnerischen Tagen.

Wo die Michigan Avenue Bridge, eine der 40 Chicagoer Zugbrücken, den Chicago River überquert, beginnt die **Magnificent Mile**, Chicagos großer Pracht- und Einkaufsboulevard, an dem die feinen Geschäfte und die prachtvollen Malls liegen. Nach Burnhams Plan sollte die Michigan Avenue als Nordsüdachse die verkehrsreichste Straße der Welt werden und auf zwei Stockwerken verlaufen. Dieser Teil der Michigan Avenue hieß im Volksmund mal »Boul Miche«. Es war ein Boulevard nach Pariser Vorbild, hatte niedrige Häuser, viele Cafés und Einzelhandelsgeschäfte nach Menschenmaß. All das ist einer Parade von Superlativen gewichen. Ein Kaufhaus löst das andere ab, eins größer, gewaltiger und architektonisch kühner als das andere.

Ist es gerade Mittwoch, dann kann der, der inmitten dieses Jahrmarkts der Eitelkeiten Sehnsucht nach etwas Ruhe und nach kultivierter Umgebung hat, ins **Museum of Contemporary Art** gehen. In dem 1996 eröffneten Museum wird die allerneuste zeitgenössische Kunst ausgestellt. Architekt ist der deutsche Paul Kleihues, der mit dem Museums-

Chicagos Michigan Avenue – auch Boule Miche oder Magnificent Mile genannt – in Weihnachtsbeleuchtung

Hoch über Chicago: Die fantastische Aussicht von der Plattform des John Hancock Building in 305 Metern Höhe

aufgang Karl Schinkels Altes Museum in Berlin zitiert. Innen überrascht das Gebäude durch die Großzügigkeit seiner Ausstellungsräume und den weiten Blick auf den Michigan-See.

Beim Einkaufsbummel passiert man im nördlichen Abschnitt den **Water Tower**, den alten Wasserturm, der zu einem Wahrzeichen der Stadt geworden ist, weil er die Feuersbrunst 1871 überlebte und für den Wiederaufbauwillen der Stadt steht.

Schräg gegenüber ragt das schwarze **John Hancock Center** auf. In dem trapezförmigen Mehrzweckgebäude sind im unteren Bereich Geschäfte und Büros untergebracht, weiter oben wurde auf kleiner und dafür erschwinglicher

Fläche Wohnraum geschaffen. Den Fahrstuhl zur Aussichtsplattform im 94. Stock erreicht man im Souterrain des Seiteneingangs. Von oben hat man einen Blick in alle Himmelsrichtungen und an klaren Tagen auf die Staaten Illinois, Indiana, Wisconsin und Michigan.

Wer ein paar Dollar mehr ausgeben will, der kann im Signature Room, einem feinen Lokal, oder in der Bar darüber die Aussicht beim Essen oder einem leckeren Cocktail genießen und sich so auf einen Ausflug ins Chicagoer Nightlife vorbereiten, das sich im angrenzenden Viertel um die Kreuzung Rush, State und Division Streets entfaltet. ✳

Chicago Convention & Tourism Bureau
2301 S. Lake Shore Dr.
Chicago, IL 60616
℡ (312) 567-8500, Fax (312) 567-8533
www.choosechicago.com
www.gochicago.de (Homepage des Chicago Illinois Tourist Office)

 Chicago Office of Tourism
Chicago Cultural Center Visitor Information Center
78 E. Washington St.
Chicago, IL 60602
℡ (312) 744-2400 oder 1-877-244-2246
Fax (312) 744-2359
Mo–Fr 10–18, Sa bis 17, So 11–17 Uhr

 Chicago Water Works Visitor Information Center
163 E. Pearson St., Chicago, IL 60611
℡ (312) 742-8811, tägl. 7.30–19 Uhr

 Chicago Transit Authority (CTA)
567 W. Lake St., Chicago, IL 60661
 ℡ (312) 836-7000 (Fahrplanauskunft)
1-888-968-7282 (Tarifauskunft)
www.transitchicago.com
Der Standardfahrschein für Erwachsene kostet $ 1.75, der Umsteigefahrschein *(transfer)*, um den man eigens bitten muss, ¢ 25. Bei Bussen wird passendes Fahrgeld verlangt. Mit dem **1-day visitor pass** kann man für $ 5 Busse, U- und Hochbahnen der CTA 24 Stunden lang von der ersten Entwertung an benutzen (2 Tage/$ 9, 3 Tage/$ 12, 5 Tage/$ 18). Man bekommt ihn am O'Hare Airport, Midway Airport, beim CTA (s.o.), im Chicago Cultural Center, im Chicago Water Works Visitor Info Center, im Sears Tower, in der Navy Pier, im Shedd Aquarium, bei einigen Currency Exchanges und in manchen Hotels. Die Stadtbahn hat sieben Linien, die auf weiten Strecken als Hochbahn fahren, und deshalb nur mit dem liebevollen Kürzel »El« – von *elevated tracks* –bezeichnet werden. Innerhalb des Loop, entlang der Magnificent Mile und zur Navy Pier verkehren kostenlose Trolley-Busse, Fahrpläne unter www.cityofchicago.org/transportation/trolleys.

Die Auflösung der Dollarsymbole finden Sie im Serviceteil auf S. 261, 262 und in der hinteren Umschlagklappe.

 Hilton Chicago
720 S. Michigan Ave.
Chicago, IL 60605
℡ (312) 922-4400 oder 1-800-445-8667
Fax (312) 922-5240
www.chicago.hilton.com
Als Stevens Hotel 1927 von Holabird & Roche als damals größtes Hotel der Welt gebaut. Elegante Lobby mit italienischen Marmorsäulen. 1959 hat Königin Elisabeth II im Hotel übernachtet. 1545 Zimmer. $$$–$$$$

 The Congress Plaza Hotel
520 S. Michigan Ave./Ecke Congress Parkway, Chicago, IL 60605
℡ (312) 427-3800, Fax (312) 427-2919
www.congressplazahotel.com
1902–7 von Holabird & Roche als Annex zum gegenüberliegenden Auditorium Building gebaut. Im Congress Plaza Hotel sind Zimmer mit Erkerfenster und Seeblick ohne Aufpreis zu haben. $$–$$$

 Millennium Knickerbocker Hotel
163 E. Walton Place/Ecke N. Michigan Ave., Chicago, IL 60611
℡ (312) 751-8100 oder 1-800-621-8140
Fax (312) 751-9205
www.millenniumhotels.com
Ursprünglich 1927 als nobles Davis Hotel gebaut, kurzzeitig als Playboy Towers genutzt. Erhalten blieb der von 760 fluoreszierenden Lampen erleuchtete Tanzboden. Angeblich soll in der Zeit der Prohibition das 14. Stockwerk einem *Speakeasy* und Kasino vorbehalten gewesen sein, inkl. geheimem Treppenhaus zum Erdgeschoss. 305 Zimmer, Restaurant, Lounge. $$$$

The Congress Plaza Hotel mit dem Wahrzeichen der Stadt, dem Chicago Bull

 The Palmer House Hilton
17 E. Monroe St., Chicago, IL 60603
✆ (312) 726-7500 oder 1-800-445-8667
Fax (312) 917-1707
www.palmerhouse.hilton.com
1925 von Holabird & Roche als seinerzeit weltgrößtes Hotel gebaut. Eine Lobby wie das Foyer eines Opernhauses. 1640 Zimmer. $$$–$$$$

 Hotel Monaco Chicago
225 N. Wabash Ave., Chicago, IL 60601
✆ (312) 960-8500 oder 1-866-610-0081
Fax (312) 960-1883
www.monaco-chicago.com
Sehr schickes Boutique-Hotel im Zentrum. 192 Zimmer. $$

 Omni Ambassador East
1301 N. State Parkway
Chicago, IL 60610
✆ (312) 787-7200 oder 1-888-444-6664
Fax (312) 787-4760
www.omnihotels.com
10 Min. vom Seeufer der so genannten »Gold Coast« und der Magnificent Mile

gelegen, schöne Nachbarschaft, Hotel von 1926 mit intimem Feeling. Im Erdgeschoss ist der berühmte »Pump Room«, dessen Eingangshalle mit hunderten von Bildern all jener Berühmtheiten tapeziert ist, die hier diniert haben. Sehr gute Küche! $$$

 Hostelling International Chicago
24 E. Congress Parkway/Ecke Wabash Ave., Chicago, IL 60605
✆ (312) 360-0300, Fax (312) 360-0313
www.hichicago.org
Herberge mit 500 Betten, Haus von 1886 in exzellenter Downtownlage. $

  Art Institute of Chicago
111 S. Michigan Ave./Ecke Adams St.
Chicago, IL 60603
✆ (312) 443-3600
www.artic.edu
Mo–Fr 10.30–16.30, Do bis 20 Uhr, Sa/So 10–17, So/Feiertage 12–17 Uhr
Eintritt $ 12, Di frei
Eines der bedeutendsten Museen der Welt mit Kunstwerken: von der Zivilisation

der Maya bis zu den französischen Impressionisten, die ein Herzstück der Sammlung ausmachen. Mit Cafeteria und The Garden Restaurant (tägl. 11.30–15 Uhr). Bis 2009 stehen beträchtliche Erweiterungen der Ausstellungsfläche an.

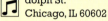

Chicago Cultural Center
78 E. Washington St., Eingang 77 E. Randolph St.
Chicago, IL 60602
✆ (312) 744-6630
Mo–Do 10–19, Fr bis 18, Sa bis 17, So 11–17 Uhr
In der mächtigen, ehemaligen Bibliothek von 1897 finden fast täglich Konzerte, Diskussionen, Führungen und Vorträge statt, meist um die Mittagszeit und in der Regel kostenlos. Die Touristeninformation befindet sich am Eingang Randolph St.

Das prachtvolle Innere des Chicago Cultural Center

Chicago Academy of Sciences – Peggy Notebaert Nature Museum
2430 N. Cannon Dr.
Chicago, IL 60614
✆ (773) 755-5100
www.naturemuseum.org
Mo–Fr 9–16.30, Sa/So 10–17 Uhr
Eintritt $ 7
Naturkundemuseum im Lincoln Park, u.a. mit Schmetterlingvoliere, Wanderwegen.

Brookfield Zoo
3300 Golf Rd.
Brookfield, IL 60513
✆ (708) 485-0263
www.brookfieldzoo.org
Mitte Mai–Anf. Sept. tägl. 9.30–18, sonst 10–17 Uhr, Eintritt $ 8
Ausgezeicheter Zoo 23 km westlich von Chicago, präsentiert u.a. Delfinarium, Primaten, Wölfe sowie Tiere aus afrikanischer Savanne, Sumpf und Küstengebieten.

DuSable Museum of African-American History
740 E. 56th Place
Chicago, IL 60637
✆ (773) 947-0600
www.dusablemuseum.org
Di–Sa 10–17, So 12–17 Uhr
Eintritt $ 3
Museum der schwarzen Geschichte und Kultur Chicagos und Amerikas.

Field Museum
1400 S. Lake Shore Dr.
Chicago, IL 60605
✆ (312) 922-9410
www.fieldmuseum.org
Tägl. 9–17 Uhr
Eintritt $ 19
Während der Weltausstellung von 1893 in Chicago eröffnet. Heute eines der weltgrößten Natur- und Sozialkundemuseen, das die Kulturen durch ihre Kunst-, Kult- und Gebrauchsgegenstände dokumentiert. Höhepunkt ist das mit 13 m

längste und besterhaltene Tyrannosaurus-Rex-Fossil der Welt.

Shedd Aquarium

1200 S. Lake Shore Dr.
Chicago, IL 60605
✆ (312) 939-2438
www.sheddaquarium.org
Mo–Fr 9–17 (Sommer bis 18), Sa/So 9–18 Uhr
Eintritt $ 23
1929 als weltgrößtes Aquarium eröffnet, am Ufer des Lake Michigan, Haie im Wild Reef, Taucher füttern Fische im Caribbean Reef, Oceaneum mit Delfin-, Wal-, Pinguin- und Seeottershows, Amazon Rising präsentiert den Amazonas von der Quelle bis zur Mündung.

Adler Planetarium & Astronomy Museum

1300 S. Lake Shore Dr.
Chicago, IL 60605
✆ (312) 922-7827
www.adlerplanetarium.org
Tägl. 9.30–16.30, Mitte Mai–Aug. bis 18 Uhr, Eintritt $ 16
Am Ufer des Lake Michigan gelegen, Ausstellungen thematisieren u.a. das Solarsystem, die Milchstraße; zwei Kinos präsentieren ausgezeichnete Multimedia-, Sterne- und Musikshows.

Navy Pier

600 E. Grand Ave.
Chicago, IL 60611
✆ (312) 595-7437

www.navypier.com
Pier im Lake Michigan mit exzellentem

Downtownpanorama, Einkaufsarkaden, Ausflugsboote, Riesenrad, Restaurant und Biergarten, Straßenkünstler, Kindermuseum, IMAX-Riesenleinwandkino.

Sears Tower Skydeck

233 S. Wacker Dr.
Chicago, IL 60606
✆ (312) 875-9696
www.the-skydeck.com

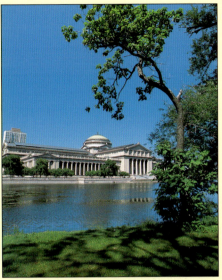

Chicagos Museum of Science and Industry

Mai–Sept. tägl. 10–22, sonst bis 20 Uhr
Eintritt $ 12
Die Aussichtsetage im 99. Stockwerk liegt auf 412 m Höhe. Der Sears Tower, www.searstower.com, ist mit 443 m auf der 110. Etage das höchste Gebäude Amerikas, mit Antennen misst er 520 m.

The Hancock Observatory

875 N. Michigan Ave.
Chicago, IL 60611
✆ (312) 751-3681
www.hancock-observatory.com
Tägl. 9–23 Uhr
Eintritt $ 10
305 m hohe Aussichtsetage im 94. Stockwerk mit Skywalk, einer Aussichtsterrasse im Freien. Das John Hancock Center, www.johnhancockcenterchicago. com, ist mit 344 m (mit Antennen 457 m) das dritthöchste Gebäude in Chicago. Mit prachtvoller Aussicht speist man im Signature Room at the 95th, ✆ (312) 787-9596, www.signatureroom.com, dem Restaurant im 95. Stockwerk des John Hancock Center. $$$

Harold Washington Library Center

400 S. State St., Chicago, IL 60606
℗ (312) 747-4300
www.chipublib.org
Mo–Do 9–19, Mi, Fr/Sa 9–17, So 13–17 Uhr
1991 gebaut und mit 2 Mio. Bänden die größte öffentliche Bücherei der Welt; Kinderbücherei, Veranstaltungsräume und reichhaltiges Veranstaltungs- und Fortbildungsprogramm.

Museum of Contemporary Art

220 E. Chicago Ave.
Chicago, IL 60611
℗ (312) 280-2660
www.mcachicago.org
Di–So 10–17, Di bis 20 Uhr
Eintritt $ 10
Neuste Trends in Kunst, *Object art* und *Environment*, untergebracht in einem 1996 eröffneten Neubau von Josef Paul Kleihues, einem Highlight moderner Architektur.

Museum of Science and Industry

57th St. & Lake Shore Dr.
Chicago, IL 60637
℗ (773) 684-1414
www.msichicago.org
Mo–Fr 9.30–16, Sa/So 9.30–17.30 Uhr
Eintritt Museum $ 9, Museum und Omnimax $ 15
Exzellentes Technik- und Wissenschaftsmuseum, das 1933 den ehemaligen Palace of Fine Arts der Weltausstellung von 1893 bezog. Zu den Ausstellungsstücken zählen: Apollo 8-Kommando-Kapsel, Untertagebergwerk, deutsches U-Boot aus dem Zweiten Weltkrieg etc.

Jacobs Brothers Bagels

53 W. Jackson Blvd.
Chicago, IL 60604
℗ (312) 922-2245
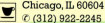
Bäckerei, Restaurant, Rösterei, Café, Stehimbiss in einem der schönsten Gebäude Chicagos, dem Monadnock Building von 1891.

Lou Mitchell's

565 W. Jackson Blvd., Chicago, IL 60661
℗ (312) 939-3111
Hier gibt's den ganzen Tag Frühstück, mächtige Portionen für den herzhaften Appetit, – eine Chicagoer Institution und ein Muss. $–$$

Corner Bakery Cafe

516 N. Clark St., Chicago, IL 60610
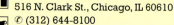
℗ (312) 644-8100
Dieser Laden ist geeignet, alle Vorurteile über amerikanisches Brot für alle Zeiten zu beerdigen. Besonders zu empfehlen: *muffin tops.* $–$$

Heaven on Seven

111 N. Wabash Ave., Chicago, IL 60602
℗ (312) 263 6443
www.heavenonseven.com
Im 7. Stock des Garland Building, Tische und Wände sind voll von Gewürzflaschen aller Art. Hier wird mit Feuer gekocht und scharf gegessen. Exzellente Küche, Geheimtipp. $–$$

The Wiener Circle

2622 N. Clark St., Chicago, IL 60614
℗ (773) 477-7444
In diesem Stehimbiss und Straßencafé gibt's die mythenumwobenen Chicagoer Wiener. Hier geht es laut zu, das gehört zum Stil. Unbedingt bestellen: *char dog* & *cheddar fries*, anschließend Alka Selzer. $

Berghoff Restaurant

17 W. Adams St., Chicago, IL 60603
℗ (312) 427-3170, www.berghoff.com
So geschl.
An der Route 66 gelegen: stilvoll-uriges Restaurant im Herzen der Downtown und eine Chicagoer Institution. Ursprünglich deutsch, ist die Küche inzwischen eher typisch amerikanisch. Gute Biere vom Fass. Um die Mittagszeit ist das Restaurant überlaufen, aber der Schnellimbiss in der Stehhalle macht ohnehin mehr Spaß. $$–$$$

Chicago Brauhaus
4732 N. Lincoln Ave.
Chicago, IL 60625
℡ (773) 784-4444
www.chicagobrauhaus.com
Tägl. außer Di bis 24 Uhr
Keine Angst, das Brauhaus hat keine Ähnlichkeiten mit Sauerkraut & Eisbein-Restaurants in manchen Urlaubsorten und ist unter Chicagoern sehr populär, abends Volksmusik. $–$$

Italian Village
71 W. Monroe St., Chicago, IL 60603
℡ (312) 332-7005
www.italianvillage-chicago.com
Drei Restaurants unter dem Dach eines alten hutzeligen Häuschens zwischen Wolkenkratzern. La Cantina im Souterrain, The Village im 1. Stock erinnert an eine italienische Dorfgaststätte, ebenerdig befindet sich das preisgekrönte Vivere. $–$$$

Frontera Grill
445 N. Clark St., Chicago, IL 60610
℡ (312) 661-1434
www.fronterakitchens.com
In der Presse hoch gelobt. Bistroartig. Amerikanische Küchenfantasien über mexikanischen Motiven. $$–$$$

Czerwone Jabluszko
3121 N. Milwaukee Ave.
Chicago, IL 60618
℡ (773) 588-5781
www.redapplebuffet.com
Büfettartiger Mittagstisch im Herzen des neuen Klein-Warschau. Im »Roten Apfel« wird satt, wer großen Hunger und wenig Geld hat. Und gut ist es auch. $

Russian Tea Time
77 E. Adams St., Chicago, IL 60603
℡ (312) 360-0000
www.russianteatime.com
Exzellente russische Küche, idealer Ort, um auf den Beginn des Symphoniekonzerts in der Orchestra Hall um die Ecke

zu warten oder um nach dem Konzert das Erlebnis nachklingen zu lassen. $$

Nick's Fishmarket-Chicago
One Bank One Plaza, Chicago, IL 60603
℡ (312) 621-0200
www.nicksfishmarketchicago.com
Steaks und Fisch der Spitzenklasse, probieren: Hummer aus Maine oder Menüs aus Hawaii, Downtown im Loop. $$$

Wishbone – West Loop
1001 W. Washington Blvd.
Chicago, IL 60607
℡ (312) 850-2663
www.wishbonechicago.com
In Greektown, hervorragende Südstaatenküche zu vernünftigen Preisen. $$

Für den Abend:

Black Ensemble Theatre
450 N. Beacon St., Chicago, IL 60640
℡ (773) 769-4451
www.blackensembletheater.org
Fünf Produktionen im Jahr. Aufführungen finden jeweils Fr/Sa/So statt.

Chicago Theatre
175 N. State St., Chicago, IL 60601
℡ (312) 462-6363
www.thechicagotheatre.com
Elegantes Theater von 1921 mit attraktiver Lobby, wechselnde Veranstaltungen.

Chicago Symphony Orchestra
220 S. Michigan Ave.
Chicago, IL 60604
℡ (312) 294-3333
www.cso.org
Die weltberühmten Symphoniker musizieren in der 1904 erbauten Orchestra Hall.

Lyric Opera of Chicago
20 N. Wacker Dr., Chicago, IL 60606
℡ (312) 332-2244
www.lyricopera.org

Die berühmte Chicagoer Oper gehört zusammen mit der Mailänder Scala und der New Yorker Met zu den bedeutendsten der Welt. In einer Saison (Sept.–Mitte Feb.) werden bis zu acht Produktionen in dem 1929 erbauten Civic Opera House aufgeführt.

Goodman Theatre
170 N. Dearborn St., Chicago, IL 60601
✆ (312) 443-3800
www.goodman-theatre.org
Das 2000 eröffnete Theaterzentrum nimmt den halben Block zwischen Randolph St. und Lake St. ein.

Steppenwolf Theatre
1650 N. Halsted St., Chicago, IL 60614
✆ (312) 335-1650
www.steppenwolf.org
Chicagos Avantgarde-Theater.

Auditorium Theatre of Roosevelt University
50 E. Congress Pkwy., Chicago, IL 60605
✆ (312) 922-2110
www.auditoriumtheatre.org
Das von Dankmar Adler und Louis H. Sullivan 1889 gebaute Mehrzweckgebäude begründete den Ruhm des Architektenduos. Der für seine Akustik berühmte Konzertsaal bietet ein edles Ambiente für Musiker, Tänzer und Schauspieler.

Die **League of Chicago Theatres,** www.chicagoplays.com, vertritt rund 170 Theater. Sie verkauft **Theatertickets** über die Agentur Hot Tix, www.hottix.org, ✆ (312) 977-1755. Bei den Hot Tix-Zweigstellen in den Chicago Visitor Information Centers (Chicago Cultural Center bzw. Chicago Water Works) sowie bei Tower Records (2301 N. Clark St. bzw. 214 S. Wabash Ave.) bekommt man Normalpreiskarten (persönlich, nicht telefonisch) für alle Vorstellungen bzw. Tickets zum halben Preis für Aufführungen am gleichen Tag und an den beiden Folgetage. Normalpreistickets gibt es

auch über die **Ticketmaster Arts Line** ✆ (312) 902-1500, www.ticketmaster.com.

Allgemeine Infos zur **Jazzszene** gibt das Jazz Institute of Chicago, ✆ (312) 427-1676, www.jazzinstituteofchicago.org

Andy's Jazz Club
11 E. Hubbard St., Chicago, IL 60610
✆ (312) 642-6805
www.andysjazzclub.com
Nähe Magnificent Mile, tägl. Live-Jazz ab 12, 17 und 21 Uhr.

The Backroom
1007 N. Rush St., Chicago, IL 60611
✆ (312) 751-2433
www.backroomchicago.com
Etwas upscale, Live-Jazz nähe Magnificent Mile, tägl. ab 20 Uhr.

Cubby Bear
1059 W. Addison St., Chicago, IL 60613

✆ (773) 327-1662
www.cubbybear.com
Gegenüber Wrigley Field Baseball Stadium, Jazz und Pop, sehr populär, sehr voll, hier wird auch getanzt.

Green Mill Jazz Club
4802 N. Broadway, Chicago, IL 60640

✆ (773) 878-5552
Eine Chicagoer Institution und sehr populär. Hier verkehrten Al Capones Leute. Schönes Art-déco-Interieur. Jeden So Dichterwettbewerb (uptown poetry slam). Am besten mit dem Taxi fahren.

Blue Chicago
736 & 536 N. Clark St., Chicago, IL 60610
✆ (312) 642-6261 und (312) 661-0100
www.bluechicago.com
Zwei Bluesclubs in Zentrumnähe.

B.L.U.E.S.
2519 N. Halsted St., Chicago, IL 60657
✆ (773) 528-1012
www.chicagobluesbar.com

Kleiner legendärer Bluestreff mit flippiger Atmosphäre.

Buddy Guy's Legends
754 S. Wabash Ave., Chicago, IL 60605
✆ (312) 427-0333
www.buddyguys.com
Stars und Nachwuchskünstler spielen tägl. echten Chicago Blues. Legendär, wie der Name sagt. Manchmal schaut Buddy, den Eric Clapton für den besten Blues-Gitarristen hält, selbst vorbei.

House of Blues
329 N. Dearborn St., Chicago, IL 60610
✆ (312) 923-2000
www.hob.com
Restaurant, stattlicher Konzertsaal einer Kette, an der auch Dan Akroyd von den »Blues Brothers« beteiligt ist.

Dick's Last Resort
435 E. Illinois St., Chicago, IL 60611
✆ (312) 836-7870
www.dickslastresort.com
Dixieland Jazz Nähe Navy Pier, belebt, umfangreiche Bierauswahl.

Redhead Piano Bar
16 W. Ontario St., Chicago, IL 60610
✆ (312) 640-1000
www.redheadpianobar.com
Nightspot Nähe Magnificent Mile, Pop, Rock in gediegenem Ambiente, ordentliche Kleidung erwünscht.

Magnificent Mile
Wichtigste Einkaufspasssage ist das Stück **N. Michigan Ave.** zwischen der Zugbrücke über den Chicago River am Wrigley Building bis Oak St., und **Oak St.** selbst. Die Malls sind wahre Paläste, deren Besuch auch wegen ihrer Architektur interessant ist.

Chicago Place
700 N. Michigan Ave., Chicago, IL 60611
✆ (312) 266-7710
www.chicago-place.com

Auftritt von Son Seals im B.L.U.E.S.

1990 vom legendären Architekturbüro Skidmore, Owings & Merrill gebaut. 45 Geschäfte, in der 8. Etage die ausgezeichnete Food Court – Amerikas neueste kulinarische Mode.

900 North Michigan Shops
900 N. Michigan Ave., Chicago, IL 60611
✆ (312) 915-3916
www.shop900.com
70 elegante Geschäfte und Restaurants.

Water Tower Place
835 N. Michigan Ave., Chicago, IL 60611
✆ (312) 440-3166
www.shopwatertower.com
100 Trendsetter-Läden und Restaurants im achtstöckigen Atrium.

Carson Pirie Scott & Co
1 S. State St., Chicago, IL 60603
✆ (312) 641-7000
www.carsons.com
1899–1903 erbautes Kaufhaus, Fassade mit schönen Eisenornamenten, das Unternehmen wurde von Saks Fifth Avenue übernommen.

Marshall Field's
111 N. State St., Chicago, IL 60602
✆ (312) 781-1000
www.fields.com

1892–1914 erbauter Prototyp des majestätischen urbanen Kaufhauses, mit säulengetragenem Eingang, eine architektonische Kostbarkeit. Das Unternehmen hat (wie auch Carson, Pirie, Scott & Co) enorme Summen in den Erhalt und die Restauration ihres Gebäudes investiert, um der Verödung der City entgegenzuwirken. Field's wurde 2004 von May Department Stores erworben.

Sightseeing:

Mercury, Chicago Skyline Cruiseline
Michigan Ave. & Wacker Dr.
Chicago, IL 60601
✆ (312) 332-1353
www.mercuryskylinecruiseline.com
1. Mai–11. Okt. tägl. 10–19.30 Uhr

Fassadendekor am Kaufhaus Carson Pirie Scott & Co

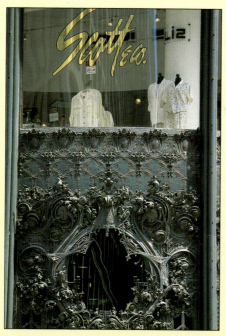

90 Min. Rundfahrt auf Lake Michigan und Chicago River, $ 18
Bootsanleger am Südwestende der Michigan-Avenue-Brücke.

Shoreline Sightseeing
474 N. Lake Shore Dr.
Chicago IL 60611
✆ (312) 222-9328
www.shorelinesightseeing.com
Mai–Sept. tägl., April, Okt./Nov. nur Sa/So
30 Min. Skyline Boat Tours auf Lake Michigan, $ 12
60 Min. Architecture Cruises auf Chicago River, $ 20
ab Navy Pier, Shedd Aquarium, Buckingham Fountain

Wendella Boats
400 N. Michigan Ave.
Chicago, IL 60611
✆ (312) 337-1446
www.wendellaboats.com
Tägl. April–Nov.
60 Min. Chicago River Architecture Tour, $ 19
90 Min. Lake Michigan und Chicago River Tour, $ 19
Bootsanleger am Nordwestende der Michigan-Avenue-Brücke

Chicago Architecture Foundation
224 S. Michigan Ave. (ArchiCenter im Santa Fe Building)
Chicago, IL 60604
✆ (312) 922-3432
www.architecture.org
Veranstaltet Führungen per Bus, Boot, Fahrrad oder zu Fuß durch Chicagos Architekturlandschaft, darunter kurze Spaziergänge durch die Loop.

Untouchable Tours
Chicago's Original Gangster Tour
600 N. Clark St.
Chicago, IL 60610
✆ (773) 881-1195
www.gangstertour.com

① Infos: Chicago

Oak Street Beach, ein Sandstrand in der City mit Skyline-Kulisse

Bustour durch die Chicagoer Gangster-Geschichte, $ 25. Reservieren!

 Chicagos Seeufer hat viele **Badestrände**, der schönste, mit überwältigendem Blick auf die Skyline ist da, wo die North Avenue südlich des Lincoln Parks auf den See stößt. Hier wurde eigens feinerer Sand aufgeschüttet.

 Radfahren
In und um Chicago sind ca. 200 km Radwege ausgewiesen. Auskunft und Ratschläge erteilt die Stadt Chicago unter www.chicagobikes.org (kostenlose Radkarte) sowie:
Chicagoland Bicycle Federation
9 W. Hubbard St., Suite 402
Chicago, IL 60610
℡ (312) 427-3325
www.chibikefed.org
Der Verband vertreibt die jährlich aktualisierte Fahrradkarte »Chicagoland Bicycle Map.«

Bike Chicago
600 E. Grand Ave.
Chicago, IL 60611
℡ (312) 595-9600
www.bikechicago.com
Leihräder ab $ 9 pro Stunde und $ 34 pro Tag

Wichtige Feste:

 Chicago Blues Festival:
www.chicagobluesfestival.org
Weltgrößtes kostenloses Bluesfestival, im Grant Park (vier Tage Anf. Juni)
Chicago Air & Water Show:
Prachtvolles Spektakel mit Kunstflugstaffeln, Fallschirmspringern und Booten, North Avenue Beach (zwei Tage Mitte Aug.)
Chicago Jazz Festival:
www.jazzinstituteofchicago.org
Top Jazz im Grant Park (vier Tage Ende Aug./Anf. Sept.)

❶ Die Hauptstadt der Deutschen in Amerika
Milwaukee

1. Route: Chicago – Milwaukee (154 km/90 mi)

km/mi	Zeit	Route/Programm
0/0	9.00 Uhr	Abfahrt von Chicago auf I-94 oder wahlweise Sheridan Rd.
154/90	12.30 Uhr	Ankunft Milwaukee. Erkundung der Stadt, besonders ihrer restaurierten alten Viertel.

Alternativen und Extras: Abweichend von der Hauptroute, kann man auch auf der gut ausgeschilderten Sheridan Rd. am Lake Michigan entlang fahren, die als »**Lake Michigan Circle Tour**« mit einem Logo ausgeschildert ist. Diese Fahrt dauert 3–4 Stunden, man kann unterwegs leicht den ganzen Tag verbummeln.

Surfer auf dem Lake Michigan am stürmischen Wind Point nördlich Racine, Wisconsin

Von Chicago nach Milwaukee führte ursprünglich die Milwaukee Avenue – was nicht wirklich erstaunt. Die Milwaukee Avenue ist nicht nur eine der großen Durchgangsstraßen Chicagos, die die historischen und sozialen Schichten freilegt, sie ist etwas Besonderes, weil sie quer zu dem typischen Schachbrettmuster verläuft. Sie folgt einer alten eiszeitlichen Strandlinie des Lake Michigan und bildete ehemals einen Damm, auf dem Großwild zwischen Weidegründen und Tränken wechselte. Indianer folgten auf Jagdpfaden dem Wild, denen wiederum folgten nacheinander Trapper, Händler, Siedler, die Eisenbahn und schließlich Autostraßen. In den 1950er Jahren aber war die Milwaukee Avenue dem Druck der suburbanen Stadtflucht nicht mehr gewachsen. Jede neue Einwanderergeneration neigte dazu, die vorherige zu verdrängen, und die Milwaukee Avenue eignet sich deshalb hervorragend zur Archäologie der modernen amerikanischen Völkerwanderung.

Hier findet man Spuren und Reste deutscher, jüdischer, polnischer, schwarzer und hispanischer Immigration. Jede Bevölkerungsgruppe zog vor der nächsten ins Umland, und so entstand schon lange vor der Dominanz des Autos als Verkehrsmittel und lange vor Entstehen des Interstate-Straßensystems ein wachsender Siedlungsring um Chicago. Der Bau der großen Interstate-Autobahnen Mitte des 20. Jahrhunderts entlastete Straßen wie die Milwaukee Avenue und förderte die Stadtflucht und Suburbanisierung.

So ist heute der Interstate Highway 94 die schnellste, wenn auch seelenloseste Verbindung zwischen Chicago und Milwaukee, auf dem man in anderthalb bis zwei Stunden sein Ziel erreicht. Wer aber noch etwas von Chicago, von seinem suburbanen, kleinstädtischen und ländlichen Umland und vor allem vom Lake Michigan sehen will, der fährt weder auf der Interstate noch auf dem alten Damm der Milwaukee Avenue, sondern entlang dem Seeufer auf der Sheridan Road nach Milwaukee.

Die Sheridan Road knickt am Ende des Lake Shore Drive ab und ist nicht zu verfehlen. Sie ist auch als »**Lake Michigan Circle Tour**« ausgeschildert. Der Weg führt durch den Stadtteil **Rogers Park**, der für sein Gemisch der Ethnien, Klassen und Generationen bei bestimmten Leuten populär ist – dazu zählen die Studenten der Loyola Universität sowie Künstler, Literaten, junge Familien und Yuppies ebenso

wie alternative Lebenskünstler, die man in den Cafés entlang der Sheridan Road trifft. Beim Verlassen von Rogers Park kommt man an den prächtigen Häusern vorbei, in denen Chicagos bessere Gesellschaft mit Blick auf den See wohnt, der zwischen den ausladenden Villen hier und da hervorlugt.

Danach folgt **Evanston**, der Sitz der Northwestern University, eine der renommierten Universitäten Amerikas. Evanston wurde 1892 als integrierte Stadt gegründet, in der die Menschen aller Völker und Ethnien einträchtig zusammen statt wie im benachbarten Chicago bestenfalls nebeneinander leben sollten.

Ganz so hat sich die schöne Idee des Miteinander nicht halten lassen, Einkommen und Arbeitsmöglichkeiten schufen bald auch verschiedene Stadtteile innerhalb Evanstons. Insgesamt aber bestand die Stadt lange auf ihrer Eigenständigkeit gegenüber Chicago, was sich beispielsweise darin äußert, dass ihre Strände wie die der nördlichen Vor- und Nachbarstädte Wilmette, Winnetka, Glencoe und Highland Park nur ihren Bewohnern zugänglich waren. Das führte oft zu seltsam anmutenden Diskriminierungen. Kinder, die an der Stadtgrenze lebten und dieselbe Schule besuchten, konnten nachmittags nicht zum gleichen Strand gehen.

Der Weg führt weiter über Winnetka, Glencoe, Hubbard Woods und Highland Park. Am Wegesrand steht der beeindruckende, an den Taj Mahal erinnernde **Tempel der Bahai**, einer aus altpersischer Mystik und Humanismus gebildeten neuzeitlichen Religion. Der Baumbestand dieser suburbanen Landschaft ist stellenweise sehr dicht, die Straße eng und das Gefälle so steil, dass man meint, es hätte einen in bewaldete Schluchten verschlagen. Die Ortschaft

Ravinia, wo alljährlich Chicagos Sommermusikfestivals stattfinden, ist nach dieser Landschaft benannt (*ravine* = Schlucht).

Stellenweise führt die Straße aber auch durch industrielles Ödland und hässliche Vorstädte. Die gesamte Uferregion zwischen Chicago und Milwaukee ist dicht besiedelt, doch spürt man, je näher man der Grenze zu Wisconsin kommt, mehr und mehr das idyllische, ländliche Amerika. Örtchen wie Zion, Pleasant Prairie und Kenosha erinnern an das Amerika verträumter Kleinstädte. **Racine** in Wisconsin, ehemals ein verkehrsreicher Hafen, hat durch den Rückgang der Schifffahrt seine frühere Bedeutung verloren. Die Stadt hat aber den alten Hafen zum Zentrum eines innerstädtischen Wiederbelebungsversuchs gemacht.

Milwaukee ist nach Chicago die zweitgrößte Stadt am Lake Michigan, in dessen Wassern sich – besonders bei Nacht – eine imposante Skyline spiegelt. Die alte Industriestadt hat sich, anders noch als Chicago, ihre Bausubstanz und ihr »Feeling« erhalten. Wer die schlichte Einfachheit von Industriearchitektur mag, der wird in Milwaukee besonders während des Sonnenuntergangs ins Schwärmen kommen, wenn der rotglühende Himmel über der Prärie im Westen die rost-, zimt- und ockerfarbenen Backsteinlandschaften noch einmal aufflammen lässt. Viele dieser alten Fabrikanlagen stehen allerdings heute verlassen da und harren noch neuer Verwendung.

Milwaukee gilt als Hauptstadt der Deutschen in der Neuen Welt. Hier gab es Anfang des 20. Jahrhunderts 14 deutschsprachige Tageszeitungen, von denen allerdings nach dem Ersten Weltkrieg nicht eine übrig blieb. Die Stadt war lange Zeit Zentrum der Maschinen-

TRINITY HOSPITAL, MILWAUKEE.
MEDICAL DEPARTMENT OF MARQUETTE UNIVERSITY.

In Milwaukee werden viele alte Exemplare solch schöner Backsteinarchitektur wieder hergerichtet (Trinity Hospital, um 1910)

bauer der Welt, wo sich auch jene Auswanderer konzentrierten, die aus Deutschland nach der missglückten Bürgerlichen Revolution von 1848 flohen und demokratische, gewerkschaftliche und sozialistische Traditionen nach Amerika brachten. Der Organisationsgrad der Arbeiter war entsprechend hoch, und schon früh verlagerte die Landmaschinenfirma Allis-Chalmers deswegen ihre Fertigungsstätte in den Vorort Chalmers – ein Menetekel auf die Abwanderung der Industrie in den 1950er Jahren.

Kennzeichnend für den deutschen Einfluss ist die Brautradition von Milwaukee. Bier war kulturgeschichtlich nicht nur ein beliebtes Grundnahrungsmittel vor allem der tschechischen und deutschen Einwanderer, sondern hatte auch eine gesellschaftspolitische Funktion. In Chicago beispielsweise folgte dem berühmt gewordenen so genannten »Bieraufstand« 1855 ein regelrechter Krieg, bei dem es freilich weniger um das Laster des Trinkens als um die Gewohnheit der gut organisierten Deutschen ging, sich an Sonntagen in Biergärten zu treffen und Politik zu machen.

Von deutscher Brautradition ist in Milwaukee genausowenig übrig geblieben wie vom Deutschtum. Schlitz, das Bier, das Milwaukee berühmt machte, wird seit Ende der 1980er Jahre in Detroit gebraut, und nur wenige deutsche Biertrinker werden darin – oder in dem Erzeugnis der letzten noch in der Stadt verbliebenen Großbrauerei eine Manifestation deutscher Braukunst erkennen wollen. Wirklich gutes Bier kommt in Amerika heute eher aus kleinen so genannten *Micro-Breweries* (Kleinstbrauerei) und Brauhäusern, in deren Kellern gärt, was am Tresen ausgeschenkt wird.

Milwaukee liegt an der Mündung dreier Flüsse: des Milwaukee, des Menomonee und des Kinnickinnic River. Der Ortsname ist die Verballhornung des Namens, den die Indianer diesem idyllischen Plätzchen gaben: »*mahn-a-wau-kie-seepe*«, was soviel wie Versammlungsplatz an den Wassern heißt. Das ökonomische Samenkorn, das hier aufging und zur Stadt erblühte, war ein Indianerdorf. Im 17. Jahrhundert kamen französische Trapper und Pelzhändler ins Land, die auf den Jagd- und Wanderpfaden der Indianer vordrangen.

Diesen *coureurs de bois*, die mit den Indianern Handel trieben, folgten die Jesuiten, die sie zu christianisieren versuchten. An den Flussmündungen entstand eine Handelsstation, die Pelze für die Märkte in New York und Boston lieferte. Mitte des 19. Jahrhunderts begann sich dann der Strom von Menschen und Waren umzukehren: Über den Hafen von Milwaukee kamen immer mehr Einwanderer und mit ihnen die Güter, die sie in den fruchtbaren Weiten der Prärien von Wisconsin als Siedler brauchten.

Wenige Leute können derart kompakt und im Zeitraffer die Geschichte Milwaukees zusammenfassen wie Frank Zeidler, der heimliche Bürgermeister der Stadt. Von 1948 bis 1960 war der 1912 geborene, deutschstämmige Sozialist drei Amtsperioden lang auch der offizielle Bürgermeister von Milwaukee. »Den Franzosen folgten die Skandinavier, die Italiener, die Osteuropäer, die Juden, die Deutschen, die Iren. Den dramatischsten Wandel aber brachte die Wanderung der schwarzen Pächter aus dem Mississippi-Delta in die boomenden Industriezentren des Nordens Anfang und Mitte dieses Jahrhunderts. Milwaukee wurde eine schwarze Stadt.«

Während Milwaukee noch boomte, begann gleichzeitig in den 50er Jahren des 20. Jahrhunderts schon die verhängnisvolle Wandlung, die diese Stadt in die Krise stürzen sollte. Die Industrie wanderte ab – nach Europa und in den Süden, nach Suburbia und nach Mexiko. Heute ist Milwaukee eine typische amerikanische Stadt mit allen Problemen, die für das urbane Amerika charakteristisch – und augenfällig sind.

Milwaukee ist gleichwohl im Begriff, sich an den eigenen Haaren aus dem

In der Fassade eines neuen Bürogebäudes spiegelt sich das alte »Backstein«-Milwaukee

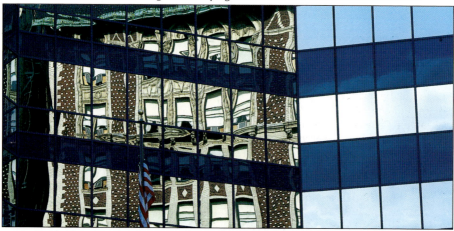

Mackie Building mit Grain Exchange

Sumpf zu ziehen. Die Stadt versucht Touristen anzuziehen und setzt dabei auf ihre Tradition. Dazu gehört die industrielle Bausubstanz und ihr deutsches Erbe. Im **Historic Third Ward**, einem Lagerhallenviertel, entstanden in den wuchtigen alten Backsteinbauten Apartmenthäuser, deren Erdgeschosse attraktive Läden oder Werkstätten beherbergen.

Im gleichen Viertel liegt auch das **Milwaukee Institute of Arts and Design** (MIAD), das Werke von Studenten, Künstlern und Designern zeigt, die dieses Viertel beleben. Auch im Stadtteil Walker Point auf der anderen Seite des Milwaukee River regt sich in der restaurierten Industrie- und Lagerhallenarchitektur wieder städtisches Leben.

Milwaukees deutsche Tradition feiert im Stadtzentrum eine kleine Renaissance. Im vor 10 Jahren noch völlig verödeten Downtown Bereich wurde die Third Street als **Old World Third Street**

mit Kopfsteinpflaster, Gaslaternen und deutlichen Anklängen an das ehemals deutsche Flair dieses Viertels restauriert. Zwei Einrichtungen erinnern an die gute alte Zeit. Mader's Restaurant, ein Lokal im düsteren bayerisch-schwarzwälderischen Fantasiestil mit schweren Deckenbalken und dunkler Hinterzimmeratmosphäre, in dem man sich den Tabakqualm allerdings nur vorstellen darf, weil hier wie in allen amerikanischen Kneipen und Restaurants nur in bestimmten Bereichen geraucht wird. Das Restaurant ist sehr populär (Reservierung empfohlen) und die Kost unverhofft delikat – statt deftig.

Schräg gegenüber steht Usingers alter Wurstladen. Zwischen den deutschen Reminiszenzen gedeihen auch andere Geschmäcker wie das Café Vecchio Mondo und der an das alte Wisconsin Hotel angrenzende Velvet Room, eine Sofakneipe und Cocktail Lounge, in der man außer Cocktails schlürfen auch American Nouvelle cuisine essen kann.

Das Zentrum innerstädtischer Umgestaltung sind die **Grand Avenue Shops, ein gepflegtes Einkaufszentrum, das** versucht, ein Gegengewicht zu den Malls auf der grünen Wiese vor der Stadt zu bilden. Hier sind 130 Geschäfte und Boutiquen unter einem Dach vereint und wirken der Flucht des Einzelhandels aus den Innenstädten entgegen.

Milwaukees Uferpromenaden laden nachmittags zu lauschigen Spaziergängen und abends zum Flanieren und Kneipenbummeln ein. Der für 13 Millionen Dollar restaurierte **Riverwalk** führt an Brauhäusern, Restaurants und Anlegestellen für Ausflugsdampfer vorbei, und verbindet die verschiedenen Zentren städtischer Aktivität wie den Theaterdistrikt mit dem Historic Third Ward.

Im **Theaterdistrikt** sei besonders auf das prächtige, nach dem Bierbaron Pabst benannte Theater mit ausladenden Stuckarbeiten in Foyer und Zuschauerraum hingewiesen. Hier sollte deutsches Kulturgut gepflegt werden und hier finden heute Tanz- und Theater, Opern- und Konzertaufführungen statt.

Unbedingt sehenswert ist das **Milwaukee Art Museum**. Der im Jahr 2000 fer-

tig gestellte Erweiterungsbau des Museums ist eine kühne architektonische Konstruktion, der man ansieht, dass sie von einem Brückenbauer, dem Spanier Santiago Calatrava, stammt.

Neben Bier begründete noch eine Legende Milwaukees Ruf: **Harley Davidson**, das Motorrad mit dem Flair von Abenteuer und Weite. Die heißen Flitzer werden in Milwaukee hergestellt. Die Fabrik vor den Toren der Stadt kann besichtigt werden, in der Stadt gibt es zwei Händler. Für die Zukunft ist die Fertigstellung des Harley Davidson Experience Center in einer alten Brauerei geplant: ein interaktives Museum, ein Restaurant mit Blick auf den Fluss und ein Outdoor Event Center – für Harleyfans und Motorrad-Aficionados ein Wallfahrtsort.

Americas's Black Holocaust Museum wurde von einem Überlebenden der Lynchjustiz gegründet. Es zeigt Stationen der Geschichte der Schwarzen von der Verschiffung der Sklaven nach Amerika – zu sehen ist der Nachbau eines Sklavenschiffs – bis zur Lage der Bürgerrechte heute.

Zwischen Juni und Oktober lockt Samstagvormittag der **Farmers Market**. Nicht nur das Obst und Gemüse der umliegenden Bauernhöfe wird hier verkauft, sondern auch Selbstgemachtes wie Marmelade, Chutneys und Kuchen. Künstler bieten ihre Werke an, und eine Kapelle sorgt für gute Stimmung.

Und zuletzt: Man sollte Milwaukee nicht verlassen, ohne eines der Wunderwerke des Architekten Frank Lloyd Wright gesehen zu haben. Die **Annunciation Church** ist ein griechisch-orthodoxer Bau in Wauwatosa. Der Begründer der Präriearchitektur, Frank Lloyd Wright, schuf eine Art schwebende Blaue Moschee, eine Mischung aus byzantinischer Kuppel und Raumfahrzeug. ✳

Polnisches Fest in Milwaukee

Einkaufspassage an der Grand Avenue im Zentrum der Stadt ▷

Tempel der Bahai
100 Linden Ave., Wilmette, IL 60091
℃ (708) 869-6410
Visitor Center: im Sommer tägl. 10–20 Uhr, sonst kürzer
Tempel der Bahai-Anhänger. Infos über Kirche und Religion sowie Führungen gibt das hauseigene Visitor Center.

Greater Milwaukee Convention & Visitors Bureau
648 Plankinton Ave.
Milwaukee, WI 53203
℃ (414) 273-3950 oder 1-800-231-0903
www.milwaukee.org
Downtown Trolley
Ende Mai Anf. Sept. Mi/Do 11–22, Fr/Sa 1–24, So 11–18 Uhr, Fahrpreis $ 2

Downtown Trolley
1942 N. 17th St., Milwaukee, WI 53205
℃ (414) 344-6711
Ende Mai–Anf. Sept. Mi/Do 11–22, Fr/Sa 1–24, So 11–18 Uhr
Rundfahrt in einem Trolleybus.

Iroquois Boat Line
Westufer des Milwaukee River zwischen Michigan & Clybourn Sts.
Milwaukee, WI 53207
℃ (414) 294-9450
Juni–Sept. tägl. Abfahrt um 13, Sa/So zusätzlich auch um 15 Uhr
Fahrpreis $ 15

Lake Express
Milwaukee Terminal
2330 S. Lincoln Memorial Dr.
Milwaukee, WI 53207
℃ 1-866-914-1010
www.lake-express.com
Mitte Mai–Anf. Okt., 3 mal tägl., sonst nur 2mal, Tickets $ 50 einfach, $ 85 hin und zurück, Autos $ 59 bzw. $ 118
Schnellfähre von Milwaukee, Wisconsin, nach Muskegon, Michigan.

The Pfister Hotel
424 E. Wisconsin Ave.

Milwaukee, WI 53002
℃ (414) 273-8222 oder 1-800-558-8222
Fax (414) 273-5025
www.thepfisterhotel.com
Elegantes, altes, traditionsreiches und vornehmes Hotel, in dem der Gast wirklich König ist – und das seit 1893. So sind auch die Preise, ab $ 300. Mit Restaurant, Bar, Boutiquen. 307 Zimmer. $$$$

Hotel Wisconsin
720 N. Old World Third St.
Milwaukee, WI 53002
℃ (414) 271-4900
Fax (414) 271-9998
Ebenso altehrwürdiges und traditionsreiches, aber einfaches und preiswertes Hotel in Fussgängerentfernung zu allen Downtown Aktivitäten. Historische Fotogalerie in der Lobby. 234 Zimmer. $$

Knickerbocker on the Lake
1028 E. Juneau Ave.
Milwaukee, WI 53202
℃ (414) 276-8500
Fax (414) 276-3668
www.knickerbockeronthelake.com
Historisches Hotel mit 160 Zimmern, teils langzeitvermietet. Zimmer mit Küchenzeile. Gepflegte Atmosphäre. $$$–$$$$

Hotel Metro
411 E. Mason St., Milwaukee, WI 53202
℃ (414) 272-1937 oder 1-877-638-7620
Fax (414) 223-1158
www.hotelmetro.com
Elegantes Suitenhotel mit viel Komfort im Herzen des Geschäfts- und Vergnügungsviertels. $$$$

Milwaukee Institute of Arts & Design (MIAD)
273 E. Erie St., Milwaukee, WI 53202
℃ (414) 276-7889
www.miad.edu
Ausstellungen tägl. 10–17 Uhr, So/Mo geschlossen; Eintritt frei
Ein attraktiv renoviertes fünfstöckiges ehemaliges Fabrikgebäude im histori-

schen »Third Ward«-Bezirk beherbergt die 1922 gegründete Kunsthochschule.

 Pabst Theater
144 E. Wells St., Milwaukee, WI 53202
℃ (414) 286-3663 oder 1-800-511-1552
www.pabsttheater.org
Samstags um 12 Uhr kann man sich einer Theaterführung anschließen
Zur Pflege deutschen Kulturguts gebaut, werden hier heute Broadwayproduktionen und Folklore aufgeführt.

 America's Black Holocaust Museum
2233 N. 4th St., Milwaukee, WI 53212
℃ (414) 264-2500
www.blackholocaustmuseum.org
Di–Sa 9–17 Uhr
Eintritt $ 5
Das Museum widmet sich der Geschichte der Versklavung der Schwarzen in der Neuen Welt.

 Milwaukee Public Museum/IMAX Theater
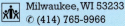 800 Wells St., Milwaukee, WI 53233
℃ (414) 278-2702 oder 1-800-700-9069
Mo–Sa 9–17, So 12–17 Uhr
www.mpm.edu
Eintritt $ 9, Kinder $ 6
Fabelhaftes Naturgeschichtemuseum: Von Dinosauriern bis zu den Bakterien wird in der neuesten Dauerausstellung ein Einblick in die Biosphäre der Erde vermittelt. Schmetterlinge kann man im tropischen Garten des Puelicher Butterfly Wing beobachten und studieren, die Ökologie des Regenwaldes im Costa Rican Rain Forest erleben.

Discovery World
derzeit: 815 N. James Lovell St.
Milwaukee, WI 53233
℃ (414) 765-9966
Mo–Sa 9–17, So 12–17 Uhr
Eintritt $ 7
Noch in Downtown befindliches Wissenschafts- und Technologiemuseum. Im Bau befindlich ist ein neues Gebäude

am Pier Wisconsin zwischen Milwaukee Art Museum und Henry Maier Festival Grounds. Abschluss der ersten Bauphase voraussichtlich im Juni 2006. In den unterhaltsam-informativen Ausstellungen bekommen Besucher interaktiv Einblick in die Themen ›Lake Michigan‹ und ›Wasser‹ im Allgemeinen, außerdem wird es diverse Aquarien geben. Viel versprechend wirken die Architektur und die Umgestaltung des gesamten Umfeldes, einer städtischen Pier, in einen Park mit Spazierwegen, Aussichtspunkten, diversen Aktivitäten etc.

 Annunciation Greek Orthodox Church
9400 W. Congress Ave.
Milwaukee, WI 53225
℃ (414) 461-9400
Die von Frank Lloyd Wright gebaute Kirche wurde für den Besucherverkehr gesperrt, ist aber sonntags um 9.30 Uhr zum Gottesdienst zugänglich. Führungen während des griechischen Festivals.

 Milwaukee Art Museum
700 N. Art Museum Dr.
Milwaukee, WI 53202
℃ (414) 224-3200
Tägl. 10–17, Do bis 20 Uhr
Eintritt $ 8
Das kühne Architekturbeispiel des spanischen Brückenkonstrukteurs Santiago Calatrava beherbergt das Kunstmuseum von Milwaukee. Rund 25 000 Werke mit einem Schwerpunkt auf der europäischen und amerikanischen Kunst des 19. und 20. Jh., amerikanischer Volkskunst und einer besonders schönen Sammlung von Kunstwerken aus Haiti.

 Harley Davidson
11700 W. Capitol Dr.
Wauwatosa, WI 53222
℃ (414) 343-7850 oder 1-877-883-1450
Führungen Mo–Fr zwischen 9.30 und 13 Uhr, Mindestalter 12 Jahre
Eintritt frei

Für Fans: Bei einer etwa einstündigen Werksbesichtigung kann man sehen, wie die Motorräder gebaut werden. Man erfährt einiges über die Geschichte der Firma und lauscht den Erklärungen des fachkundigen Führers bezüglich der Entwicklung der legendären Maschinen – und man darf auch mal auf einem der neuesten Modelle Platz nehmen und so tun als ob …! P.S. Ein Harley-Davidson-Museum befindet sich im Bau, voraussichtliche Eröffnung 2008.

 Sprecher Brewery
701 Glendale Ave., Glendale, WI 53209
✆ (414) 964-2739
www.sprecherbrewery.com
Führungen Fr 16, Sa 13, 14 und 15 Uhr, Ende Mai–Anf. Sept. bei großer Nachfrage auch wochentags um 16 Uhr
Eintritt $ 2
Seit 1985 produziert die Brauerei »European-style Beers«. Auf Führungen sieht man Braukessel, Abfüllanlagen und erhält im ›Indoor Beer Tent‹ auch eine Kostprobe der hauseigenen Erzeugnisse.

 Lakefront Brewery
1872 N. Commerce St.
Milwaukee, WI 53212
✆ (414) 372-8800
www.lakefrontbrewery.com
Führungen Fr 15, Sa 13, 14 und 15 Uhr
Eintritt $ 5
Kleinbrauereien haben verglichen mit den industriellen Großbrauereien ein geradezu intimes Flair. Hier erlebt man Liebe zum Detail und die Renaissance alter Braukunst.

 Miller Brewing Company
4251 W. State St.
Milwaukee, WI 53208
✆ (414) 931-2337 oder 1-800-944-5483
www.millerbrewing.com
Einstündige Führungen, tägl. außer So zwischen 10.30 und 15.30 Uhr
Großbrauereien beeindrucken durch ihre Riesendimensionen.

 Mader's German Restaurant
1037 N. Old World Third St.
Milwaukee, WI 53203
✆ (414) 271-3377
www.madersrestaurant.com
Zu dem beliebten Lokal, das delikate Küche serviert, gehört Amerikas größtes Hummelfiguren-Geschäft. $$$

 Cafe Vecchio Mondo
1137 N. Old World Third St.
Milwaukee, WI 53203
✆ (414) 273-5700
Europäische Küche bis Mitternacht, 100 Weinsorten und reichhaltiges Biersortiment. $$–$$$

 Historic Turner Restaurant
1034 N. 4th St., Milwaukee, WI 53203
✆ (414) 276-4844
www.milwaukeeturners.org
Ehemals die deutsche Turner Halle, heute Restaurant mit eher amerikanischem Flair. $$–$$$

 La Perla Restaurant
734 S. 5th St., Milwaukee, WI 53204
✆ (414) 645-9888
www.laperlahot.com
Preisgünstige, gute mexikanische Gerichte, lebhaftes Nachbarschafts-Restaurant. $–$$

 Milwaukee Ale House
233 N. Water St., Milwaukee, WI 53202
✆ (414) 226-2337
 Selbstgebrautes Bier, Cajun Küche, Live-Musik. $–$$

 Water Street Brewery
1101 N. Water St., Milwaukee, WI 53202
✆ (414) 272-1195
Frisches, selbstgebrautes Bier, Sandwiches, Vorspeisen und Hauptgerichte. $$$

 Rock Bottom Restaurant & Brewery
740 N. Plankinton Ave.
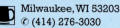 Milwaukee, WI 53203
✆ (414) 276-3030

Frisch gezapfte Biere, gutes Essen, Billardraum, Terrasse zum Fluss. $$$

Velvet Room
730 N. Old World Third St.
Milwaukee, WI 53203
☎ (414) 319-1190
www.velvetroommilwaukee.com
Schicke Lounge & Bar mit bequemen Designersofas, die besonders bei jungen Frauen beliebt ist, die allein oder zu mehreren ausgehen. Im Velvet Room gilt das ungeschriebene Gesetz, dass alleinstehende Frauen in Ruhe gelassen werden – allenfalls selbst die Initiative zur Kontaktaufnahme ergreifen. $$–$$$

The Shops of Grand Avenue
275 W. Wisconsin Ave., zwischen 4th St. & Plankinton Ave.
Milwaukee, WI 53203
☎ (414) 224-0384
Tägl. 10–19, Sa 10–18, So 11–17 Uhr
www.grandavenueshops.com
Innerstädtische Mall mit 130 Einzelgeschäften und Boutiquen.

Usinger's Famous Sausage
1030 Old World Third St.
Milwaukee, WI 53203
☎ (414) 276-9100 oder 1-800-558-9998
www.usinger.com
Mo–Sa 8.30–17 Uhr
Nostalgisches Wurstgeschäft im Altstadtviertel. Hier wird nach alter deutscher Tradition verwurstet.

East Town Farmers Market
Cathedral Square Park
Anf. Juni–Anf. Okt. Sa 7.30–12.30 Uhr
Neben frischem Obst und Gemüse sorgen Kapellen für Stimmung, und Künstler bieten ihre Werke an.

Für den Abend:

Chamber Theatre/Broadway Theater Center
158 N. Broadway, Milwaukee, WI 53202

Programmauskunft & Karten:
☎ (414) 291-7800
www.chamber-theatre.com
Tickets $ 20–37

Milwaukee Symphony Orchestra
700 N. Water S.
Milwaukee, WI 53202
☎ (414) 291-7605 oder 1-800-291-7605
www.milwaukeesymphony.org
Tickets $ 15–85
Eines von Amerikas virtuosen Orchestern, urteilte der »New Yorker«.

Florentine Opera Company
700 N. Water St., Milwaukee WI 53202
Programmauskunft & Karten:
☎ (414) 291-5700
www.florentineopera.org
Tickets $ 15–136

Marcus Center for the Performing Arts
929 Water St., Milwaukee, WI 53202
Programmauskunft & Karten:
☎ (414) 273-7206 oder 1-888-612-3500
www.marcuscenter.org

Milwaukee Theatre
500 W. Kilbourne Ave.
Milwaukee, WI 53203
Auskunft & Karten: ☎ (414) 908-6001
www.milwaukeetheatre.com

Wichtige Feste:

Summerfest:
Elftägiges So:mmermusikfestival an der Riverfront, Ende Juni/Anf. Juli tägl. 12–24 Uhr. Infos: ☎ 1-800-273-3378

Heavy Metal Festival:
Konzerte, Karten $ 36–60
Infos: ☎ (414) 276-4545
Milwaukee hat auch eine eigene Band von überörtlichem Ruf, »Paul Cebar & the Milwaukeeans«, deren Auftritt man nicht verpassen sollte, falls sie gerade spielen (www.paulcebar.com).

② Zur Bucht der Störe
Von Milwaukee nach Sturgeon Bay

2. Route: Milwaukee – Sturgeon Bay (243 km/143 mi)

km/mi	Zeit	Route	siehe Karte S. 47
0/0	9.00 Uhr	Abfahrt von Milwaukee auf I-43 bis Ausfahrt 89. Auf Hwy. C ca. 3 mi nach Westen bis zur Kreuzung mit der Washington Ave., in die man nach rechts abbiegt bis Stadtmitte **Cedarburg**.	
34/20	9.30 Uhr	Besichtigung von Cedarburg.	
	11.00 Uhr	Weiterfahrt nach **Port Washington** über Hwy. C, anschließend	
51/30	11.30 Uhr	Hafenbummel in Port Washington und Imbiss im Smith Brothers Seafood Restaurant.	
	13.00 Uhr	Auf I-43 geht es nach Norden bis zur	
102/60	14.00 Uhr	Ausfahrt 120 (Hwy. V) in den **Kohler Andrae State Park**: Strandbummel, Dünenwanderung oder Schwimmen.	
	15.00 Uhr	Weiterfahrt Richtung Norden bis **Manitowoc**, dort abbiegen auf Michigan 42 Richtung Sturgeon Bay.	
243/143	17.00 Uhr	Ankunft in **Sturgeon Bay**.	

Auf der Weiterreise um den See, kann man, um Zeit zu gewinnen, direkt über die Interstate 43 nach Manitowoc und von da auf der State Road 42 nach Sturgeon Bay und auf die Door-Halbinsel fahren. Wer sich aber Zeit nimmt, gewinnt einen Eindruck vom ländlichen und kleinstädtischen Amerika. Als erster Abstecher empfiehlt sich ein Ausflug nach **Cedarburg**, knappe 20 Meilen nördlich von Milwaukee.

Ursprünglich von irischen Farmern 1840 gegründet, siedelten sich hier bald deutsches Handwerk und ländliche Kleinindustrie an. Die Deutschen gaben dem Örtchen das solide Gepräge. An ihren Einfluss erinnern Namen wie Schroeder und Koehler, die in der Washington Avenue über Lebensmittel- und Feinkostläden prangen. Anders als sonst im kleinstädtischen Amerika herrscht die Backsteinarchitektur und nicht das Holzhaus in der Stadt vor. Hier gibt allerdings, im Unterschied zu Milwaukee, nicht roter Ziegel, sondern hellgelber bis weißlicher Kalkstein den Ton an. Cedarburg war früher per Straßenbahn mit Milwaukee verbunden. Sie verkehrte bis 1948, die Fahrt dauerte 30 Minuten und kostete 30 Cents. Da-

Ursprünglich landwirtschaftlich geprägt, wird die Westküste der südlichen Halbinsel Michigans mehr und mehr vom Tourismus entdeckt

von übrig geblieben ist nur noch die Fußgängerbrücke im kleinen Park am Fluss. Die Stadt verdankt ihre Entstehung und den Namen dem Cedar River, dessen Strömung ehemals fünf Getreidemühlen antrieb. Wie viele kleine Farmorte wäre Cedarburg verödet, hätte ein visionärer Bürgermeister sich nicht schon früh für die Erhaltung der alten Bausubstanz und die Bewahrung eines Stücks historischen Amerikas eingesetzt. So wurde der Ort zum Ziel von Nostalgietouristen, die in Antiquitäten stöbern und die Atmosphäre der »guten alten Zeit« schnuppern. Der ganze Ort lebt von Antiquitäten-, Kunstgewerbe- und Kramläden. Selbst in der ehemaligen Samen- und Futtermittelhandlung werden heute Schätzchen von gestern verkauft, in nostalgischen Bäckereien locken frische Backwaren zum Kauf. Es gibt sogar noch

richtige Kolonialwaren- und Kramläden, einer schöner als der andere. Cafés laden zum Verbleib mit Blick auf das Treiben in der Hauptstraße ein.

Wer gern alles unter einem Dach hat, begibt sich zum **Cedar Creek Settlement**, wo neben etlichen Souvenirläden auch die Cedar Creek Winery (℡ 1-800-727-8020) untergebracht ist. Wisconsin ist wie Michigan ein Weinbaugebiet. Das im Komplex integrierte alte Rivoli-Kino (W 62 N 567 Washinton Ave.) ist eines der wenigen noch funktionierenden kleinstädtischen Kinos.

Im ehemaligen Kraftwerk des Örtchens auf der anderen Seite des Cedar River hat sich ein Architektenbüro seine Arbeitsräume geschaffen. Eigentlich ist es der Öffentlichkeit nicht zugänglich, an manchen Wochenenden im Jahr aber folgt es der Sitte der im Ort ansässigen Künstler und beteiligt sich am

Tag der offenen Tür. Die Umwandlung dieses Industriegebäudes in ein modernes Studio ist selten schön gelungen und zeigt, was sich aus Amerikas alten Industriebauten machen lässt.

Zum Lake Michigan fährt man zurück, wie man gekommen ist, bleibt aber auf dem Highway C und überquert darauf die Interstate 43, um unmittelbar am See entlang nach Norden durch Weiden- und Wiesenlandschaft nach Port Washington zu fahren. **Port Washington** ist ein kleiner Fischerort am Lake Michigan, der von den beiden Türmen seines Kraftwerks sowie dem Gebirgspanorama seiner Kohlenhalden

überragt wird. Im alten kommerziellen Fischereihafen haben heute in erster Linie Sportfischer ihre Boote, denn im Lake Michigan werden, seit der See durch das Wasserreinhaltungsgesetz von 1969 deutlich sauberer geworden ist, wieder Fische aller Art gefangen. Gleichwohl ist das Leben im See immer noch gefährdet – durch Schwermetalle in den Bodenschlämmen, schleichende Erwärmung und Überfischung.

Am nördlichen Ende des Hafens trifft man in einer eigens für die Angler eingerichteten Reinigungsstation häufig auf erfolgreiche Petrijünger, die dort ihre gefangenen Chinook- und Coho-

Pennsylvania Avenue im ursprünglich als Fischerdorf am Lake Michigan entstandenen Sheboygan, Wisconsin

Lachse schuppen und ausnehmen. Wer Fisch lieber nur isst, kann das traditionell im Smith Brothers Fish Seafood Restaurant mit Blick auf den Lake Michigan tun. Im Restaurant ist auch die Port Washington Brewing Company untergebracht, die gleich mehrere Sorten Bier braut.

Ab Port Washington fährt man auf der Interstate 43 weiter. Bei den Ausfahrten 107 (Belgium/Lake Church) und 120 (Highway V) locken State Parks, und zwar der Harrington bzw. der Kohler Andrae State Park. Beide haben weite Sandstrände, die zu ausgedehnten Wanderungen einladen. Der Kohler Andrae State Park hat gewaltige Dünen. Auch schwimmen kann man im Lake Michigan, aber Achtung! Der See ist hier kalt.

Bei der Ortschaft **Sheboygan** lohnt sich das Abfahren von der Interstate. Die wichtigste Industrieansiedlung in dem 1840 von Deutschen gegründeten Fischerdorf war die Klempnerei der Familie Kohler. Der Niedergang der Fischerei zog unweigerlich den Verfall nach sich. Die Stadt baute die Katen an der Mündung des Sheboygan River zu Ladengalerien und einem Areal mit Boutiquen, Restaurants und Kunstgewerbeläden um. Die Innenstadt selbst hat davon aber weniger und bietet den typisch trostlosen Anblick vieler ländlicher Small Towns. Berühmt und einen Besuch wert ist das **Michael Kohler Arts Center**, das in der Villa der Kohlers untergebracht ist und in dem zeitgenössische amerikanische Kunst ausgestellt wird.

Manitowoc ist der Heimathafen der Fähre, die einen hinüber nach Ludington im Bundesstaat Michigan bringt. Vor der Überfahrt sollte man jedoch noch einen Abstecher auf die **Door Peninsula** machen, jenen Sporn, der weiter nördlich wie ein hochgehaltener Daumen in den See hinausragt. Man verlässt die Interstate und fährt auf Wisconsin 42 durch Two Rivers, ein Örtchen, das die Atmosphäre eines alten Fischerdorfs noch bewahrt hat, durch Kewaunee, Rostok, Alaska, Algoma nach Sturgeon Bay. Bei Kewaunee können unvermittelt Büffel auf der Weide am Ortseingang stehen. Sie erinnern daran, dass Wisconsin – anders als das auf der anderen Seite des Sees liegende, früher dichtbewaldete Michigan – weitgehend Grasland, Prärie, war.

Die Ortschaft **Sturgeon Bay** ist nach der gleichnamigen Ausbuchtung der Green Bay benannt. An dieser Stelle ist die Door Peninsula so eng, dass sie den Durchstich geradezu herausforderte. Der Bau des Kanals 1878, der heute beide Hälften der Halbinsel voneinander trennt, verkürzte den Seeweg vom Lake Michigan zur Green Bay, an deren Ende die gleichnamige Hafenstadt liegt, und bescherte ihr den Aufschwung. Der Name Sturgeon Bay (*Sturgeon* = Stör) kündet davon, dass es hier vor Jahr und Tag vom inzwischen stark überfischten Stör wimmelte. Störe kommen heute in der Green Bay wieder vor. Angelsaison ist vom 4. September bis zum 15. Oktober. Allerdings sind folgende Bedingungen einzuhalten: ein Stör pro Person und Saison, der nicht kleiner sein darf als ein Meter. Der in dieser Gegend früher vorkommende Riesenstör ist allerdings ausgestorben.

Der Ort wird von zwei Brücken überspannt, der modernen, neuen, auf der sich der Highway 42 auf den nördlichen Teil der Door Peninsula hinüberschwingt, und einer niedrigeren, älteren Zugbrücke mitten im Ort, die beide Hälften der Altstadt verklammert. Sturgeon Bay ist zu einem populären Urlaubsziel geworden, ohne seine ursprüngliche Industrie, den Bau von Jachten, aufzugeben. Über die Tradition des Schiffsbaus gibt das **Door County Maritime Museum** in Sturgeon Bay Auskunft. Entsprechend groß und gut ist das gastronomische Angebot und die Auswahl an Unterkünften. Die Third Street auf der nördlichen Seite der Brücke ist die alte Geschäftsstraße des Ortes. Ihren guten Zustand und den an Thornton Wilder erinnernden »Unsere kleine Stadt«-Charakter verdankt sie dem Tourismus, für den manch alter Laden und manch altes Haus als Café, Restaurant oder Boutique restauriert wurde.

Ein guter Ausgangspunkt für die Erkundung der Door-Halbinsel ist das Stone Harbor Resort hinter der alten Brücke links. Zimmer und Ferienwohnungen mit Blick auf den Schiffskanal gibt es in verschiedenen Größen und Preisklassen. Vor dem Schlafengehen braucht man nach langer Fahrt noch einen Imbiss und einen Schlummertrunk. Empfohlen sei Applebee's Neighborhood Grill & Bar gegenüber dem Stone Harbor auf der anderen Kanalseite, auf die man zu Fuß über die alte Brücke gelangt. Dort kann man klassisch amerikanisch essen: Sandwiches, Steaks, Grillrippchen und natürlich Fisch. ❖

Leuchtturm an der Bucht der Störe in der Ortschaft Sturgeon Bay in Wisconsin

2 **Infos:** Cedarburg, Port Washington, Sturgeon Bay

 Cedarburg Chamber of Commerce & Visitors Center
W 61 N. 480 Washington Ave.
P.O. Box 104, Cedarburg, WI 53012
✆ (262) 377-5856 oder 1-888-242-9699
www.cedarburg.org

 Cedar Creek Settlement
N70 W 6340 Bridge Rd.
Cedarburg, WI 53012
✆ (262) 377-4763 oder 1-866-626-7005
www.cedarcreeksettlement.com
Mo–Sa 10–17, So 11–17 Uhr
Nostalgisches Geschäftsviertel mit kleinen Läden, Boutiquen, Ateliers, Cafés etc. in alten Getreidemühlen, Lagerhäusern und Hallen.

 The Washington House Inn
W 62 N. 673 Washington Ave.
Cedarburg, WI 53012
✆ (262) 375-3550 oder 1-800-544-4717
www.washingtonhouseinn.com
Solide Gemütlichkeit in weißem Ziegelstein. 34 Zimmer. $$$–$$$$

 Port Washington Chamber of Commerce
126 E. Grand Ave.
Port Washington, WI 53074
✆ (262) 284-0900 oder 1-800-719-4881
www.portwashingtonchamber.com

 Smith Brothers Seafood Restaurant
Port Washington Brewing Company
100 N. Franklin St.
Port Washington, WI 53704
✆ (262) 284-5592
Frischer Fisch und hausgebrautes Bier; dazu gratis Blick auf den See. $$

🏛 **John Michael Kohler Arts Center**
608 New York Ave.
Sheboygan, WI 53802
✆ (920) 458-6144
www.jmkac.org, Eintritt frei
Mo, Mi, Fr 10–17, Di, Do 10–20 und Sa/So 10–16 Uhr
Zeitgenössische Kunst in einer Villa.

 Sturgeon Bay Convention and Visitors Bureau
23 N. 5th St.
Sturgeon Bay, WI 54235
✆ (920) 743-6246 oder 1-800-301-6695
www.sturgeonbay.net

 Door County Vacation Rentals
49 W. Maple St.
Ephraim, WI 54211
✆ (920) 854-5626 oder (920) 854-9625
www.doorcountyvacationrentals.com
Vermittlung von Hütten, Ferienwohnungen und Ferienhäusern.

 Stone Harbor Resort
107 N. 1st Ave.
Sturgeon Bay, WI 54235
✆ (920) 746-0700 oder 1-877-746-0700
www.stoneharbor-resort.com
Hinter der alten Brücke links. Neues Hotel mit Restaurant, Pool und Blick auf den Kanal, besonders schön die Suiten mit Wohnzimmer und offenem Kamin, in deren Schlafzimmer gleich neben dem Bett ein Jacuzzi steht. $$$–$$$$

🏛 **Door County Maritime Museum**
120 N. Madison Ave.
Sturgeon Bay, WI 54235
✆ (920) 743-5958, www.dcmm.org
Ende Mai–Anf. Sept., tägl. 9–18, sonst 10–17 Uhr
Museum über die Tradition des Jacht- und Schiffsbaus im Door County.

 Applebee's Neighborhood Grill & Bar
129 N. Madison Ave.
Sturgeon Bay, WI 54235
✆ (920) 743-9923
Mit Blick auf den Kanal, klassisch-amerikanische Küche. $$–$$$

Sage Restaurant & Wine Bar
136 N. Third Ave.
Sturgeon Bay, WI 54235
✆ (920) 746-1100
Restaurant und Weinbar, Nouvelle cuisine auf Amerikanisch. $$$

③ Das Tor zur Freizeit
Door County

3. Route: Sturgeon Bay – Manitowoc – Ludington (255 km/150 mi; die Überfahrt nicht gerechnet)

km/mi	Zeit	Route	siehe Karte S. 47
0/0	9.00 Uhr	Abfahrt **Sturgeon Bay** auf Michigan 42.	
39/23	10.00 Uhr	**Fish Creek.** Strandbummel im Peninsula State Park.	
	11.00 Uhr	Weiterfahrt	
54/32	11.15 Uhr	Ankunft **Sister Bay**, wo Michigan 42 und 57 sich kreuzen. Hier entweder auf 42 weiter über **Ellison Bay** bis zur Spitze der Halbinsel, wo man mit der Fähre nach Washington Island übersetzen könnte, oder gleich bei Sister Bay auf Michigan 57 nach Süden.	
81/48	11.30 Uhr	Kaffeepause in der Town Hall Bakery in **Jacksonport**.	
	12.00 Uhr	Weiterfahrt auf Michigan über Sturgeon Bay Richtung Green Bay, vor **Green Bay** auf I-43 nach Manitowoc bis zur Ausfahrt 152.	
255/150	13.30 Uhr	Ankunft in **Manitowoc**.	
	14.00 Uhr	Abfahrt der Fähre nach Ludington.	
	18.00 Uhr	Ankunft Ludington Central (=19 Uhr *Eastern Time*).	

> Tagesziel ist Ludington in Michigan, das man auf der in Manitowoc ablegenden Fähre erreicht. Im Sommer verkehrt die Fähre nachmittags um 14 Uhr und nachts um 0.30 Uhr. Wer die nächtliche Fähre nimmt, hat entsprechend mehr Zeit auf **Door Peninsula**.

Zum Frühstück empfiehlt sich ein Gang zur kleinen Altstadt von Sturgeon Bay hinauf, wo man im Inn at Cedar Crossing mit Blick auf die sich langsam belebende Straße sitzen und mit Joni Mitchells Song »Morning Morgan Town« im Ohr zwischen frischen Backwaren und Pancakes die Wahl hat. Der French Toast – die amerikanische Version des »Armen Ritter« – ist hier mundfüllend dick und dabei duftig leicht, seidig, mit der Konsistenz von Eierstich. Er wird mit echtem Door-County-Ahornsirup gereicht und ist ein Magenpflaster, das gut bis zum frühen Nachmittag hält.

Door County hat seinen Namen von der Tür des Todes. So nannten die Indianer die See-Passage zwischen der Spitze der Halbinsel und der kleinen Washing-

Am Lake Michigan lässt sich nicht nur auf dem großen See gut Boot fahren

ton Insel, die darauf sitzt wie der Punkt auf dem I. Unberechenbare Strömungen wurden hier manchem Schiff zum Verhängnis. Die ersten französischen Entdecker übernahmen diese Bezeichnung, und so heißt die »Meerenge« noch heute Porte des Morts Strait.

Die **Door Peninsula** hat, was man heute »hohen Freizeitwert« nennt. Sie ermöglicht Aktivitäten aller Art: Wandern und Radfahren, Reiten oder Skaten, Kanu- und Bootfahrten, Segeln und Schwimmen, Angeln an stillen Bächen oder Fischen auf offenem Wasser, man kann Drachen steigen lassen oder den Tag in Cafés und Kneipen verbringen, endlose Strandspaziergänge machen oder in den Dünen faulenzen, Shoppen und gut Essen gehen, Wein verkosten oder bei Obsterntefesten mitmachen. Und jede Jahreszeit hält ihre Besonderheit bereit: das Frühjahr Blütenmeere der Kirsch- und Apfelbaum-

plantagen, der Herbst die leuchtenden Farben des Süßahorns und der Winter Langlauf- und Schlittschuhpartien – das Eisfischen nicht zu vergessen. Für jede Sportart findet man den Ausstatter oder Führer, der die nötige Ausrüstung verkauft oder verleiht: den Kanu- und Boots-, den Fahrrad- und Skates-, den Ski- und Schneeschuhverleih, die geführte Wandertour und den Bootsausflug zu den Fischgründen des Lake Michigan.

Für jede Freizeitaktivität gibt es das geeignete Areal – z.B. den Ahnapee State Trail, der sowohl für Wanderer wie für Mountainbiker und im Winter für Snowmobile und Langlauf reizvoll ist; die State Parks wie der Potawatomi und der Peninsula State Park, der Rock Island- und der Newport State Park, die Horseshoe Bay und die Half Moon Bay bieten wild bewegte oder liebliche Ufer, einsame und belebte Strände mit zum

Bjorklunden Chapel südlich von Baileys Harbor auf der Door-Halbinsel erinnert an die skandinavischen Einwanderer

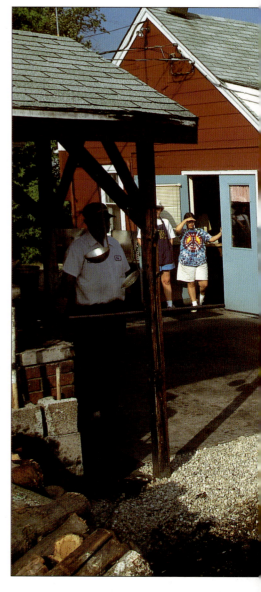

Teil berückenden Aussichten über den See oder die geschützte Green Bay.

Auch wenn diese vom See geprägte Region deutlich maritimen Charakter hat, gehört sie zum Mittleren Westen, dessen Menschen sprichwörtlich freundlich und mit dem berühmten trockenen Humor ausgestattet sind. Die Landschaft ist eine eigenartige Mischung aus Elementen, die einem vertraut vorkommen und doch so disparat zusammengesetzt sind, dass man glaubt, dergleichen noch nie gesehen zu haben. Vom Meer umgeben, erinnert diese Landschaft an Schleswig-Holstein, jedoch ohne dessen diffuses Licht. Statt dessen herrscht die für Amerika typische harte, klare Bläue des unendlichen Himmels vor, an dessen fernem Rand hoch aufgetürmte Gebirgsketten aus Wolken im gleißenden Horizont schwimmen. Zwischen Maisfeldern und Obstbaumplantagen stehen Farmhäuser mit ihren rot gestrichenen Scheunen und den aufragenden Getreidespeichern. Birken und Heidevegetation lassen schon die Tundra erahnen, die sich jenseits der kanadischen Grenze ausdehnt. Hier begegnen und durchmischen sich mittelwestliches Farmland und Küstenlandschaft, die Weite der Prärie und die Vorboten der Subarktis.

Die Door Peninsula ist, wie überhaupt der nördliche Teil des Mittleren Westens, von skandinavischer Besiedlung

Ein »Fish Boil« ist nicht nur ein Gaumen-, sondern auch ein Augenschmaus

geprägt. Die Waldgebiete an den Buchten und auf den Landzungen um die Großen Seen erinnerten Norweger und Dänen, Schweden und Isländer an ihre Heimat. Die Skandinavier haben dieser Region auch den Obstanbau und die Fischerei und vor allem Fischrezepte gebracht.

Berühmt sind in dieser Region die so genannten *Fish Boils* – große kollektive

Koch- und Schlemmerfeste, bei denen in gewaltigen Kesseln über offenem Feuer Fische gekocht und gemeinsam verzehrt werden. In einem riesigen Zuber wird Wasser zum Kochen gebracht, dort hinein wandern Kartoffeln, Zwiebeln, manchmal Kohl und dann Weißfischstücke, Forellen oder was sonst gefangen wurde. Ursprünglich brachten die letzten Fischstücke den Sud zum Überlaufen – das Fett entzündete sich dann in hellen Flammen und verbrannte. Heute hilft man mit ins Feuer gegossenem Dieselöl nach. Das lässt die Flammen in den Topf schlagen und verbrennt so das Fett. *Fish Boils* sind dem Nordosten, was die großen Barbecues dem Südwesten sind. Vollständig ist das regionale Mahl allerdings erst, wenn es zum Nachtisch Apfel- oder Kirschkuchen gibt, der meist à la mode – will sagen: mit einem großzügigen *scoop* Vanilleeis drauf – serviert wird.

Die Highways 42 und 57, auf denen die Door Peninsula umrundet wird, sind von Straßenständen, Läden und Märkten gesäumt, in denen je nach Jahreszeit Äpfel, Kirschen, hausgemachte Marmeladen, selbstgemachter Door County Maple Sirup und Räucherfisch angeboten werden. Am Ortseingang von Carlesville steht gleich die große Obstweinkelterei, die **Door Peninsula Winery**. Die Weine sind prämiert, und wer Obstwein mag, kommt hier auf seine Kosten – besonders empfehlenswert für diese Region sind Apfel- und Kirschwein.

Der Weg nach Norden führt an der **Horseshoe Bay** vorbei, wo ein kleiner County Park zu morgendlichem Verweilen und die See zum Bade lädt. Im Örtchen Egg Harbor mit seinen 250 Einwohnern lacht einen ein Münchner Löwenbräu in der Ortsmitte an. Der Ort hat einen kleinen, schnuckeligen Hafen

und schmucke Häuser sowie Restaurants.

Fish Creek ist schon ein vergleichsweise größerer Fremdenverkehrsort, in dem es ein Folklore-Theater gibt. Hier ist der Zugang zum **Peninsula State Park**, an dessen Stränden mit Blick auf die Bucht man gut versteht, warum es die ersten Siedler hier in der Waldeinsamkeit hielt. Im Park findet man Campingplätze, Wander- und Radwanderwege, die Strände laden zum Schwimmen ein.

Am nördlichen Ende des Parks – auf einem kleinen Landvorsprung – liegt die Ortschaft **Ephraim**. Deren geschützte Bucht verwandelt sich im Winter in eine Kolonie aus Eisfischerhütten. Der Fremdenverkehr und dessen Bedarf an Kunstgewerbe hat Künstler nach Ephraim gezogen. Im Ort Sister Bay fällt Al Johnson's Swedish Restaurant ins Auge, auf dessen Dächern Ziegen das Gras, mit dem sie gedeckt sind, kurz halten.

Von **Gills Rock** geht die Personenfähre und von North Port die Autofähre nach Washington Island. Die Washington-Insel war ursprünglich isländisch besiedelt, und auf ihr hat sich die größte intakte isländische Gemeinde in Amerika erhalten.

Die Ostseite der Door Peninsula ist weniger touristisch entwickelt, dadurch aber nicht reizlos. Es gibt weniger Verkehr, weniger Geschäfte, weniger Unterkünfte, weniger Menschen. Die kühlere Ostseite wird auch »Cool Pool« genannt, weil in der Senke, welche die Halbinsel an dieser Stelle bildet, sich kühlere Luft hält – im Sommer ein Labsal, im Herbst sind die Temperaturen ein paar empfindliche Grade niedriger.

Beim Örtchen **Baileys Harbor**, das seinen Namen nach Kapitän Justice Bailey hat, der in dieser Bucht 1848 bei

Whitefish Bay im gleichnamigen State Park

einem schweren Sturm Zuflucht fand, liegen mit Bjorklunden und Tufts Point große Landschaftsschutzgebiete – echte Fleckchen unberührte Wildnis. Nahe dem Ort Jacksonport weist der **Whitefish Dunes State Park** Wisconsins höchste Dünen und einen einladenden Strand auf. Im benachbarten **Cave Point County Park** weicht der Sandstrand einer Kalksteinsteilküste, in die der anbrandende Lake Michigan Höhlen gegraben hat. In **Jacksonport** lockt die im alten Gemeindehaus eingezogene Town Hall Bakery mit selbstgebackenen *cookies*, gedecktem Obstkuchen und starkem Kaffee.

Auf Highway 57 verlässt man den oberen Teil der Door-Halbinsel und fährt über Brussels Richtung Green Bay, wo man auf die Interstate 43 auffährt, die einen schnell nach **Manitowoc** bringt (Ausfahrt 152). Dort wartet die Fähre nach Ludington am Ostufer des Sees.

Der Schiffs- und Fährverkehr spielte auf dem Lake Michigan ehemals eine große Rolle. Frachter und Passagierschiffe brachten Einwanderer und deren Gerätschaften aus dem Osten nach Chicago bzw. die Getreideernten aus der besiedelten und in Agrarland umgewandelten Prärie von Illinois und Wisconsin zu den Absatzmärkten im Osten. Aus den Wäldern Michigans kam das Material zum Bau Chicagos und das Holz zur Einzäunung der baumlosen Prärien des

Westens. Als sich dann an den Ufern der Großen Seen der erste Wohlstand bildete, brachten Fähren und Ausflugsdampfer Touristen aus Chicago, Milwaukee und Green Bay an abgelegenere Ufer zu lieblichen Stränden.

In den Romanen Saul Bellows und im Leben von Ernest Hemingway spielten die Passagierdampfer und Fähren auf dem Lake Michigan eine große Rolle. Doch die Schifffahrt wich bald der Eisenbahn und die dem Auto- und Lastwagenverkehr. Von der alten Herrlichkeit der Passagierschifffahrt auf dem Lake Michigan sind nur eine Linie und ein Schiff übrig geblieben, die Rauch speiende »Badger« (Dachs), die ihren Namen von dem Staatsmaskottchen Wisconsins hat. Die Fahrt dauert vier Stunden. Inmitten des Sees sieht man weder das eine noch

das andere Ufer, man bekommt ein Gefühl für die Größe des Lake Michigan. Größter Konkurrent ist allerdings der Lake Express, eine Schnellbootlinie von Milwaukee nach Muskegon, die der traditionsreichen »Badger« möglicherweise den Garaus machen könnte.

Wer zeitig nach Manitowoc kommt, kann vor der Abfahrt noch einen Stadtbummel durch die restaurierte historische Downtown im Bereich der 8th Street machen. Hier locken Boutiquen und Cafés, Kneipen und Restaurants zum Vertreib der Zeit, die bis zur Abfahrt des Boots bleibt. Dabei sollte man sich das **Maritime Museum** nicht entgehen lassen, das von Manitowocs Funktion als Zentrum des Schiffsbaus kündet und zu dessen Attraktionen ein U-Boot aus dem Zweiten Weltkrieg gehört. ✳

Auf dem Lake Michigan verkehrt nur noch das Fährschiff »Badger« zwischen Ludington und Manitowoc

Inn at Cedar Crossing
336 Louisiana St.
Sturgeon Bay, WI 54235
℘ (920) 743-4249
www.innatcedarcrossing.com
Backwaren aus eigener Bäckerei, Pancakes, French Toast – die amerikanische Version des »Armen Ritter« (lecker!) –, Door County Ahornsirup, freundlich und gemütlich. Das dazugehörige B&B bietet neun Zimmer zum Wohlfühlen. Restaurant $–$$$, B&B $$$–$$$$

Door County Chamber of Commerce
1015 Green Bay Rd.
Sturgeon Bay, WI 54235
℘ (920) 743-4456 oder 1-800-527-3529
www.doorcountyvacations.com
Rund-um-die-Uhr-Informationszentrum.

Wisconsin Department of Natural Resources Service Center
110 S. Neenah Ave.
Sturgeon Bay, WI 54235
℘ (920) 746-2860
www.dnr.wi.gov
Hier gibt es Angelschein und -regeln. Die Angelerlaubnis bekommt man auch über ℘ 1-877-945-4236 (gebührenfreie), sie wird in Form einer Nummer ausgegeben und ist sofort gültig ($ 24 für 4 Tage, $ 28 für 15 Tage, $ 40 Familienpass für 15 Tage). Auch in Sportgeschäften, Läden für Angelbedarf und Supermärkten sind Angelscheine erhältlich. Die Angelsaison für Lachse und Forellen ist ganzjährig, doch man braucht zusätzlich eine Marke für $ 14. Die Störsaison dauert vom 4. Sept.–15. Okt. Fangmenge und Fischgröße sind streng geregelt.

Door County Fishing Hotline
℘ (920) 743-7046
Hier erfährt man, wo gerade die besten Fische schwimmen und für welche Fische gerade Saison ist.

Ahnapee State Trail
℘ (920) 388-7199

www.ahnapeetrail.org
Vom Staat gepflegter, zum Wandern, Joggen, Mountainbiken und Reiten genutzter Weg, auf den im Winter auch die Langläufer und Snowmobilefahrer gehen. 50 meist reizvolle Kilometer von Casco über Algoma und Sturgeon Bay.

Door County Bikes
20 N. 3rd Ave.
Sturgeon Bay, WI 54235
℘ 1-877-DCBIKES
Ein Fahrrad kostet $ 25/Tag, man kann auch für die ganze Woche leihen ($ 85). Das Geschäft hat eine Dependance am Potawatomi State Park, wo man außer Fahrrädern Kanus und Paddelboote mieten kann (Ende Mai–Anf. Okt.).

Ahnapee Ranch
990 Shoemaker Rd.
Brussels, WI 54204
℘ (920) 825-7804
Reiten und Reitausflüge auch für Anfänger und Kinder, auch im Winter. Voranmeldung erforderlich. Im Sommer tägl. 7–19, im Winter tägl. 8–17 Uhr. Ab 20 $.

Door Peninsula Winery
5806 Hwy. 42
Sturgeon Bay, WI 54235, bei Carlsville
℘ (920) 743-7431 oder 1-800-551-5049
Die Weine sind prämiert, und wer Obstwein mag, kommt hier auf seine Kosten – besonders empfehlenswert für diese Region sind Apfel- und Kirschwein.

Horseshoe Bay County Park
Kurz vor Egg Harbor
Kleiner Park, mit einsamen und belebten Stränden.

White Gull Inn
4225 Main St.
Fish Creek, WI 54212
℘ (920) 868-3517 oder 1-888-364-9542
www.whitegullinn.com
B&B mit feinem Restaurant. Frühstück, Mittag- und Abendessen, alles mit einer

besonderen Note. Begehrt sind Plätze bei einem der Fish Boils, die im Sommer und Herbst Mi, Fr/Sa und So jeweils um 17.45, 19 und 20.15 Uhr stattfinden, im Winter Fr um 19 Uhr. Fish Boil $ 18,25, ansonsten $$–$$$. B&B $$$$.

Pelletier's Restaurant & Fish Boil
4199 Main St./Founders Square
Fish Creek, WI 54212
✆ (920) 868-3313
Vom Frühstück bis zum Abendessen gibt es hier alles. Tägl. um 17 Uhr beginnt die Zeremonie des Door County Fish Boil, Reservierung wird angeraten. $$

American Folklore Theatre
Fish Creek, WI 54212
✆ (920) 854-6117
www.folkloretheatre.com
Tickets $ 16–18, Kinder $ 10
Volkstheater, 15. Juni–28. Aug. im Peninsula State Park und bis Oktober in den alten Town Halls von Fish Creek und Ephraim. Veranstaltungsort sowie Wegbeschreibung bei Kartenbestellung erfragen.

Peninsula Music Festival
Door Community Auditorium
Hwy. 42
Fish Creek, WI 54212
Auskünfte: ✆ (920) 854-4060
www.musicfestival.com
Tickets ab $ 23
Festival in den ersten drei Augustwochen. Kleiner, feiner Konzertsaal, in dem das hiesige Symphonieorchester spielt.

Peninsula State Park
9462 Shore Rd.
Fish Creek, WI 54212
✆ (920) 868-3258
Der Peninsula State Park umfasst den nördlich an die Ortschaft Fish Creek angrenzenden Strand samt Hinterland. Er bietet im Sommer Strände und Bootfahrten (Bootsverleih im Park), Wälder für Wanderungen und im Winter ausgedehnte Loipen für Langläufer. Außer-

dem gibt es einen Aussichtsturm und Auftritte des American Folklore Theatre,

Ephraim Sailing Center
South Shore Pier

Hwy. 42

Ephraim, WI 54211
✆ (920) 854-4336
Segelbootverleih auch stundenweise und Segelschule. Auch Kanu- und Kajakverleih (z.B. Zweierkajak, 2 Std. $ 24).

Bay Shore Outdoor Store
Hwy. 42 S.
Sister Bay, WI 54234
✆ (920) 854-7598
Boot-, Kanu-, Segelboot-, Ski- und Schneeschuhverleih, um auf eigene Faust loszugehen oder an geführten Touren teilzunehmen.

Grand View Motel
P.O. Box 135
Ellison Bay, WI 54210
✆ (920) 854-5150 oder 1-800-528-8208
www.thegrandviewmotel.com
Der Blick allein ist sein Geld wert. 30 Zimmer. $$–$$$$

The Viking Grill & Lounge
12029 Hwy. 42
Ellison Bay, WI 54210
✆ (920) 854-2998
Veranstaltet Fish Boils von Mitte Mai bis Okt. 16.30–20 Uhr. Das Restaurant serviert seit 1939 vom Frühstück bis zum Abendessen *homestyle food*. $–$$

Captain Paul's Charter Fishing
921 Cottage Rd.
Gills Rock, WI 54210
✆ (920) 854-4614
Kapitän Paul macht Fahrten zum Lachs- und Forellenfang. Das kostet ca. $ 75 am Tag, die Ausrüstung wird gestellt und der gefangene Fisch eingefroren.

Washington Island Ferry Line
North Port Pier

P. O. Box 39
Washington Island, WI 54246
✆ (920) 847-2546 oder 1-800-223-2094
Verkehrt ganzjährig nach Washington Island, Abfahrtszeiten erfragen. Die Hin- und Rückfahrt kostet pro Person $ 10, das Auto $ 22, das Fahrrad $ 4.

Town Hall Bakery
6225 Hwy. 57, Jacksonport, WI 54235
✆ (920) 823-2116
Altes Gemeindehaus, beherbergt jetzt ein kleines Café. Hier gibt es eine große Auswahl selbstgebackener *cookies* und den besten selbstgemachten gedeckten Obstkuchen, dazu starken Kaffee. $

Manitowoc Area Visitor & Convention Bureau
4221 Calumet Ave.
Manitowoc, WI 54221
✆ (920) 683-4388, 1-800-627-4896
Fax (920) 683-4876
www.manitowoc.org

Wisconsin Maritime Museum
75 Maritime Dr.
Manitowoc, WI 54220
✆ (920) 684-0218 oder 1-888-724-2356
Ende Mai–Anf. Sept. tägl. 9–18, ansonsten tägl. 9–17 Uhr
Eintritt $ 12
Modernes Museum mit vielseitig präsentierten Exponaten zum Schiffbau in der Region. Führungen durch das U-Boot USS »Cobia«.

Garnishes Restaurant
1306 Washington St.
Manitowoc, WI 54220
✆ (920) 652-9109
Dinner Do/Fr/Sa 17–22, Brunch So 9–12 Uhr
Frisch bereitete vegetarische Gerichte, aber auch Fisch und Huhn. $–$$

Four Seasons Family Restaurant
3950 Calumet Ave.
Manitowoc, WI 54220

✆ (920) 683-1444
Hausmannskost vom Frühstück bis Abendessen, frische Backwaren, viel Essen für wenig Geld. Es wird Wein und Bier serviert. $–$$

Lake Michigan Carferry
900 S. Lakeview Dr.
Manitowoc, WI 54220
✆ 1-800-841-4243, www.ssbadger.com
Die Überfahrt kostet $ 49 pro Person ($ 82 Hin- und Rückfahrt), das Auto $ 53 ($ 106 Hin- und Rückfahrt), Motorräder $ 29 und Fahrräder $ 5. Im Sommer gehen zwei Fähren, um 13.15 Uhr und 0.30 Uhr, im Frühling und Herbst nur eine um 14 Uhr. Für nächtliche Fahrten stehen für $ 36 (einfache Fahrt; hin und zurück $ 69) Zweibettkabinen (ohne Dusche) für jene zur Verfügung, die sich den Sonnenaufgang über den Dünen von Michigan nicht entgehen lassen möchten. An Bord gibt es Snacks. Reservierungen empfohlen.

Cooks Corner
834 S. 8th St.
Downtown Manitowoc, WI 54221
✆ 1-800-236-2433
Amerikas größter Küchenladen.

Lamplighter Bed & Breakfast
602 E. Ludington Ave.
Ludington, MI 49431
✆ (231) 843-9792 oder 1-800-301-9792
Kuschelig, mit nur fünf Zimmern. $$$$

Lakeview Campsites
6181 Peterson Rd. (10 Min. nördl.)
Ludington, MI 49431
✆ (231) 843-3702
www.hamlinlake.com/lakeview
Mit Blick auf Lake Hamlin. $

P. M. Steamers
502 W. Loomis St., Ludington, MI 49431
✆ (231) 843-9555
Von der Zeitung »*USA Today*« als eines der zehn besten Restaurants mit Seeblick empfohlen. $$

❹ Im Land der schlafenden Bärin

Von Ludington nach Traverse City

4. Route: Ludington – Traverse City (246 km/145 mi)

km/mi	Zeit	Route
0/0	9.00 Uhr	Abfahrt aus **Ludington** auf der US 10 bis Scottville, dort nach Norden (links) auf die US 31 bis Manistee.
50/30	9.30 Uhr	Ankunft **Manistee**. Einkauf von Frühstücksgebäck und Proviant für die Dünenwanderung. Weiterfahrt auf der US 31, von der 5 mi/8,5 km hinter Manistee die Michigan 22 abzweigt.
127/75	10.30 Uhr	Ankunft beim Visitor Center & Park Headquarter des **Sleeping Bear Dunes National Lakeshore**, wo es Wanderkarten gibt. Weiterfahrt über die Michigan 109, von der die meisten Wanderwege abgehen. Dünenwanderung.
	12.00 Uhr	Weiterfahrt über die Michigan 109, der als Rundweg bei **Glen Arbor** auf die Michigan 22 zurückführt.
144/85	12.30 Uhr	Kaffee trinken in der Kaffeerösterei **Leelanau Coffee Roasting Company**.
	13.00 Uhr	Weiterfahrt auf der Michigan 22, die rund um die Leelanau-Halbinsel führt.
246/145	16.00 Uhr	Ankunft **Traverse City**. Stadtbummel, Abendessen in der North Peak Brewing Company, Übernachtung im Park Place Hotel.

Alternativen und Extras: Wer statt der Route nach Traverse City zu folgen, lieber Ferien in und um Ludington machen will, findet reichlich Angebote. Den großen Überblick über die dramatische Steilküste und die Wälder des Hinterlands verschafft man sich am besten vom Flugzeug aus (Mason County Airport, 5300 W. US Hwy.10, ✆ (231) 843-2049). **Wassersport** wird in dieser Region großgeschrieben, z.B. bei Wave Club Water Sport Rentals, ✆ (231) 873-3700, am Silver Lake in Mears südlich von Ludington.

Bei Ludington mündet der Père Marquette River, ein »National Wild and Scenic River«, dessen Ufer unter Naturschutz stehen. Der Fluss eignet sich zum **Kanu- und Kajakfahren** sowie zum Angeln. Verschiedene Flussabschnitte stellen unterschiedliche Herausforderungen an Ausdauer und Können. Auskunft, Verleih sowie die Organisation von Kanutouren über Baldwin Canoe Rental in Baldwin (South M-37, Baldwin, MI 49304, ✆ 231-745-4669, 1-800-272-3642). Wer lieber **Angeln** geht, kann sich an eines von vielen Spezialgeschäften wenden, z.B. an Captain Chuck's Tackle Shop & Sporting Goods (900 S. Washington, Ludington, MI 49431, ✆ 231-843-4458, 1-888-299-3700).

Der Fluss mündet in einen dem Lake Michigan vorgelagerten Quasi-Binnensee, dessen Strände gut besucht sind. Nördlich von Ludington liegt der **Ludington State Park**, ein bevorzugtes Ziel für Camper und Wanderer, Sportfischer und Kanufahrer. Da der Park sehr populär ist, empfiehlt sich die vorherige Anmeldung unter ✆ (231) 447-2757, Infos unter ✆ (231) 843-2423.

Michigan bedeutet »Große Wasser« in der Sprache der Ojibwa-Indianer. Der Bundesstaat wird aus zwei Halbinseln gebildet, deren südliche zwischen den Seen Michigan und Huron eine Landzunge bildet (die obere Halbinsel zwischen Lake Superior, Lake Huron und Lake Michigan werden in der zweiten Tour erkundet). Manche Sage rankt sich um die Wasserwelt der Großen Seen, so sollen grimmige Tigerfische die Bucht von Saginaw bevölkert haben und der Lake Huron die Heimat eines angriffslustigen Wals gewesen sein.

Dichte Wälder bedeckten ursprünglich beide Halbinseln, doch 1834 wurde das erste Sägewerk errichtet. Im Laufe einer Generation wurde der für unerschöpflich gehaltene Waldreichtum Michigans abgeholzt und damit dreimal soviel Geld verdient wie am Gold Kaliforniens. Seit der Mitte des 19. Jahrhunderts ist Michigan ein beliebtes Reiseziel.

Man verweist hier auf Wälder, Seen und Strände, den State Park bei Ludington und natürlich auf die große Attraktion der Sleeping Bear Dunes. »Wer von der Stadt unterhalten werden will, der ist hier falsch«, heißt es, »wer sich selbst unterhalten kann, der kann hier glücklich werden.«

Zwar lebt **Ludington** außer vom Tourismus vom Chemiekonzern Dow Chemical, dessen Schlote und Rauchfahnen man schon vom Schiff aus sieht – »alles Wasserdampf«, wie ein Sprecher von

Der Leuchtturm von Ludington auf dem Ostufer des Lake Michigan

Dow versichert. Doch zwischen Ludington und Traverse City breitet sich eine Landschaft aus, die von ihrer Küstenlage sowie von Landwirtschaft und Obstanbau geprägt ist – die Industrie Michigans befindet sich an der anderen, der östlichen Küste, am Ufer des Lake Huron.

Das westliche Michigan am Ufer des Lake Michigan ist ländlich und bisweilen hinterwäldlerisch. Ernest Hemingway, dessen Spuren wir von Petoskey aus folgen werden, hat diese Region ebenso beschrieben wie James Fenimore Cooper und Alexis de Tocqueville. Die Landwirtschaft kämpft, wie überall, wo sie vom Familienbetrieb geprägt ist, ums Überleben. Heute siedeln sich mehr und mehr Ruheständler hier an, man wählt in dieser Gegend seinen Zweitwohnsitz, und der Tourismus verstärkt sich. Die untere Halbinsel Michigans hat an ihrer westlichen Küste einiges an Freizeitaktivitäten zu bieten: Beschauliches wie Wandern und Faulenzen auf weißem Sand, Aufregendes wie Drachenfliegen, Boot- und Snowmobilefahren und – wie könnte es in Hemingway Country anders sein – Fischen, Angeln und Jagen.

Am See entlang in nördlicher Richtung erreicht man den verträumten Ort **Manistee**. In diesem Örtchen kauft ein, wer später eine Dünenwanderung mit Picknick machen will. Hier gibt es Leckereien, die beim Ausflug ins Grüne keine Wünsche offen lassen.

Die weitere Fahrt führt durch Apfelplantagen, im Frühjahr ein Blütenmeer, im Herbst schwer von den roten Früchten. Hinter Manistee biegt man auf die Michigan 22 ab, eine kleine Straße, die stellenweise unmittelbar am See und dabei zwischen dem großen See links und kleinen Seen rechts entlang führt. Hier nämlich ist das Ufer des Lake Michigan von kleineren Gewässern gesäumt, die an Lagunen entlang der Meeresküste erinnern.

Onekama ist ein verträumter, romantischer Ort am Portage Lake, in dem stimmungsvolle Gaststätten zum Verweilen einladen. Seinen Weg fortsetzend, kommt man durch Orte wie Pierport, Arcadia und Elberta.

Arcadia, ein Dörfchen, das seinem Namen alle Ehre macht, hat eine doppelte Berühmtheit erlangt. Der Golfplatz auf der Anhöhe über dem See gilt als einer der schönsten im Lande. Von überall her hat man hier einen Blick auf den See, und Leute kommen von weit her, um hier zu spielen. Die Anlage des Golfplatzes hat aber nach Auffassung der Staatsanwaltschaft, die gegen deren Betreiber klagt, zu schweren Erosionsschäden und zum Abrutschen der Steilküste geführt, und so wurde Arcadia für einen typischen Konflikt zwischen Freizeit und Umwelt bekannt: Die Anwohner dieser wirtschaftlich vernachlässigten Region freuen sich über Arbeitsplätze und Tourismus, Umweltschützer wollen diese Landschaft in ihrer ursprünglichen Form erhalten. Sie fürchten die Vermehrung des Fremdenverkehrs sowie die ökologischen Folgen an der stark erosionsgefährdeten Uferzone.

Erosion war es auch, die hier ein Wunderwerk der Natur geschaffen hat, die **Sleeping Bear Dunes**. Sie haben ihren Namen nach der größten dieser Dünen, die nach Indianermythologie eine schlafende Bärenmutter darstellt, deren zwei Junge beim Versuch, sie zu erreichen, ertranken und die in den vorgelagerten Inselchen North und South Manitou Island verewigt sind.

Hoch aufgetürmte Dünen, Schwindel erregend steil aufragende Klippen, dichte Laubwälder, klare Seen und unbewohnte Inseln, all das erwartet einen

im **Sleeping Bear Dunes National Lakeshore**. Die Dünen sind ein Relikt der Eiszeit: Als sich vor 12 000–13 000 Jahren die Gletscher zurückzuziehen begannen, lagerte Schmelzwasser Sand in den Spalten und zwischen großen Eisbrocken ab. So entstanden Sandsteintürme wie die Empire Bluffs, die Sleeping Bear Bluffs und der Pyramid Point, die dann von den unausgesetzt anbrandenden Wellen des Lake Michigan zertrümmert wurden. Noch in diesem Jahrhundert brachen unter deren Ansturm zweimal gewaltige Sandstein-Felsfronten ab und wurden vom Wasser zermahlen. Der Sand wird seit Jahrtausenden von den aus dem Südwesten über den See heranfauchenden Winden landeinwärts gefegt. Da wo der Wind von Bodenerhebungen gebrochen wird, lagert sich Sand ab und beginnt sich aufzutürmen – an manchen Stellen bis zu 30 Meter hoch –, gut zu sehen an den Aral Dunes an der Platte Bay.

Die Wälder im Park geben einen Eindruck davon, wie die nördliche Halbinsel mal ausgesehen haben muss, bevor sie für den Bau Chicagos abgeholzt wurden. Und auf North Manitou Island findet man noch einen großen Hain der selten gewordenen riesigen weißen Zedern mit ihren 30 Meter hohen Stämmen.

Dreizehn Wanderwege durchziehen den Nationalpark, einige führen hinauf auf die gewaltigen Dünen. Die meisten erreicht man über die Michigan 109, die bei Empire von der Lake Michigan 22 abgeht. Wer die Herrlichkeit dieser einmaligen Binnenseedünen im Sitzen genießen will, fährt auf dem Pierce Stocking Scenic Drive, der zwischen Mai und Oktober offen ist und von der Michigan 109 abbiegt. Der 12 Kilometer lange Rundweg gewährt einen guten Einblick: Wald wechselt sich mit Dünen ab und zwischen den Dünen ist die Sicht auf den See frei. Eine echte Herausforderung ist das Erklettern der »Sleeping Bear«-Düne. Der Blick auf die Küste ist beeindruckend.

Die Dünen im Sleeping Bear Dunes National Lakeshore gehören zu den größten auf dem amerikanischen Kontinent

Auch in diesem Park bietet sich als Alternative oder Ergänzung zu ausgedehnten Wald- und Dünenwanderungen eine Kanu- oder Angeltour an. Ein schöner Ausgangspunkt ist Riverside Canoe Trips an der Brücke über dem Platte River. Wer Pause machen will, kann in der Kaffeerösterei in Glen Arbor einen hervorragenden Kaffee genießen.

Bei **Glen Haven** an der Michigan 109, die als Rundweg zur Michigan 22 zurückführt, gibt es einen schönen kleinen Strand mit den Resten einer ehemals großen Bootsanlegestelle. Was von deren Pfählen noch aus dem Wasser ragt

und heute Sitz- und Rastplätze für Wasservögel abgibt, kündet davon, dass hier ehemals Immigranten anlandeten. Undurchdringlich bewaldet wie Michigan war, eroberten die Siedler mit Saatgut und Gerätschaften von den kleinen Häfen aus das Land, um der Wildnis Farmen und Gärten abzuringen. Von hier wurde später Holz in ferne Städte verschifft, und Anfang des 20. Jahrhunderts war Glen Haven ein Fremdenverkehrsort, in dem wohlhabende Bürger Chicagos anlandeten.

Die Fahrt geht weiter über **Leland**, von wo die Boote zu den Manitou-Inseln ablegen. Die früher besiedelten Inseln

Sonnenuntergang auf der Leelanau Peninsula

sind heute verlassen – aufgegebene und verfallene Höfe künden heute noch davon. Wer hier in der abgelegenen Wildnis wandern will, muss sich Wasser, Proviant und ein Zelt mitbringen. Zur nördlichen Insel verkehrt das Schiff in der Zeit von Ende Mai bis Anfang September nur einmal am Tag, jeweils am Mittwoch sowie von Freitag bis Montag. Hierher schifft sich nur ein, wer mindestens eine Nacht auf der Insel verbringen will. Auf der südlichen Insel kann man vier Stunden verweilen, bevor das Schiff zur Rückfahrt wieder ablegt. Auch für eine Tageswanderung auf der südlichen Insel sollte man Wasser und einen Imbiss mitnehmen.

Die Passage zwischen den Dünen und den Manitou-Inseln ist manchem Schiff zum Verhängnis geworden. Hier liegen 50 bekannte und wahrscheinlich etliche

bisher nicht entdeckte Wracks. Das Areal des Scheiterns ist durch einen Unterwasserpark geschützt, den **Manitou Passage Underwater Preserve**. Wer hier tauchen möchte – angucken kann man alles, mitnehmen nichts –, setzt sich mit dem Michigan Underwater Preserve Council in Verbindung.

Weiter geht der Weg nach North Port, und nach Umrundung der Leelanau Halbinsel gelangt man ins vergleichsweise urbane Traverse City.

Traverse City liegt an der Grand Traverse Bay, die durch die Old-Mission-Halbinsel in einen östlichen und einen westlichen Arm unterteilt ist. Ehemals als Frachthafen für Holzverschiffung zu Reichtum gekommen, lebt die Stadt heute von Leichtindustrie und vom Obst, das in der Umgebung angebaut wird, – Traverse City gilt mit ihren drei

Millionen Kirschbäumen als Kirschkapitale der Welt – und natürlich vom Tourismus, den die beiden Buchten sowie die Halbinsel angezogen haben. Das Angebot ist vielfältig. Es reicht von Ballonfahrten, Drachenfliegen über Motor- und Segelboottouren. Vom Frühjahr bis Sommer lockt diese Region mit Wander- und Radwanderwegen durch die Wälder- und Dünenlandschaft. Wer hier länger Urlaub machen will, findet in der Umgebung von Traverse City am großen See oder an den kleinen Binnenseen Ferienwohnungen, *cabins*, Hütten, Zeltplätze, Bed & Breakfast-Pensionen in Fülle.

Von Traverse City heißt es, dass sie eine Kleinstadt mit den Annehmlichkeiten einer Großstadt sei – oder umgekehrt eine größere Stadt mit dem Charme einer Kleinstadt. Das Kleinstädtische findet man in der Downtown, wo man sich alle Mühe gibt, die gründerzeitliche Bausubstanz zu erhalten. Der Tourismus hilft dabei. In den schönen alten Ziegelhäusern sind Läden, Boutiquen, Spezialitätenshops wie der ganzjährig (wichtig!) geöffnete Christmas Shop eingezogen. (Immer dran denken: Weihnachten kommt früher als man glaubt.) Doch das Städtchen wartet auch mit einem interessanten und lebhaften kulturellen Leben auf: Man kann das Theater und die Oper oder das eine oder andere der 50 Museen und Galerien besuchen.

Südlich von Traverse City befindet sich an der Michigan 137 am Interlochen State Park das **Interlochen Center for the Arts** (sprich Interlaken), wo Studenten und bisweilen prominente durchreisende Künstler Konzerte geben und Theaterstücke aufführen sowie Kunst ausstellen. ❖

Kirschplantagen nahe Traverse City

4 **Infos:** Ludington, Manistee, Onekama, Empire

 Ludington Area Convention & Visitors Bureau
5300 W. US Hwy. 10
Ludington, MI 49431
℃ (231) 845-5430 oder 1-877-420-6618
www.ludingtoncvb.com

 Ludington State Park
Ludington, MI 49431
 ℃ (231) 843-2423
Endloser Strand am Lake Michigan, 18 Meilen Wanderwege über Dünen und durch Wälder, der wärmere Hamlin Lake lädt zum Schwimmen und Bootfahren ein.

Manistee River Walk
Ein schöner Gang am Manistee River entlang bis hinaus zum Lake Michigan. Der River Walk führt an kleinen Läden und Handwerksbetrieben vorbei. Er verläuft parallel zur River Street und ist etwa 2 km lang.

 Heathlands Golf Course
6444 Farr Rd.

Onekama, MI 49675
℃ (231) 889-5644
www.heathlands.com
Auf diesem Golfplatz kann man nicht nur einlochen, sondern hat auch einen wunderschönen Blick auf den See!

 Manitou Restaurant
M 22 (9 mi nördl. Frankfort, 12 mi südl. Empire)
4349 Scenic Hwy. M 22
℃ (231) 882-4761
Gute Kost, reichliche Portionen. $–$$

 Sleeping Bear Dunes National Lakeshore
9922 Front St. (M 22)
Empire, MI 49630
℃ (231) 326-5134
www.nps.gov/slbe
Hier erhält man Wanderkarten des Naturschutzgebietes.

 Riverside Canoe Trips
5042 Scenic Hwy. M 22

Weingut auf der Leelanau Peninsula

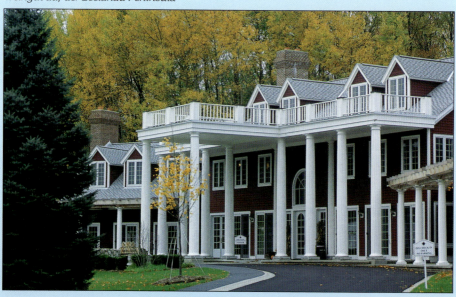

Im Sleeping-Bear-Dunes-Park
Honor, MI 49640
℡ (231) 325-5622 im Sommer
℡ (231) 882-4072 im Winter
www.canoemichigan.com

 Angelscheine für Michigan $ 42 für den Tag bekommt man überall, wo es Angelausrüstung gibt (die Angelerlaubnis aus Wisconsin gilt nicht in Michigan).

 Leelanau Vacation Rentals
6546 S. State St.
Glen Arbor, MI 49636
℡ (231) 334-6100
www.leelanau.com/vacation
Ferienwohnungen und Cottages am Wasser. $$–$$$

 Leelanau Coffee Roasting Company
6443 Western Ave., M 22
Glen Arbor, MI 49636
℡ (231) 334-3365 oder 1-800-424-5282
www.coffeeguys.com
Exzellenter Kaffee und gemütliches Café. Kaffee auch online zu kaufen.

 Manitou Island Transit
Von den Fishtown Docks
Leland, MI 49654
℡ (231) 256-9061, 1-800-365-2267 (Reservierungen und Auskünfte)
www.leelanau.com/manitou
Abfahrt 10 Uhr zu beiden Inseln, Fahrtdauer 90 Min. Hin- und Rückfahrt $ 25, Kinder $ 14

 Michigan Underwater Preserves Council
11 S. State St.
St. Ignace, MI 49781
℡ (906) 643-8717
Hier erhältlich: Karten aller Wracks in den Großen Seen, die man von Michigan aus erkunden kann. Tauchausflüge arrangiert man dann mit Veranstaltern (s.u.).

Traverse City Convention & Visitors Bureau

101 W. Grand View Pkwy.
Traverse City, MI 49684
℡ (231) 947-1120 oder 1-800-872-8377
www.mytraversecity.com

 Park Place Hotel
300 E. State St.
Traverse City, MI 49684
℡ (231) 946-5000 oder 1-800-748-0133
Schönes traditionsreiches Stadthotel mit Blick auf die Traverse Bay. $$–$$$

 The Beach Condominiums
1995 US 31 N.
 Traverse City, MI 49686
℡ (231) 938-2228 oder 1-800-778-2228
Direkt am See gelegen, mit 30 Zimmern, Jacuzzi, Balkon und beheiztem Swimmingpool. $$–$$$

 Dennos Museum Center
Northwestern Michigan College, 1701 E. Front St.
Traverse City, MI 49686
℡ (231) 922-1055 oder 1-800-748-0566
www.dennosmuseum.org
Mo–Sa 10–17, So 13–17 Uhr
Eintritt $ 4
Wechselnde Ausstellungen von historischer bis zeitgenössischer Kunst regionaler, nationaler und internationaler Künstler. Die permanente Ausstellung ist der Kunst der kanadischen Inuit gewidmet (Skulpturen, Drucke und Malerei). Anbei eine Konzerthalle.

 Con Foster Historical Museum
181 E. Grandview Pkwy.
Traverse City, MI 49684
℡ (231) 922-4905
Memorial Day bis Labor Day tägl. 10–16 Uhr, sonst nur an den Wochenenden
1934 errichtetes Gebäude, das die regionale Geschichte dokumentiert. Einen Schwerpunkt bildet das kulturelle Erbe der Pioniere und *Native Americans*.

 Grand Traverse Heritage Center
322 Sixth St.

Traverse City, MI 49684
℡ (231) 995-0313
Di–Fr 12–16, Sa 10–16 Uhr
www.gtheritagecenter.org
Eintritt $ 3
Zentrum der regionalen Geschichte, inklusive dem Con Foster Historical Museum. Interessante Dokumentationen der Pioniere und Indianer aus dem 18. und 19. Jh.

Traverse Area Arts Council
236 Front St.
Traverse City, MI 49685
℡ (231) 947-2282
www.traversearts.org
Tägl. 10–16 Uhr
Jährlich werden 10 bis 12 ausgewählte Kunstprojekte durch die Stadtverwaltung unterstützt.

Mackinaw Brewing Co.
161 E. Front St.
Traverse City, MI 49684
℡ (231) 933-1100
Stimmungsvolles Restaurant, gute delikate bis deftige Küche, reichlich selbst- und frisch gebraute Biersorten. $–$$

Windows Restaurant
7677 W. Bayshore Dr.
Traverse City, MI 49684
℡ (231) 941-0100
Spitzenküche mit fabelhaftem Blick auf die Bucht. $$$–$$$$

North Peak Brewing Company
400 W. Front St.
Traverse City, MI 49684
℡ (231) 941-7325
Hier wird gebraut, was am Tresen ausgeschenkt wird. $–$$

B-xtreme.com
736 E. 8th St.
Traverse City, MI 49686
℡ (231) 947-4274
Fahrrad-, Inlineskate-, Ski-, Snowboard- und Schneeschuhverleih.

Ranch Rudolf
6481 Brownbridge Rd.
Traverse City, MI 49686
℡ (231) 947-9529
Reiten und Kutschfahrten.

Traverse City Hang Gliders/Para-gliders
1509 E. 8th St.
Traverse City, MI 49686
℡ (231) 922-2844
Drachensegeln, Paragleiten.

Grand Traverse Balloons
225 Cross Country Trail
Traverse City, MI 49686
℡ (231) 947-7433
www.grandtraverseballoons.com
Ballonfahrten zu Sonnenauf- und Untergang.

Bay Breeze Yacht Charters
12935 W. Bay Shore Dr., Suite 200
Traverse City, MI 49684
℡ (231) 941-0535, 1-877-941-0535
Das Angebot reicht von zweitägigen Anfängerkursen über Kurse im Küstensegeln bis zu Kursen, an deren Ende alle Teilnehmer ihren Segelscheins erhalten. Sie werden nicht nur in Traverse City selbst, sondern entlang des nördlichen Zipfels der südlichen Halbinsel angeboten.

Sail & Power Boat Rental
13255 S. W. Bay Shore Dr.
Traverse City, MI 49684
℡ (231) 929-1717 (sommers)
℡ (843) 838-5610 (winters)
www.theboatrental.com

Scuba North
13380 W. Bay Shore Dr.
Traverse City, MI 49684
℡ (231) 947-2520
Das Unternehmen arrangiert Tauchausflüge zu verschiedenen Wracks im Lake Michigan. Ausrüstungsverleih und -service.

④ Infos: Traverse City, Interlochen, Acme

 Sureway Guided Tours
4272 Scharmen Rd.
Traverse City, MI 49686
✆ (231) 263-3724
Auskünfte über Schneeverhältnisse unter www.michigan.org.
Snowmobile-Verleih und geführte Touren.

 The City Opera House
112 1/2 E. Front St.
Traverse City, MI 49685
✆ (231) 941-8082
Opernhaus von 1891, das gerade komplett restauriert wird.

 Old Town Playhouse
148 E. 8th St.
Traverse City, MI 49685
✆ (231) 947-2443

 Ellis Lake Resort
8440 US 31 South
Interlochen, MI 49643
✆ (231) 276-9502
17 Holzhütten und Zimmer am See, Ruderboote und Kanus. $$–$$$

 Interlochen Center for the Arts
1002 S M137
 Interlochen, MI 49643
✆ (231) 276-7200 oder 1-800-681-5920
Auskunft über Veranstaltungen und Sommerkurse.

 Pisces Charter Fishing
Acme, MI 49610
 ✆ (231) 938-1562
Hier kann man bei geführten Angelausflügen sein Anglerglück versuchen. Petri Heil!

Sonnenaufgang über dem Lake Michigan

⑤ Auf Hemingways Spuren
Von Traverse City nach Petoskey

5. Route: Traverse City – Old Mission Peninsula – Petoskey – Harbor Springs – Petoskey (256 km / 139 mi)

km/mi	Zeit	Route	siehe Karte S. 75
0/0	9.00 Uhr	Abfahrt von **Traverse City** auf der Michigan 27 zur Rundfahrt um die Old-Mission-Halbinsel.	
30/18	9.30 Uhr	**Old Mission Lighthouse**. Strandbummel am Lighthouse oder Schwimmen in der Badebucht Haserot Beach.	
	10.00 Uhr	Weiterfahrt auf der Westseite auf **Peninsula Drive** zurück nach Traverse City und über die US 31 nach Charlevoix und Petoskey.	
178/105	13.00 Uhr	Ankunft **Petoskey**. Besuch der Little Traverse Historical Society. Bummel durch den Gaslight District. Weiterfahrt nach Norden über die U 31, durch den historischen Ort Bay View weiter bis zur Abzweigung der Michigan 119 nach	
217/122		**Harbor Springs**. Kurze Besichtigung und Rückfahrt nach	
256/139		Petoskey. Von dort aus Ausflüge auf den Spuren Hemingways. Das Ferienhaus der Familie Hemingway befindet sich am Ende des **Resort Pike**, der 2 km/1,2 mi südl. Petoskey oder 21 km/12 mi nördlich Charlevoix von der US 31 jeweils nach Süden abgeht. Der **Country Store**, wo Hemingway sich mit Jugendlichen der Nachbarschaft herumtrieb, befindet sich am Ende der Horton Bay Rd., die 15 km/8,8 mi nördlich Charlevoix oder 7 km/4 mi südlich Petoskey von der US 31 abgeht (wieder jeweils nach Süden).	

Johnny Appleseed wanderte, die Taschen voller Apfelkerne, durch Amerikas Mittleren Westen. Wohin er kam, verstreute er großzügig seine Saat und half so den Apfelbaum im ganzen Land zu verbreiten. Zwar stammte der zum Volkshelden und zur mythologischen Figur avancierte John Chapman (1774–1845) eigentlich aus Massachusetts, doch in Michigan reklamiert man ihn für die eigene Geschichte. Hier soll er seine wahre Heimat gefunden, hier soll er den Obstanbau eingeführt haben, den allerdings nüchternere Kulturhistoriker eher dem Einfluss holländischer Einwanderer zuschreiben.

Bei Michigan denkt man in Amerika gern an kalte Winter, Schneeverwehungen und Wölfe, doch tatsächlich ist Michigan der Obstgarten Amerikas. In den sandigen Böden gedeihen bei einem durch die Seen gemilderten Klima mit maritimem Touch Äpfel, Kirschen und Weintrauben. 70 Prozent der amerikanischen Kirschen kommen aus Michigan, und dass es in Michigan Wein gibt, wissen selbst viele Amerikaner nicht. Doch das wird sich ändern – in dem Maße, in dem Touristen die Gegend von Traverse City als attraktives Urlaubsgebiet für sich entdecken.

Weingüter findet man entlang dem ganzen Lake Michigan. Auf die **Old Mission Peninsula** aber, jenen Finger, der in die Grand Traverse Bay hineinragt, führt eine der Weinstraßen Amerikas. Der dichte Verkehr von Traverse City lässt nach, sobald man von der US 31 auf die Michigan 37 abbiegt. Schnell ist man in verwunschener Einsamkeit. Der See blitzt mal links mal rechts durch Bäume und Büsche, und der Archipel, der hier aus dem Zusammenspiel von Landvorsprüngen und Buchten, Inletts und Halbinseln entsteht, verzaubert bald. Eine Rundfahrt um die Halbinsel, vorbei an vier Weingütern, bietet sich an. Das Château Chantal ist zugleich eine Bed & Breakfast-Pension, von deren Zimmern im oberen Stockwerk man einen Blick auf beide Buchten der Grand Traverse Bay hat.

Im Örtchen **Old Mission** sieht man das Blockhaus der alten Mission stehen, die dieser Halbinsel ihren Namen gab. Hier missionierten die Jesuiten die ortsansässigen Indianer. Am Ortsende findet man die schön geschützte und einsam gelegene Badebucht Haserot Beach (man biegt auf Old Mission Road nach rechts und von ihr auf Swanei nach links ab).

Allee auf der Old Mission Peninsula nahe Traverse City

Am Ende der Halbinsel stößt man auf das Old Mission Point Lighthouse, das heute bewohnt und nicht zugänglich ist. Ein Schild unterrichtet darüber, dass man hier am 45. Breitengrad steht und damit gleichweit vom Nordpol wie vom Äquator entfernt ist – erstaunlich, wo man Michigan in seiner geistigen Landkarte halb in Kanada verorten möchte und die Vegetation schon arktische Züge trägt. Old Mission aber liegt auf dem gleichen Breitengrad wie Bordeaux. Vor dem Lighthouse erstreckt sich ein weiter, allerdings mit Steinen durchsetzter Strand. Der Peninsula Drive führt an der Westseite der Halbinsel an stattlichen Zweitwohnsitzen vorbei zurück nach Traverse City.

In Traverse City fährt man auf die US 31 am See entlang durch liebliche Landschaft weiter nach Norden Richtung **Charlevoix**, einem Ort, der viel Reichtum und damit kühne Architekten angezogen hat, die hier ihre Visionen vom modernen Wohnen verwirklichen konnten.

Nahe Petoskey (sprich: Puh-Tas-Kieh) kommt man in die Region, die Ernest Hemingway durch seine Nick Adams Stories unsterblich gemacht hat. Hemingway, der in Oak Park, einem vornehmen Vorort Chicagos, wohnte, verbrachte von frühester Kindheit an mehr als 20 Jahre lang jeden Sommer am Walloon Lake, der damals noch Bear Lake hieß. Per Schiff aus Chicago kommend, landete Familie Hemingway jeden Sommer in Harbor Springs und stieg dort in ein Bähnchen, das sie ins wohlhabende Petoskey brachte, wo sie in einen weiteren Zug nach Horton Bay wechselte. Von dort setzte man mit dem Boot nach Windemere, dem Sommersitz der Familie, über. Wer Hemingways Spuren folgen will, beginnt damit am besten im Heimatmuseum der **Little Traverse Historical Society** in Petoskey, in dem Bilder, Briefe, Manuskripte und Erstdrucke von Hemingway gesammelt und manchmal ausgestellt werden und in dem man kenntnisreich Auskunft über Hemingways Jahre in Michigan bekommt.

Petoskey liegt an der Mündung des Bear River in die Little Traverse Bay, eine der vielen Ausbuchtungen, die diesen Teil Michigans so reizvoll machen. Der Name entstand durch die Verballhornung des Ottawa Häuptlings Pe-to-se-ga. Früher nicht viel mehr als der vorläufige Endpunkt einer Bahnlinie, wurde Petoskey 1873 durch einen Artikel berühmt, in dem ein Reporter von den »Million Dollar Sunsets«, den Sonnenuntergängen im Millionenwert an der Little Traverse Bay schwärmte. Bald transportierte die Bahn nicht mehr nur Arbeitsgerät und Baumstämme, sondern Neugierige. Petoskey ist ein alter Ferienort für reiche Familien aus Chicago und Detroit.

Mit ihrem **Gaslight District** ist eine ganze amerikanische Kleinstadt erhalten, wie sie sonst nur im Bilderbuch oder den Kulissen zu Thornton Wilders »Unsere Kleine Stadt« vorkommt. Der alte Kramladen an der Main Street ist im ursprünglichen Dekor und nach traditioneller Art wieder hergestellt, hier werden heute delikater Importkäse und Wein verkauft. Das **Stafford's Perry Hotel**, in dem die wohlhabenden Familien abstiegen, ist ein Traum an Tradition, Service und Komfort. Es hat wunderschöne Zimmer mit Seeblick, und das Essen im Restaurant mit seinem Blick über den Lake Michigan ist erlesen – vielleicht eher etwas für die gesetztere Stimmung. Wer es eine Idee zünftiger mag, der wird sich im Noggin Room, im gleichen Hause, wohler fühlen, der mit seinen 50 Biersorten auch als »Hall of Foam« bekannt ist und in dem Hemingway manchen Abend verbracht hat.

Die Little Traverse Historical Society, wo die Erkundung dieser Gegend beginnen sollte, hat ihren Sitz im alten, stillgelegten Bahnhof unten am Wasser. Auf der gegenüberliegenden Straßenseite kündet ein kleiner Pavillon noch davon, dass Petoskey mal ein Kurort war. An der Brücke über den Bear River stehen in der Regel Angler, die Forellen und Lachse von ungeahnten Ausmaßen einzuholen versuchen – ein Kampf, der bis zu einer halben Stunde dauern kann und nicht immer erfolgreich ist. Hemingway wird hier stundenlang zugeschaut und erste Anregungen für seine Erzählungen über Angler und Fischer erhalten haben.

Unmittelbar nordwestlich an Petoskey schließt sich die historische Siedlung **Bay View** an. Ursprünglich von den Methodisten wegen der guten Land- und Seeluft, dem Seeblick, der Nähe zu den Dampferanlegestellen sowie zur Eisenbahn als Rückzugsort gegründet, wo Besinnung, Einkehr und Fortbildung möglich sein sollten, entwickelte sich Bay View bald zu einem beliebten »Chautauqua«, einer jener Einrichtungen, in denen interessierte und wohlhabende Bürger Bildungsurlaub machten. In Bay

Historischer »General Store« auf der Mission Peninsula nahe Traverse City

View wurden Seminare, Lesezirkel und Diskussionsgruppen veranstaltet, hier hielten so prominente Denker wie die Taubstummen-Lehrerin Helen Keller, William Jennings Bryan, Sozialreformer, Pazifist und demokratischer Außenminister, und Amerikas Vorkämpfer für die Gleichstellung der Rassen, Booker T. Washington, Vorträge. Die Tradition dieses Bildungs- und Unterhaltungsprogramms wird fortgesetzt. Im Laufe der Zeit entstanden hier über 400 viktorianische Häuser, die heute alle ebenso gut erhalten sind und unter Denkmalschutz stehen wie das historischen Bay View Inn.

Nach **Harbor Springs** gelangt man auf die Michigan 119, die am nördlichen Ortsausgang von der US 31 abzweigt. Der malerische Weg mit schönen Ausblicken auf die Little Traverse Bay folgt einem alten Indianerpfad ins ehemalige Petit Traverse, einem französischen Handelsposten, der Indianer von weit her zum Handel mit Pelzen anzog. 1880 in Harbor Springs umbenannt, war Holzverarbeitung und -handel lange der dominante Industriezweig.

Am Hafen steht noch das alte Bahnhofshäuschen, in dem Hemingway samt Familie nach der Landung umstieg. Ein Bummel durch die im Sommer belebte Hauptstraße des Städtchens führt an Boutiquen, Geschäften und Cafés vorbei. Am Hafen bestaunt man Motorjachten und Segelboote, die von weit her in dieses traditionsreiche Erholungsgebiet kommen.

Wer Hemingway folgen will, fährt mit dem Auto die Strecke nach Petoskey zurück, auf der heute keine Bahn mehr verkehrt, und fährt weiter auf der US 31 zurück Richtung Charlevoix. Die Familie Hemingway möchte am liebsten ungestört bleiben und macht auf sich und das Haus, in dem Hemingway seine Sommermonate verbrachte, nicht aufmerksam. Man kann es sich aber zumindest von außen ansehen. Von der US 31 südlich Petoskey biegt man auf die Resort Pike nach Süden (links) und folgt der Straße, bis sie am Walloon Lake endet, dort biegt man nach rechts auf die Lake Grove Road ab. **Hemingways Haus** liegt auf der linken Seite.

Hemingway ist in **Horton Bay**, einem winzigen Ort mit einem Dutzend Häusern acht Meilen südlich von Petoskey, nicht beliebt. Er rächte sich nämlich auf seine Weise an Leuten, von denen er

sich schlecht behandelt fühlte. Er schrieb Geschichten, in denen er gut abschneidet, seine Nachbarn aber schlecht wegkommen. Hier traf sich der junge Hemingway mit den Jugendlichen der Nachbarschaft und hatte seine ersten Liebesabenteuer – beschrieben in den Nick Adams Stories. Trotzdem lebt der Ort heute von der Erinnerung an den großen Sohn und von dem, was der **General Store** daraus macht. Der Kramladen, in dem man auch Kaffee und Muffins sowie Snacks bekommt, versucht die Atmosphäre der 1950er Jahre zu konservieren und die Erinnerung an Hemingway wachzuhalten.

Man führt den Laden mit diskreter Kompetenz und ist es gewohnt, nach

Gehöft in der Nähe von Horton Bay

dem Schriftsteller gefragt zu werden. Man verweist gern auf die Angelroute an der Wand über der Bar, die ihm gehört haben soll. Die Nachbarn, die auf den Hockern an der Bar Platz nehmen, sehen alle so aus, als müssten sie Hemingway noch gekannt haben, und sie tun auch so. (Hemingway hätte 1999 seinen 100. Geburtstag gefeiert.) Im Nachbarhaus betreibt Jim Hartwell, ein Michiganer Original, einen Buchladen und das **Historic Red Fox Inn**. Er erzählt gern Geschichten um Hemingways Aufenthalt in Horton Bay.

Vor den Toren Petoskeys macht eine riesige Ferien-, Freizeit- und Einkaufsanlage der Stadt Konkurrenz. An der Stelle, wo früher ein Zementwerk und ein Kalksteinbruch standen, erheben sich jetzt exklusive, nach außen hin abgeschlossene Wohnanlagen und unten am Wasser eine geplante Stadt mit Restaurants, Einkaufs- und Freizeitangeboten. Gegenüber der Anlage liegt das fürstliche Equestrian Center, das nur privat von Anwohnern und Pferdebesitzern genutzt werden kann. **Bay Harbor** ist das größte Flächen-Recyclingprojekt in den USA. Petoskey braucht die Konkurrenz von Bay Harbor nicht zu fürchten, sagen dessen Befürworter. Die Stadt lebt von einer Stammkundschaft, die seit Generationen dort Ferien macht.

Das Hinterland der Dreieinigkeit aus Petoskey, Harbor Springs und Boyne City bietet wieder alles, wofür diese Gegend berühmt ist: Wandern, Langlauf und in Boyne City auch Abfahrtsskilaufen, Rad-, Boot- und Snowmobilefahren. Zwei besondere Schätze hält die Natur hier für jene bereit, die sich auf die Suche machen: Pilze und Steine.

Der **Petoskey Stone** (Hexagonaria Percarinata) kündet davon, dass diese ganze Region im Devon vor 350 Millio-

Petoskey-Steine sind von Gletschern glattgeschliffen, dadurch treten die eingelagerten Korallenskelette hervor

nen Jahren unter Wasser lag. Korallen lebten hier, starben ab, sedimentierten. Als in jüngerer Zeit vor zwei Millionen Jahren dann die Gletscher hier durchkamen, schabten sie aus dem alten Meeresboden devonische Ablagerungen, mischten sie auf, rollten, sprengten, schliffen und verteilten sie. Heute findet man Steine unterschiedlicher Größe, die ring- und sternförmige Zeichnungen sowie Einlagerungen aufweisen – das sind die versteinerten Kalkskelette der Korallen. Blankgeschliffen macht man daraus Schmuck oder Briefbeschwerer. Man findet sie in Souvenirläden und an Stränden.

Köstliche Morcheln gibt es vom Frühjahr bis in den Herbst im Wald. Sie sind gut verborgen unter Nadeln und Blättern, doch wer gern wandert, kann fündig werden. Morcheln weicht man in Salzwasser ein, um mögliches Ungeziefer aus ihnen zu lösen. Abgetropft lässt man sie in braune Butter gleiten und löscht mit Michigan-Wein ab. Dazu nur Toastbrot und Wein, sonst nichts – ein hervorragendes Abendessen. 🔆

Infos: Traverse City, Petoskey, Harbor Springs

 Chateau Chantal
Winery und Bed & Breakfast
15900 Rue de Vin
Traverse City, MI 49686
✆ (231) 223-4110 oder 1-800-969-4009
www.chateauchantal.com
Mitten im Weingut gelegenes B&B mit 11
Zimmern und weitem Blick. $$$

 Petoskey, Harbor Springs, Boyne Country Visitors Bureau
401 Mitchel St.
Petoskey, MI 49770
✆ (231) 348-2755 oder 1-800-845-2828
www.boynecountry.com

Little Traverse Historical Society
100 Depot Court
Petoskey, MI 49770
✆ (231) 347-2620

www.petoskeymuseum.org
Auskünfte über die Geschichte der Region und über Hemingway in Michigan.

 Stafford's Perry Hotel
Bay St./Lewis St.
Petoskey, MI 49770
✆ (231) 347-4000 oder 1-800-678-8946
www.historichotels.com
Viele Zimmer mit Seeblick, ein Traum an
Tradition, Service und Komfort, in Fußnähe zum Gaslight-Einkaufdistrikt.
$$$–$$$$

 Harbor Springs Cottage Inn
145 Zoll St.
Harbor Springs, MI 49740
✆ (231) 526-5431
Zum Strand geht man über die Straße.
Einzelne Zimmer haben Kochnischen.
$$$

Auf dem Weingut Chateau Chantal

Stafford's Bay View Inn
2011 Woodland Ave.
Petoskey, MI 49770
✆ (231) 347-2771 oder 1-800-258-1886
Denkmalgeschütztes Hotel im viktorianischen Baustil in Bay View, mit 21 Zimmern.
$$$–$$$$

High Gear Sports
1187 US 31 North
Petoskey, MI 49770
✆ (231) 347-6118
www.highgearsports.com
Reparatur und Verleih von Fahrrädern und Inlineskates sowie Informationen zu Touren.

Bahnhof Sport
1300 Bay View Rd.
Petoskey, MI 49770
✆ (231) 347-2112, 1-800-253-7078
Fahrradverleih

Dee Z's Recreational Rental
1829 US 31 North
Petoskey, MI 49770

✆ (231) 487-9579
Verleih von Booten aller Art.

Bear River Canoe Livery
2517 McDougal Rd.
Petoskey, MI 49770

✆ (231) 347-9038
Bootsverleih

Horton Bay General Store
Boyne City-Charlevoix Rd.
Boyne City, MI 49712

✆ (231) 582-7827
Auch Ernest Hemingway kam dereinst hierher, um Dinge des alltäglichen Lebens zu kaufen, zu essen, zu trinken und um »rumzuhängen«.

Red Fox Historic Inn
Boyne City-Charlevoix Rd.
Boyne City, MI 49712
✆ (231) 582-6999

Ehemaliger Bahnhof in Harbor Springs

In Nachbarschaft des General Store befindet sich das Red Fox Historic Inn, ein ehemaliges kleines Hotel, das heute von seinem Besitzer Jim Hartwell als Buchladen geführt wird. Hier findet man zahlreiche Werke von und über Ernest Hemingway.

Boyne City Historical Museum
319 N. Lake St.
Boyne City, MI 49712
✆ (231) 582-6597
Mo–Fr 8–17, Sa/So 12-16 Uhr
Eintritt frei
Kunsthandwerk und Lokalgeschichte. Gute Möglichkeit, sich über Besonderheiten in der Region zu informieren.

Springbrook Hills Resort
Springvale Rd.
US 131 Walloon Lake Junction
Walloon Lake, MI 49796
✆ (231) 535-2227
Veranstaltet auch Jagden und Snowmobileausflüge sowie Pilzsammelexpeditionen.

Morchelfest und Pilzexpedition
Infos über das Fest sowie Tipps für organisierte Touren für passionierte Pilzsammler erhält man im **Boyne City Chamber of Commerce** (28 S. Lake St., Boyne City, MI 49712, ✆ 231-582-6222).

93

6 Kunst am anderen Ufer – ein amerikanisches Worpswede

Von Petoskey nach Saugatuck

6. Route: Petoskey – Grand Haven – Holland – Saugatuck
(404 km/238 mi)

km/mi	Zeit	Route	siehe Karte S. 75
0/0	9.00 Uhr	Über die US 31/US 131 nach Grand Rapids, wo Anschluss an die Route drei (grün) besteht.	
297/175	14.00 Uhr	Ankunft **Grand Rapids** (s. S. 246 ff.)	
	15.00 Uhr	Weiterfahrt über die I-95 Richtung Muskegon, Ausfahrt 9 auf der Michigan 104 nach Grand Haven.	
348/205	15.30 Uhr	Ankunft **Grand Haven**. Besichtigung und Stadt- bzw. Strandbummel.	
	16.30 Uhr	Weiterfahrt über die US 31/I-196 nach Douglas/Saugatuck.	
404/238	17.00 Uhr	Ankunft **Saugatuck**, Stadtbummel.	

Von Saugatuck erreicht man in drei Stunden Fahrt (222 km/131 mi) über die Interstates 94 und 90 **Chicago**. Wer vor der Rückkehr ins quirlig tosende Chicago noch Erinnerungen ans gute Landleben einkaufen will, fährt von der I-94 bei Ausfahrt 22 B ab und folgt den großen handgemalten Zeichen zum Markt **Undershock** »All American Food«. In einer großen Halle findet sich eine Amish Bakery sowie Obst und Gemüse der Saison aus biologischem Anbau. Hier kann man sich noch einmal mit Äpfeln oder Tomaten, Kirschen oder Melonen, Honig und selbstgemachten Marmeladen und mit gutem Brot – sogar mit Schwarzbrot – versorgen.

Alternativen und Extras: Abfahrt über die Michigan 119 und die County Rd. C 66 bis zur US 31 und Mackinaw City (s. S. 168 ff.), dort Anschluss an die Route zwei (blau). – Am Crooked Lake nördlich Petoskey an der US 31 beginnt der **Inland Waterway**, eine 30 Meilen lange Wasserstraße, gebildet aus Seen und Flüssen, auf denen man nach Cheboygan am Lake Huron schippern kann. Für eine Strecke braucht man den ganzen Tag. Man kann am Crooked Lake beginnen, ein Hausboot mieten, damit ganze Tage auf den Waterways verbringen und dabei immer wieder aussteigen, um mit Seeblick zu dinieren, zu wandern oder einzukaufen (Boote gibt's bei Windjammer Marina & Sport Center, 3654 US 31, Oden, MI 49764, ℰ 231-347-6103).

– Wer nur die halbe Tour machen und abends am Auto zurück sein will, beginnt bei Indian River an der Ausfahrt 130 von der I-75 – geht auch von Mackinaw City kommend auf dem Weg nach Süden, – und mietet ein Boot bei Big Bear Adventures (4271 S. Straights Hwy., Indian River, MI 49749, ☎ 231-238-8181, www.bigbearadven tures.com). Karte des Inland Waterway beim **Indian River Chamber of Commerce** (Indian River, MI 49749, ☎ (231) 238-9325, 1-800-394-8310, www.irmi.org).

Nach Mackinaw City am äußerst nördlichen Zipfel der unteren Halbinsel Michigans führt die Michigan 119, eine besonders schöne Uferstraße. Dort hat man Anschluss an die Route 2 (vgl. S. 168 ff.), der man über die Mackinac Bridge auf die nördliche Halbinsel Michigans folgen kann.

Alle anderen müssen Kilometer für Kilometer bis Grand Rapids zurücklegen. Der Weg führt über die US 31 bzw. 131 durch Wälder, Wiesen und Weiden, über Hügel (Eiszeitmoränen), vorbei an kleinen Seen und durch mal schöne, mal zersiedelte Orte.

Von Grand Rapids lohnt ein Abstecher nach **Grand Haven** über die Interstate 96. Der Grand River bildet an seiner Mündung den Spring Lake und damit einen natürlichen Hafen. Hier begegnen sich die Feriengäste aus Grand Rapids mit den Seglern und Jachten, die in Grand Haven Station machen. Die Mischung sorgt für ein geselliges Publikum, das dieser Stadt ihren Reiz gibt. Man trifft sich auf dem Board Walk, der im Stadtzentrum anfängt und dem Grand River bis zum See folgt, und promeniert dabei an schmucken Jachten vorbei. Kernstück des Grand Haven State Park ist ein weiter, von Dünen eingefasster Strand. Wer mit dem Camper unterwegs ist, findet hier einen angenehmen Stellplatz mit Blick auf das Wasser.

Auf der US 31 setzt man seinen Weg nach Süden fort und gelangt nach

Holland, der Stadt, die an die niederländische Besiedlung dieses Teils von Michigan erinnert. Die Stadt versucht aus ihrer europäischen Vergangenheit Kapital zu schlagen. Im Frühling blühen

Holland am Lake Michigan hat seinen Namen von den Einwanderern, die hier siedelten und deren Andenken touristisch vermarktet wird

auf jedem freien Quadratzentimeter Tulpen, die Windmühle auf Windmill Island ist vom Stadtzentrum aus sichtbar und ein **Dutch Village** wurde im Kreuzungsbereich US 31 und St. James Street nachgebaut. Wer aus Amerika niederländische Holzschuhe mitbringen will, besorgt sie sich bei DeKlomp Wooden Shoe and Delft Factory.

Südlich von Holland liegt der **Dunes State Park**, von dessen höchsten Dünen aus man einen herrlichen Blick auf die beiden Seen – Michigan und Kalamazoo –, die Lagunen und den Fluss sowie **Douglas/Saugatuck** an deren Ufern hat. Durch den Park führen Wanderwege und im Winter Langlaufloipen. Das Kleinod dieser Region sind die beiden Teilstädtchen (zu erreichen über Ausfahrt 36 von der Interstate 196/US 31), die je auf der nördlichen und südlichen Seite des Kalamazoo River liegen, der bei seiner Einmündung den Kalamazoo Lake bildet.

Saugatuck und deren inzwischen untergegangene Schwesterstadt Singapore lebten ehemals von Holzhandel und -verarbeitung. Hier wurden Baumstämme in Bretter zersägt und Fässer hergestellt sowie das Holz für den Wiederaufbau Chicagos nach dem großen Brand von 1871 verschifft. Als der Baumbestand weitgehend abgeholzt war, verloren die beiden Siedlungen an der Mündung des Kalamazoo ihre ökonomische Basis – schlimmer noch, sie hatten ihren Dünenschutz verloren. Der Wind setzte die Sandberge in Bewegung und begrub die Stadt Singapore, von der nur noch die Sage von der untergegangenen Stadt bleibt.

Saugatuck aber erstand Anfang des 20. Jahrhunderts in neuer Gestalt und verdankte seine Wiederauferstehung einer Gruppe Chicagoer Künstler, die beschlossen, hier inmitten der Dünen am See, an der Ox-Bow-Lagune das Sommer-Camp des Chicago Institute of

Am Strand von Holland am Lake Michigan

Im alten Hafen von Saugatuck liegt die »S. S. Keewatin«, die heute als Museumsschiff von der stolzen Tradition der auf dem Lake Michigan verkehrenden Ocean Liners kündet

Arts aufzuschlagen. Saugatuck wurde zur Künstlerstadt. Sie zog Studenten, Künstler und solche, die es werden wollten, an sowie Ruhesuchende, die das hektische Chicago gegen Stille und Inspiration tauschen wollten. Heute bietet die **Ox Bow School of Arts** auch der Allgemeinheit zugängliche Sommerkurse an. Hier kann man Zeichen- und Malkurse belegen, Fotografieren und Drucken lernen, Schreibwerkstätten und Glasbläserkurse besuchen. In Saugatuck entstand ein amerikanisches Worpswede, in dem mit Kunst und Kunsthandwerk neben Tourismus das meiste Geld verdient wird. Saugatuck hat mit dem **Oval Beach** einen der schönsten Strände am Lake Michigan.

Am Ortseingang weist eine große Farbpalette auf das Selbstverständnis dieser Kleinstadt hin. In Saugatuck ist gut flanieren und einkaufen gehen. Das Städtchen hat Dutzende von Galerien, in denen ansässige und gastierende Künstler ihre Werke feilbieten. Das Konzept, dass Kleinstädte in Amerika heute oft durch Vermarktung ihrer Vergangenheit überleben, wird auch in Saugatuck umgesetzt – man findet etliche Antiquitätenläden, in denen sich gut stöbern lässt. Einige Restaurants und Cafés liegen direkt am Wasser – insgesamt bietet Saugatuck das Flair der *American Small Town*.

Im alten Hafen liegt noch die »S.S. Keewatin«, ein Relikt aus der Zeit, als reger Schiffsverkehr auf dem Lake Michigan herrschte. Rostig wie das Schiff von außen aussieht, hat das Innere doch das Flair einer Süßwasser-Titanic und vermittelt einen Eindruck von dem Luxus, in dem damals die reichen Familien über den See reisten. ✤

6 Infos: Saugatuck

 Saugatuck/Douglas Convention & Visitors Bureau
2902 Blue Star Hwy., Saugatuck, MI 49453
✆ (269) 857-1701
Fax (269) 857-2319
www.saugatuck.com

 Bayside Inn
618 Water St., Saugatuck, MI 49453
✆ (269) 857-4321 oder 1-800-548-0077
Fax (269) 857-1870, www.baysideinn.net
Im einstigen Bootshaus haben alle 10 Zimmer einen Balkon. In Fußnähe zur Downtown, zu Restaurants und Geschäften. $$$–$$$$

Ivy Inn
421 Water St.
Saugatuck, MI 49453
✆ (616) 857-4643
www.ivy-inn.com
Im Herzen Saugatucks gegenüber dem Kalamazoo River. Sechs frische und komfortable Zimmer, Bücherei und Feuerplatz zur allgemeinen Nutzung. $$$–$$$$

Lake Shore Resort
2885 Lakeshore Dr., Saugatuck, MI 49453
✆ (269) 857-7121
www.lakeshoreresortsaugatuck.com
Wunderschönes Motel, etwas außerhalb

Eine Zugbrücke führt nach Windmill Island

der Stadt mit Zugang zu einem endlosen Sandstrand, Fahrräder stehen zur freien Verfügung. 30 Zimmer. $$–$$$

Mermaid Bar & Grill

340 Water St., Saugatuck, MI 49453
℄ (269) 857-8208
Amerikanische Küche, man kann draußen mit Blick auf das Wasser sitzen. $–$$

Loaf and Mug Restaurant

Restaurant and Bakery

236 Culver St., Saugatuck, MI 49453
℄ (269) 857-3793
Köstliche Backwaren. $–$$

Marro's Restaurant

147 Water St., Saugatuck, MI 49453
℄ (269) 857-4248
Italienisches Restaurant, seit 1971 in Familienbesitz. Mit Bar. Mo geschl. $$–$$$

Ox Bow School of Arts

3435 Rupprecht Way
Saugatuck, MI 49453
℄ (269) 857-5811 oder 1-800-318-3019
www.ox-bow.org
Sommersitz des Chicago Institute of Arts. Angebote an Ferienkursen für jedermann.

Star of Saugatuck

716 Water St., Saugatuck, MI 49453
℄ (269) 857-4261

www.saugatuckboatcruises.com
Mai–Okt. mehrmals tägl.
Fahrpreis $ 15, Kinder $ 9
Bootsfahrten auf Kalamazoo River und Lake Michigan.

Big Lake Outfitters

640 Water St.
Saugatuck, MI 49453
℄ (269) 857-4762
www.biglakeoutfitters.com
Bootsverleih

Best Chance Rentals and Sporting Goods

640 Water St., Saugatuck, MI 49453
℄ (269) 857-1360 oder 1-800-550-3467
Angelausflüge auf dem See.

Old Allegan Canoe Rental

2722 Old Allegan Rd.
Fennville, MI 49408
℄ (269) 561-5481
www.oldallegancanoe.com
Anf. Mai–Mitte Okt., tägl. 9–15 Uhr, immer zur vollen Stunde, 3 Std. für $ 30; Sa/So 10 Uhr, 5 Std. für $ 40
Kanuverleih. Drei- bis fünfstündige Kanutouren auf dem Kalamazoo River durch die Wälder um das östlich von Saugatuck gelegene Allegan.

① Wisconsins Haupt- und Studentenstadt

Von Milwaukee nach Madison

1. Route: Milwaukee – Madison (127 km/79 mi)

km/mi	Zeit	Route
0/0	9.00 Uhr	Abfahrt von **Milwaukee** über die I-94 bis zur Abfahrt 297, dort auf die US 18 W. bis zur Kreuzung mit der US 59; dieser nach Süden folgen bis nach Eagle.
45/28	10.00 Uhr	Besichtigung der **Old World Wisconsin** (2 Std.) oder Wanderung im **Kettle Moraine State Forest**.
	12.00 Uhr	Weiterfahrt über die US 59 bis Whitewater, dort auf die US 12 (North) bis **Fort Atkinson** (dort Lunch). Weiter auf die US 26 N. bis zur Auffahrt 267 auf die I-94 W., vorbei am Aztalan State Park bis
127/79	15.00 Uhr	**Madison**.

Die Interstate 94 verbindet Milwaukee und Madison – die Fahrt von der größten Stadt Wisconsins in die Hauptstadt des Staates dauert, startet man nicht in der nachmittäglichen Rush-hour oder verfranst sich an einem Autobahnknoten, etwa anderthalb Stunden. Schöner und ruhiger, aber auch länger ist die Fahrt über die kleinen Highways südlich der Interstate, sie führt vorbei an zwei State Parks und einem Freilichtmuseum.

Der Highway 59 führt entlang dem Kettle Moraine State Forest zum Dörfchen **Eagle**. Dort gibt es die **Old World Wisconsin** zu besichtigen, aber Vorsicht, man ist schnell am Ort vorbeigefahren. Das Freilichtmuseum versammelt auf der Fläche von mehr als 100 Hektar über 60 Gebäude – zusammengesucht in ganz Wisconsin. Gezeigt wird, wie die Immigranten bauten und wohnten, und so lässt sich gut erkennen, wer den Staat bevölkerte: Einwanderer aus Polen, Dänemark, Norwegen, Finnland und nicht zuletzt Deutschland. Ein 2,5 Meilen langer Spazierweg führt durch das Gelände, wer nicht laufen möchte, kann auch mit einer Art Straßenbahn fahren.

Historische Spuren der Indianerkultur – im Aztalan State Park

Wem die 2,5 Meilen Wanderung nicht reicht, der folgt am besten der 59 Richtung Süden, parkt zwei Meilen weiter am Forest Headquarter und Visitor Center des **Kettle Moraine State Forest** und besorgt sich dort eine Wanderkarte. Denn der Naturpark bietet genug Platz sich müde zu laufen – 80 Meilen Wanderwege durch Wald und über Hügel – Moränen, wie der Parkname schon sagt – und entlang großer und kleiner Seen. Am Wochenende kann es schon mal zu Staus auf den Wanderwegen kommen – Milwaukee ist nicht weit und der Park ist eines der beliebtesten Naherholungsziele.

Über Whitewater geht es nach Fort Atkinson, einer der Muster-Kleinstädte Amerikas. Der Rock River durchfließt die Stadt und bildet südwestlich den Lake Koshkonong. Einer der Anziehungspunkte des hübschen Städtchens ist das Fireside Dinner Theatre mit seinen Shows im Variététstil, zu denen man auch noch gut speisen kann. Es gibt die Main Street mit Geschäften und Restaurants, einige alte Gebäude und ein Museum, das **Hoard Historical Mu**seum, das nicht nur über die Höhepunkte der Lokalgeschichte informiert. Die begann 1832 als General Henry Atkinson sich hier verschanzte, als er im so genannten Black Hawk Krieg die Sauk-Indianer verfolgte. Im Museum gibt es ausgestopfte Vögel, Puppen, Kleidungsstücke und Möbel zu bewundern – das Beste ist aber die riesige Sammlung von indianischen Kunstgegenständen, die William Dempster Hoard zusammengetragen hatte. Hoard verdiente ab 1873 in Fort Atkinson sein Geld mit der Herausgabe eines Magazins, dem »Hoard's Dairyman« (= Milchhändler). Wisconsin ist der Milchstaat der USA, und Fort Atkinson wuchs als Umschlagplatz für Molkereiprodukte und landwirtschaftliche Güter zu seiner bescheidenen Größe. Deshalb wundert es auch nicht, dass man im Museum einen so genannten *Dairy Shrine*, einen Molkerei-Schrein, errichtete – hier gibt es Informationen darüber, wie sehr die Milchwirtschaft Wisconsin prägte und wirtschaftlich aufbauen half.

Weiter in die Historie zurück führt ein Besuch des **Aztalan State Park**, der weniger aufgrund der Natur, vielmehr wegen der archäologischen Funde interessant ist. Wissenschaftlichen Theorien zufolge war hier der nördlichste Punkt eines indianischen Reiches, das sich von etwa 1000 bis etwa 1300 entlang des Mississippi erstreckte und im Süden bis zum heutigen New Orleans und weiter nach Mexiko reichte. Das Museum zeigt einige Fundstücke dieser Kultur.

Das nah gelegene Lake Mills, direkt an der Auffahrt zur Interstate 94, verblüfft mit schönen viktorianischen Häusern und baumbestandenen Alleen.

Amerikaner sind wild auf Listen – es gibt die Listen mit Präsidenten, die an Übergewicht litten, Listen der besten Colleges und Universitäten, solche mit den schönsten politischen Skandalen oder mit Politikern, die bei Flugzeugabstürzen umkamen. Und es gibt Listen, die einfach nur die zehn schönsten, besten oder angenehmsten amerikanischen Kleinstädte aufzählen. Auf denen

ist Madison immer wieder zu finden genau wie auf der Liste der zehn »aufgeklärtesten Städte«. Die nennt Städte, in denen die Lebensqualität nicht nur von günstigen Miet- und Bodenpreisen, hohem Freizeitwert, guten Jobmöglichkeiten, niedriger Verbrechensrate, hoher Arztdichte, guten Schulen und Universitäten, zuverlässigen Dienstleistungen und angenehmem Ambiente, sondern auch von Nachbarschaftlichkeit, *Community Spirit* und aufgeklärter Stadtpolitik bestimmt wird.

Dass **Madison** eine der schönsten Städte der USA ist, hat sie nicht allein, aber viel ihrer Lage zu verdanken. Die ist so wundervoll, dass man sich schon Mühe geben müsste, dahin eine hässliche Stadt zu bauen. Madison schmiegt sich an vier Seen: Die größten sind der Lake Mendota und der Lake Monona. Auf dem schmalen Landstück zwischen

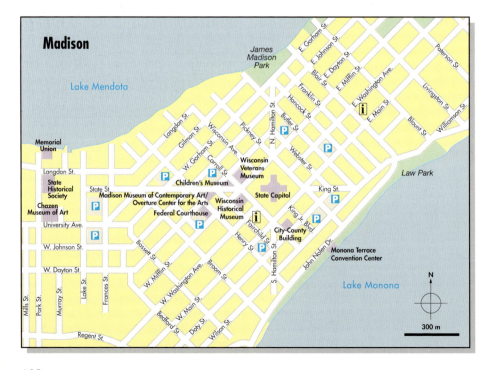

beiden – dem knapp 800 Meter breiten Isthmus – erstreckt sich die Downtown. In Madison leben etwa 200 000 Menschen. Die Hauptstadt des Bundesstaates Wisconsin wurde erst gegründet, als man eine Hauptstadt für den Bundesstaat brauchte – 1848 wurde Wisconsin zum Staat und 30. Mitglied der Union. Mitten auf der Prärie zwischen den beiden Seen Mendota und Monoma erbaute man die neue Hauptstadt. Dass Madison aber nicht eine der langweiligen, nur von Politikern dominierten Landstädte geworden ist, verdankt der Ort der ein Jahr später – 1849 – gegründeten **University of Wisconsin**. Heute ist diese staatliche Hochschule eine der größten der USA. In Madison leben etwa 40 000 Studenten, und dank der Universität ist Madison nicht nur eine bemerkenswert lebhafte, sondern gleichzeitig eine sehr liberale, intellektuell geprägte Stadt, die oft mit Ann Arbor (s. S. 239 f.) oder Berkeley in Kalifornien verglichen wird. In Madison gibt es mehr Fahrräder als Autos, die Stadt wird traditionell progressiv regiert.

Verlaufen kann man sich in der Innenstadt nicht – nahezu von jedem Punkt aus sind entweder die Universitätsgebäude, das State Capitol oder ein Seeufer zu sehen. Auf einem kleinen Hügel errichtet, dominiert das kuppelgekrönte **State Capitol** die Stadt – der weiße Marmorbau ist wie viele Kongressgebäude dem Kapitol in Washington nachempfunden, allerdings größer und beeindruckender als die meisten anderen. Der Bau ist streng symmetrisch – die Kuppel überragt vier Flügel, die um einen runden Zentralbau gruppiert sind. Vom Volumen soll das Gebäude sogar das in Washington, D.C. übertreffen, bei der Höhe achteten die Bundespolitiker jedoch sehr genau darauf, dass ihr Kapitol in Washington das

höchste des Landes blieb – angeblich drängten sie die Bauherrn in Wisconsin dazu, die Pläne zu ändern und niedriger als ursprünglich gewollt zu bauen.

Umgeben ist der Bau von einem kleinen Park – samstäglicher Schauplatz des Farmers Market und gelegentlicher Kunst- und Flohmärkte.

Am Kapitol beginnt die State Street. Sie führt von dort nach Westen, ist eine Fußgängerzone und die Einkaufs-, Restaurant- und Museumsmeile der Stadt. Direkt am Kapitol finden sich zwei Museen: rechts das **Wisconsin Veterans Museum**, es dokumentiert Einsätze vom Amerikanischen Bürgerkrieg bis hin zur »Operation Desert Storm« – Kriterium ist, dass Bürger aus Wisconsin mitkämpften. Interessant? Na ja! Besser ist das gegenüberliegende **Wisconsin Historical Museum** mit vielen Ausstellungsstücken zur Geologie und indianischen Frühgeschichte.

Wenige Meter weiter folgen das **Madison Children's Museum** und das **Madison Museum of Contemporary Art/ Overture Center for the Arts**, letzteres Ort für Ausstellungen, Konzerte und Theater, ein Centre Pompidou in klein.

Ansonsten gibt es auf der State Street vorwiegend Buchhandlungen – darunter einige mit sehr guten antiquarischen Abteilungen – Musikläden, Postershops, Kneipen, Restaurants, Schnellimbisse und Bars – die Universität ist nicht weit und die Downtown ist deutlich von den Bedürfnissen der Studenten geprägt. Vielleicht setzt man sich einfach in eines der Straßencafés und genießt das für eine amerikanische Innenstadt ungewöhnlich ruhige und gelassene Ambiente.

Am Ende der State Street beginnt das Universitätsgelände, das sich etwa drei Kilometer am Südufer des Lake Mendota entlangzieht. Der Campus wirkt eher wie ein Erholungs- oder Kurpark: Vom Lesesaal der Bibliothek aus blickt man über den Buchrand auf weiße Segel in blauer Ferne.

Für Besucher sind auf dem Campus zwei Punkte interessant. Das **Chazen Museum of Art**, das 15 000 Kunstwerke aus den letzten 2300 Jahren zeigt und so einen Ritt durch die Kunst- und Kulturgeschichte von der grauen Vorzeit über die alten Griechen bis ins zeitgenössische Amerika bietet.

Der zweite ist **Memorial Union** an der Langdon Street. Hier gibt es nicht nur die Besucherinformation, sondern zugleich eine wundervolle Terrasse mit Blick über einen kleinen Jachthafen auf den See. Freitags und samstags ist sie

am Nachmittag oft überfüllt, ein Treffpunkt zum Schauen, Musik hören, Flirten und Bier trinken. Das holt man sich selbst – am Schalter des »Rathskeller«, der vielleicht passender Universitätskeller heißen würde.

Wer nicht allein ist, es etwas einsamer liebt und einen Spaziergang machen möchte, geht von dort am Seeufer entlang zum so genannten Picnic Point. Der liegt zwei Kilometer entfernt auf einer schmalen, bewaldeten Landzunge im See. Die Universität wirbt damit, dass Picnic Point von einer Zeitung aus Florida in die Liste – da sind sie wieder die Listen! – der weltweit zehn besten Orte zum Küssen aufgenommen wurde. Wohlan! ✦

Madison am Samstagvormittag: Markt vor dem Kapitol

Old World Wisconsin
Hwy. 67, Eagle, WI 53119

℡ (866) 944-7483
www.wisconsinhistory.orf/oww
Juli/Aug. tägl. 10–17 Uhr, Mai–Okt. Mo–Fr
10–16, Sa/So 10–17 Uhr
Eintritt $ 14, Kinder $ 8.50
Das größte Freilichtmuseum seiner Art
in den USA zeigt mehr als 65 Gebäude
aus Wisconsin und dokumentiert das Leben der Einwanderer im 19. Jh.

Kettle Moraine State Forest
Hwy. 59, Eagle, WI 53119
℡ (262) 594-6200
5000 ha großes Erholungsgebiet mit
Endmoränen und Seen.

Hoard Historical Museum
407 Merchants Ave.
Fort Atkinson, WI 53538
℡ (920) 563-7769
www.hoardmuseum.org
Ende Mai–Anf. Sept. 9.30–16.30, So 11–
15 Uhr, im Winter Di–Sa 9.30–15.30 Uhr
Eintritt frei
Natur- und Kulturgeschichte, indianische
Kunstwerke, Wisconsin als Land der
Milchwirtschaft.

Fireside Dinner Theatre
Fort Atkinson, 1131 Janesville Ave.

℡ (920) 563-9505 oder (800) 477-9505
www.firesidetheatre.com
Ticket $ 44–64
Wöchentlich neun Matinées und Abend-
vorstellungen sorgen für Unterhaltung
im Dinner Theater von Fort Atkinson,
den Gaumen erfreuen üppige Buffets
und Menüs.

Aztalan State Park
Büro: 1213 S. Main St.

Park: County Road Q
Lake Mills, WI 53551
℡ (920) 648-8774
Eintritt $ 10 pro Tag, $ 3 pro Std.
Bedeutende Ausgrabungsstätte eines In-
dianerdorfes aus dem 12. Jh.

Greater Madison Convention & Visitors Bureau
615 E. Washington Ave.
Madison, WI 53703
℡ (608) 255-2537 oder 1-800-373-6375
www.visitmadison.com

University of Wisconsin, Campus Information and Visitor Center
716 Langdon St. (nicht zu übersehen, da
es im »Old Red Gym«, einer Mischung
aus Ritterburg und Scheune, untergebracht ist)
Madison, WI 53706
℡ (608) 263-2400

Best Western Inn on the Park
22 S. Carroll St.

Madison, WI 53703
℡ (608) 257-8000 oder 1-800-279-8811
Fax (608) 257-5995
www.innonthepark.net
Hervorragende Lage direkt am Kapitol,
und aus den oberen Räumen genießt
man den Blick über das Parlamentsge-
bäude und den Lake Mendota. Natürlich
mit allem Komfort, auch Fitnessraum und
Pool fehlen nicht. Zwei Restaurants und
213 Zimmer. $$$–$$$$

Budget Host Aloha Inn
3177 E. Washington Ave.
Madison, WI 53704
℡ (608) 249-7667 oder 1-800-283-4678
Fax (608) 249-7669
Einfaches Motel mit 39 Zimmern. In
Flughafennähe. $$

Campus Inn
601 Langdon St., Madison, WI 53703

℡ 1-800-589-6285
Fax (608) 257-2832
www.thecampusinn.com
Zwischen Kapitol und Campus gelege-
nes elegantes Hotel mit 75 Zimmern.
Leichte Küche im Chancellor's Club. $$$

Mansion Hill Inn
424 N. Pinckney St.

Balanceakt auf dem Markt in Madison

Madison, WI 53703
℡ (608) 255-3999 oder 1-800-798-9070
Fax (608) 255-2217
www.mansionhillinn.com
Bed & Breakfast von 1858 – eingetragen im Verzeichnis historischer Bauten – mit Erkern, Balkonen und verschnörkelten Giebeln. Elf sehr schöne Zimmer, einige mit Marmorkamin.
$$$$

 Smoky's Club
3005 University Ave.
Madison, WI 53705
℡ (608) 233-2120
Einfach, aber gemütlich eingerichtet, präsentiert sich Smoky's als echtes American Style Restaurant mit freundlichen Kellnerinnen, einer großen Bierauswahl und riesigen Steaks. $$

 L'Etoile
25 N. Pinckney St.
Madison, WI 53703
℡ (608) 251-0500
www.letoile-restaurant.com
Sehr empfehlenswertes Restaurant mit kreativer Küche, die lokale Produkte bevorzugt. Reservierung empfehlenswert.
$$–$$$

 The Great Dane
123 E. Doty St., Madison, WI 53703
 Hausbrauerei mit großer Bierauswahl und gutem, einfachem Essen. Sehr schöner Innenhof. $–$$

Madison Museum of Contemporary Art/Overture Center for the Arts
201 State St., Madison, WI 53703
✆ (608) 257-0158
www.mmoca.org
Eintritt frei
Ultramodernes Museum mit Kunst, die zum Großteil aus Wisconsin stammt.

 Wisconsin Historical Museum
30 N. Carroll St., Madison, WI 53703
✆ (608) 264-6555
www.wisconsinhistory.org/museum
Di–Sa 9–16 Uhr
Eintritt $ 4, Kinder $ 3
Eine große Sammlung, die von der Vorgeschichte bis zur Gegenwart reicht. Guter Museumsladen mit viel Literatur zu Wisconsin einst und jetzt.

 Wisconsin Veterans Museum
30 W. Mifflin St., Madison, WI 53703
✆ (608) 267-1799
Mo–Sa 9–16.30, April–Sept. auch So 12–16 Uhr
Eintritt frei
Museum zur Kriegsgeschichte.

 Chazen Museum of Art
800 University Ave., Madison, WI 53706
✆ (608) 263-2246
www.chazen.wisc.edu
Di–Fr 9–17, Sa/So 11–17 Uhr
Eintritt frei
Kunst vom alten Griechenland bis ins moderne Amerika, darunter auch japanische Drucke, russische Ikonen, italienische Renaissancemalerei und indianische Kunst.

 Madison Children's Museum
100 State St., Madison, WI 53703
✆ (608) 256-6445
www.madisonchildrensmuseum.org
 Di–Fr 9–16, Sa 9–17, So 12–17 Uhr, Juni–Aug. auch Mo
Eintritt $ 4
Interaktive Ausstellung zur Kultur- und Naturgeschichte. Didaktisch gut aufbe-reitet und alles zum Anfassen und selbst Ausprobieren.

 Memorial Union
Auf dem Campus der Universität. Terrasse am Lake Mendota zwischen Lake und Park Street, die zum Entspannen einlädt.

 Die Universitätsstadt besitzt viele Buchläden. Auch Antiquariatsfreunde kommen auf ihre Kosten. Die meisten Läden liegen an der State Street, die Universität und Kapitol verbindet. Die besten sind:
Avol's Books
315 W. Gorham St./State St.
Madison, WI 53703
✆ (608) 255-4730
Shakespeare's Books
18 N. Carroll St., Madison, WI 53703
✆ (608) 255-5521

Für den Abend:

 Madison Civic Center
211 State St., Madison, WI 53703
✆ (608) 258-4141
Spielort für verschiedene Theater; mindestens eine Theater- oder Musikaufführung pro Woche. Hier tritt auch das Madison Symphony Orchestra auf.

 High Noon Saloon
701 E. Washington Ave.
 Madison, WI 53703
✆ (608) 268-1122
www.high-noon.com
Nachfolger der populären O´Cayz Corral. Live Music von Rock und Pop über Heavy Metal und Punk bis hin zu Bluegrass und Country. $–$$

 Cardinal Bar
418 E. Wilson St., Madison, WI 53703
 ✆ (608) 251-0080
www.cardinalbar.com
Hip Hop, Salsa und Merengue sind die Rhythmen, zu denen man sich hier bewegt. $–$$

② Frank Lloyd Wright und andere Architekten
Von Madison bis Prairie du Chien

2. Route: Madison – Dodgeville/Spring Green – Prairie du Chien (186 km/116 mi)

km/mi	Zeit	Route	siehe Karte S. 100
	Morgen	**Madison:** Farmers Market, Monona Terrace Center und/oder Arboretum der University of Wisconsin.	
0/0	11.00 Uhr	Abfahrt nach **Dodgeville**; 18/151 nach Westen; bei Dodgeville auf die 23 N. bis zum	
72/45	11.45 Uhr	**House on the Rock** (3 Std., inkl. Imbiss), dann weiter nach	
83/52	15.00 Uhr	**Taliesin** (2,5 Std.) und zum American Players Theatre. Weiterfahrt über den Hwy. 14 W. und den Hwy. 60 (für Ausdauernde und Architekturfans mit Abstecher nach **Richland Center**) nach	
186/116	18.30 Uhr	**Prairie du Chien.**	

Samstägliche Sommertage verlaufen in **Madison** nach einem festgelegten Plan: Spät aufstehen, lange frühstücken, raus zum Markt, danach eine Radtour in die Umgebung.

Gestresste Touristen müssen früher raus, um ihr Programm zu bewältigen. Aber das macht nichts, denn die Verkäufer tun das auch: Farmer mit (biologisch angebautem) Obst und Gemüse, mit Kräutern und Wurst und Fleisch von (ehemals) glücklichen Schweinen und Rindern, Eiern von frei laufenden Hennen, Honig von frei fliegenden Bienen, Kunsthandwerker mit Silberdraht, Strohhüten und Holzspielzeug, politische Aktivisten mit Flugblättern und sozialistischen Zeitungen sowie Straßenkünstler, die jonglieren, Hochrad fahren, musizieren oder nur unglaublich schnell auf ihr Publikum einreden. Nicht zu Unrecht fand sich der **Farmers Market** in Madison in der Vergangenheit auf Platz zwei in Liste (!) der zehn schönsten US-Märkte. die die Tageszeitung »USA Today« veröffentlichte.

Vom Farmers Market sind es nur wenige Schritte bis zum Ufer des Lake Monona. Dort trifft man auf ein Gebäude, das von den Bewohnern der Stadt geliebt und gehasst wird – das **Monona Terrace Community & Convention Center**, entworfen von Frank Lloyd Wright. An sonnigen Tagen braucht man eine

Der »Raum ohne Grenzen« im House on the Rock: Nichts für Leute mit Höhenangst

Sonnenbrille, wenn man sich dem Gebäude nähert – strahlendweiß reflektiert der geschwungene Bau das Sonnenlicht und spiegelt sich im See. Vom Dachgarten – eher eine Terrasse als ein Garten – genießt man einen wundervollen Blick über den See und die Stadt.

Auf dem Weg zum Highway passiert man das **Arboretum** der **University of Wisconsin**. Das 300 Hektar große Gelände ist nicht nur eine Parklandschaft mit verschiedenen Baumarten, sondern hier restaurierte Aldo Leopold, der Vater der amerikanischen Umweltbewegung, erstmals ein Stück originaler Prärie.

Von der ist nicht mehr viel übrig, wie man schnell sieht, wenn man die Stadt verlässt. Wo sich im letzten Jahrhundert noch unendliche Graslandschaften ausbreiteten, wachsen heute Mais und Weizen, stehen Farmen und Einfamilienhäuser, davon allerdings immer

weniger, je weiter man aus dem Weichbild der Stadt hinauskommt. Ein wenig Wald, wieder ein Maisfeld, eine rote Scheune, ein wenig Wald, ein Maisfeld, eine rote Scheune, hin und wieder ein Supermarkt – so geht das weiter bis zur Kreuzung des Highway 18 mit dem Highway 23, wo sich Tankstellen, Schnellimbisse und Motels versammeln. Das auffälligste ist das Don Q Inn, zu erkennen an der davor geparkten Boeing (und dem riesigen Schriftzug auf dem Dach des Restaurants) – sie ist zu besichtigen.

Wisconsin ist die Heimat eines der bedeutendsten Architekten Amerikas, von Frank Lloyd Wright, und fast überall sind Wright-Häuser oder von ihm inspirierte Bauten zu finden. Aber auch andere Architekten haben sich hier ausgetobt. Zum Beispiel der Selfmadearchitekt Alex Jordan, der in den 1940er Jahren ein Grundstück – eher einen Felsen – mit Aussicht über das Tal des Wisconsin River kaufte und begann, darauf ein Haus zu errichten: das **House on the Rock.**

Jordan schleppte eigenhändig die Steine hinauf, er baute und bastelte, meist ohne Plan, setzte hier ein Zimmerchen dran, dort eine neue Wand, baute alte Glasfenster ein, mauerte neue Kamine und ließ als absolute Besonderheit – diesmal aber nach sorgfältigen statischen Berechnungen – den »Infinity Room«, den »Raum ohne Grenzen« erbauen – einen schmalen Raum, eher eine stählerne Nadel, der nach unten ungestützt und spitz zulaufend, zu beiden Seiten und nach oben verglast, etwa 30 Meter über die Felsklippe hinausragt und ordentlich wackelt, wenn sich mehr als drei Leute gleichzeitig in ihm bewegen.

Später baute er weitere Gebäude an, und so unterscheiden die heutigen Besitzer drei Epochen: Die frühen Jahre, die den Originalbau von Alex Jordan zeigen, dann die so genannte nostalgische Epoche, in der viele Dinge gezeigt werden, die den Besucher in die Vergangenheit führen, und die dritte, die so genannte eklektische Ära.

Die nostalgische Epoche zeigt Nachbauten von Dorfstraßen aus dem 19. Jahrhundert, Schiffsmodelle, Maschinen, alte Autos und, und, und – und die eklektische unterscheidet sich davon nur noch dadurch, dass man hier alles zeigt, was ein Mensch sammeln kann: Puppenstuben, Karussells, Engelsfiguren, und das alles in einer Überfülle, die kaum vorstellbar ist. Es gibt nicht nur das angeblich größte Karussell der Welt, sondern dazu noch ein halbes Dutzend kleinere und Tausende ausrangierte Karussellpferde. Die Show ist gut präsentiert – überall knallt und zischt es, Musik, Glockenspiele und Motoren springen an,

wenn der Besucher vorbeikommt, und alles ist in düsteres, künstliches Licht getaucht. Am Ende der Tour taucht der Besucher aus den Tiefen des Gebäudekomplexes auf und ist fertig, er blinzelt ins Licht und kann sich nur noch in den Schnellimbiss, der praktischerweise dazu gehört, retten. Das House on the Rock ist *truly american* – genauso genuin amerikanisch wie Disney World, Hollywood und McDonalds.

Oder auch wie die Architektur von Frank Lloyd Wright, die ganz anders daherkommt: hell, klar und streng gegliedert.

Frank Lloyd Wright wurde am 8. Juni 1869 in Richland Center, Wisconsin, geboren, wuchs in Madison auf und verbrachte einen großen Teil seiner Jugend auf dem Anwesen seines Onkels nahe Spring Green, in Sichtweite des Wisconsin River. Hier baute er ab 1902 am **Taliesin-Anwesen**, das am Ende acht Gebäude umfasste, darunter das Hillside Studio, in dem Wright sein Büro unterhielt (und das ursprünglich als Schule gebaut wurde), die »Romeo und Julia Windmühle« sowie sein privates Haus Taliesin (ab 1911, umgebaut in den 1920er Jahren).

Die Gebäude betonen das, was Frank Lloyd Wright berühmt gemacht hat: Die Idee der »organischen Architektur«, nach der Gebäude und Landschaft harmonisch zueinander passen sollen (dabei darf mitunter auch die Landschaft geändert werden). Hier in Taliesin ist es der »Präriestil«, für den die flachen, roten Dächer, die verwendeten Materialien wie der gelbliche Sandstein typisch sind. Die Häuser scheinen sich in die Landschaft zu schmiegen, sie lehnen an den sanften Hügeln Wisconsins und ducken sich in die weite Graslandschaft. Typisch sind auch die bleigefassten und bleigegliederten Fenster mit ihren geometrischen Mustern, die von ihm entworfenen Möbel mit den strengen Linien und die Verwendung von natürlichen, unbehandelten Materialien (Stein und Holz) im Innenausbau.

Überall bei Wright finden sich helle, lichte Räume, die ineinander übergehen, der so genannte »fließende Raum«, auch beim berühmten Haus »**Falling Water**« in Bear Run, Pennsylvania (erbaut 1936/37) und absolut exemplarisch im von ihm entworfenen Guggenheim Museum in New York (Entwurf 1943, erbaut 1956–59).

Das Visitor Center wurde auch von Wright entworfen, das einzige Restaurant, das der Architekt gestaltete, integriert. Heute ist ein Teil davon Buch- und Andenkenladen. Hier isst man übrigens gut.

Wer mehr von Frank Lloyd Wright sehen will, folgt den Highway 14 bis **Richland Center**, dem Geburtsort des Architekten. Hier steht das German Warehouse, ein Lagerhaus, das zwischen 1917 und 1921 erbaut wurde. Wright lebte nicht bis zu seinem Tod in Wisconsin, man munkelt auch, weil der Staat ihm nicht genug Ehre erwies. Das wundert nicht, sprühte der Architekt doch nicht immer vor Charme – eine Anekdote berichtet, dass sich ein Bauherr bei ihm beschwerte, es würde durch das Dach auf den Esstisch regnen. Wright dazu: »Stellen Sie Ihren Tisch woanders hin.« Frank Lloyd Wright starb am 9. April 1959 in Phoenix, Arizona.

Die weitere Route folgt dem Wisconsin River. Die Strecke führt mal direkt am Fluss entlang, der an manchen Stellen breit wie ein See ist, dann wieder weiter entfernt durch Wald, durch Wiesen und Felder, mitunter vorbei an einem kleinen Hof, dann auch mal dreien – fast schon einem Dorf. Die Strecke

ist sehr einsam, achten Sie daher besonders auf Tiere. Vor allem in der Dämmerung verlassen Hirsche den schützenden Wald, ebenso die Waschbären.

Prairie du Chien liegt, wie der Name sagt mitten in der alten Prärie, und zwar wenige Kilometer nördlich des Zusammenflusses von Wisconsin River und Mississippi. Der Ort ist die zweitälteste europäische Siedlung in Wisconsin (nach Green Bay am Lake Michigan) und wurde an einem Platz gegründet, wo sich vorher schon indianische Stämme trafen, um miteinander Handel zu treiben. 1680 errichtete der Pelzhändler Nicolas Perrot einen Stützpunkt, und um 1770 kamen die ersten weißen Siedler. Sie waren Franzosen, hatten doch Jacques Marquette und Louis Jolliet, die ersten Europäer, die 1673 den Oberlauf des Mississippi über den Wisconsin River erreichten, das Gebiet für Frankreich beansprucht. Die Siedler benannten ihren neuen Ort nach einem Häuptling aus dem Stamm der Fox-Indianer, dessen Name Alim »Hund« (frz. *chien*) bedeutete.

Die wichtigste historische Sehenswürdigkeit stammt aus der Mitte des 19. Jahrhunderts: es ist die **Villa Louis**, einige Kilometer vom Stadtzentrum entfernt, eine Villa, die sich Hercules Dousman, ein reicher Pelzhändler, an der Stelle eines Forts von 1812 erbauen ließ. Heute ist der Platz eine historische Stätte, ein Museum, das über den frühen Pelzhandel und den Lebensstil der reichen Händler informiert.

Prairie du Chien ist ein typischer Ort am Oberlauf des Mississippi. In einer wundervollen Landschaft gelegen, überragt von steilen Felsen und mit einer Innenstadt, die am besten als ruhig bis verschlafen zu bezeichnen ist. Nicht viel stört hier die Nachtruhe. ✦

Farmers Market

Madison, WI 53701

Von April bis Ende November jeden Samstag von 6.30 bis 14 Uhr auf dem Capitol Square (rund ums Kapitol). Ein kleinerer Markt findet dort auch mittwochmittags statt (nur von Mai bis Oktober).

Monona Terrace Community & Convention Center

John Nolen Dr., Madison, WI 53703
✆ (608) 261-4000
Tägl. Führungen um 13 Uhr
Eintritt $ 3, Mo/Di frei
Konferenz- und Messezentrum, entworfen von Frank Lloyd Wright.

Arboretum der University of Wisconsin

1207 Seminole Hwy.

Madison, WI 53711
Infozentrum Mo–Fr 9.30–16, Sa/So 12.30–16 Uhr
✆ (608) 263-7888
300 ha großer Naturpark am Lake Wingra, der zeigt, wie die Prärielandschaft um Madison einst aussah.

Don Q Inn

3658 SR 23 N, Dodgeville, WI 53533

✆ (608) 935-2321 oder 1-800-666-7848
Nicht zu übersehen – schließlich parkt eine C-97 Boeing Stratocruiser auf der Rasenfläche vor dem Hotel/Restaurant. Das Innere ist eine Mischung aus schön und schrecklich – geschmackvolles Kunsthandwerk aus dem letzten Jahrhundert steht neben prachtvollem Kitsch. $$

Spring Green Area Visitors Council

135 E. Jefferson St.
Spring Green, WI 53588
✆ (608) 588-7828 oder 1-800-588-2042
www.springgreen.com

Spring Valley Inn

Kreuzung US 14 und CR C

Spring Green, WI 53588
✆ (608) 588-7828

www.springvalleyinn.com
Entworfen von »Taliesin Associates«, Frank Lloyd Wrights Design-Firma, bietet das Hotel mit seinen 35 Zimmern den vielleicht passenden Übernachtungsplatz für Architekturfans. Dazu auch Komfort: Pool, Sauna, Whirlpool und ein recht gutes Restaurant. $$–$$$

The Silver Star Country Inn

3852 Limmex Hill Rd.
Spring Green, WI 53588
✆ (608) 935-7279
www.silverstarcountryinn.com
Zwei Meilen nördlich des House on the Rock ist das rustikal-elegante Country Inn mit zehn Zimmern ein guter Platz für eine Übernachtung. In dem schönen Blockhaus kann man es sich auch vor dem großen Natursteinkamin gemütlich machen. $$$

House on the Rock

5754 Hwy. 23, Spring Green, WI 53588
✆ (608) 935-3639
Tägl. 9–17 Uhr, im Sommer länger, im Winter geschl.
Eintritt $ 19.50
Architektonisches Unikat und Sammelsurium – von Kitsch bis Kunst – einfach alles, was sich sammeln lässt. Zirkuspferde, Karussells, Puppenstuben, alte Autos, Motoren, Schiffsmodelle – alles spektakulär arrangiert und illuminiert.

Frank Lloyd Wright Visitor Center and Taliesin

Hwy. 53, Spring Green, WI 53588

✆ (608) 588-7900 oder 1-877-588-7900
Mai–Okt. tägl. 9–16.30 Uhr
Eintritt $ 14–80
Buchladen, Informationszentrum und Restaurant in einem von Frank Lloyd Wright entworfenen Bau, einem ehemaligen Restaurant mit Blick auf das Ufer des Wisconsin River. Von hier aus starten tägl. unterschiedliche ein- bis vierstündige Touren rund um und nach Taliesin selbst.

American Players Theatre

P.O. Box 819, Spring Green, WI 53588
℀ (608) 588-2361
Juni–Okt. bis zu 2 mal tägl.
Eintritt $ 19–48
Am Frank Lloyd Wright Center vorbei auf der County Road C, dann den Wegweisern folgen
Schönes, kleines Freilichttheater, in dem seit 1980 vorwiegend Klassiker aufgeführt werden.

Prairie du Chien Chamber of Commerce
211 S. Main St.
Prairie du Chien, WI 53821
℀ (608) 326-8555 oder 1-800-732-1673
www.prairieduchien.org

Neumann House Bed & Breadfast
121 N. Michigan St.
Prairie du Chien, WI 53821
℀ (608) 326-8104 oder 1-888-340-9971
www.prairie-du-chien.com
Bed & Breakfast (fünf Zimmer, maximal ein Dutzend Gäste) in Spazierweg-Entfernung vom Mississippi und von Downtown Prairie du Chien. $$$

Bridgeport Inn
S. Marquette Rd.
Prairie du Chien, WI 53821
℀ (608) 326-6082 oder 1-800-234-6082
Gepflegtes Motel mit 50 Zimmern.
$$–$$$

Prairie Motel
1616 S. Marquette Rd.
Prairie du Chien, WI 53821
℀ (608) 326-6461 oder 1-800-526-3776
Kleines, bescheidenes Motel (32 Zimmer), daneben eine Sports Bar. Zentrumsnah und preiswert. $

Frenchman's Landing Campground
SR 35 N., 11 km nördlich der Stadt
℀ (608) 874-4563
Der einzige Campingplatz am Flussufer; gut für Wohnmobile.

Villa Louis Historical Site
521 N. Villa Louis Rd.
Prairie du Chien, WI 53821
℀ (608) 326-2721
www.wisconsinhistory.org/villalouis
Mai–Okt. tägl. 9–17 Uhr
Eintritt $ 8.50
Viktorianische Wohnkultur einer reichen Pelzhändlerfamilie am Mississippi. Auf St. Feriole Island.

Dew Drop Inn
12761 County Rd. C/County Rd. X
Bagley, WI 53801
℀ (608) 996-2243
Wisconsin von seiner besten und ursprünglichsten Seite: Hirschgeweihe an der Wand, Billardtische, Flipperautomaten, ein langer Tresen, dazu ländliche Küche in großen Portionen. Hamburger schmecken hier so wie Hamburger schmecken müssen. Keine Kreditkarten, dafür richtig preiswert. $

Coaches Family Restaurant
634 S. Marquette Rd.
Prairie du Chien, WI 53821
℀ (608) 326-8115
Typisches amerikanisches Familienrestaurant für ›Mom and Pop and the Kids‹: auf der Speisekarte Bratkartoffeln, Würstchen und Ei, frische Waffeln und natürlich Coffee und Pancakes.
$–$$

Wichtige Feste:

Das jährliche **Prairie Villa Rendezvous** ist ein Jahrmarkt auf St. Feriole Island mit allerlei Aktivitäten aus der Mitte des 19. Jh. (Mitte Juni).
Richland County Fair: Landwirtschaftsausstellung und Jahrmarkt (Sept., Wochenende nach Labor Day).
Kutschenwettbewerb mit Ausstellungen und Wettfahrten an der Villa Louis in Prairie du Chien (Sept., Wochenende nach Labor Day).

③ Die großen Bluffs
Von Prairie du Chien nach Red Wing

3. Route: Prairie du Chien – La Crosse – Winona – Red Wing
(239 km/149 mi)

km/mi	Zeit	Route
0/0	9.00 Uhr	Abfahrt in **Prairie du Chien** auf dem Hwy. 35 Richtung Norden bis nach
95/59	10.30 Uhr	**La Crosse.** Stadtbesichtigung und Lunch (3 Std.).
	13.30 Uhr	In La Crosse auf die I-90 Richtung Westen, Überquerung des Mississippi, dann die erste Abfahrt auf den Hwy. 61 (hier zugleich Hwy. 14) Richtung Norden (Winona) nehmen.
136/85	14.30 Uhr	**Winona.** Stadtbesichtigung (1 Std.)
	15.30 Uhr	Weiterfahrt auf dem Hwy. 61, immer entlang dem Mississippi durch Orte wie Kellogg, Wabasha, Lake City nach
239/149	17.00 Uhr	**Red Wing.**

Alternativen und Extras: Statt auf der linken (zum Bundesstaat Minnesota gehörenden) Seite den Mississippi flussaufwärts zu fahren, kann man auch in Wisconsin bleiben und sich die Bluffs von der Seite ansehen. Dort sind auch lohnenswerte Abstecher ins Hinterland des Mississippi möglich. Beispielsweise verlässt man zwischen **Fountain City** und **Cochrane** den Hwy. 35 und fährt auf dem Hwy. 88 nach Nordosten bis **Gilmanton**, dann ein Stück auf dem Hwy. 37 wieder Richtung Mississippi bis zur County Road D und gelangt dann im Bogen nach Nelson zurück auf den Hwy. 35. Auf sehr kleinen und ziemlich steilen Straßen geht es heftig bergauf und bergab, und man hat wunderbare Ausblicke in kleine Täler mit weißen Farmhäusern und roten Getreidesilos. Hier scheint die Zeit stehen geblieben und vielleicht ist hier die Welt wirklich noch in Ordnung.

Auf der weiteren Strecke durchquert man am Hwy. 35 Pepin, den Ort, der besonders für sein Harbor View Cafe (314 1st St., ✆ 715-442-3893) berühmt ist, und Stockholm mit vielen kleinen Antiquitätenläden sowie dem kleinen und für amerikanische Verhältnisse ungewöhnlich dörflichen Hager City.

Ein anderer Abstecher ist vor allem für Mediziner interessant. Bei Winona nimmt man den Hwy. 14 in westlicher Richtung und erreicht nach 43 mi den Ort **Rochester**.

Hier gründete Ende der 1980er Jahre des 19. Jh. der Arzt William Worrall Mayo gemeinsam mit seinen Söhnen William James und Charles Horace die **Mayo-Klinik**, die heute das vielleicht berühmteste Krankenhaus der Welt ist. Fast 350 000 Patienten werden hier im Jahr versorgt. Die Klinik ist spezialisiert auf medizinische Diagnostik und außergewöhnliche Operationen – hier wurden die chirurgische Arbeit im Team mit genauer Aufgabenverteilung »erfunden«, die Chemotherapie entwickelt und das Kortison entdeckt.

Die Klinik umfasst heute fast einen ganzen Stadtteil. Sie kann besichtigt werden; die Tour startet wochentags um 10 Uhr, Di–Do gibt es ab 13.30 Uhr eine Architektur- und Kunstführung.

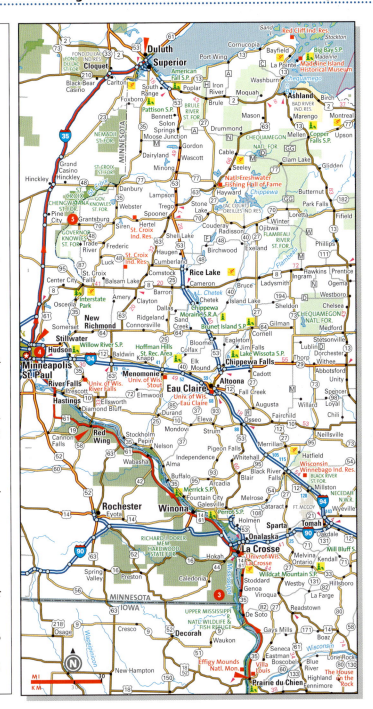

Wer als Kind Mark Twains Romane über Tom Sawyer oder Huckleberry Finn gelesen hat, entwickelte damals seine Vorstellung vom Mississippi: ein breiter, unendlich breiter Fluss, eher ein länglicher See, der träge dahinfließt, zerfranst, mit Inselchen durchsetzt und umgeben von sumpfigen Uferwäldern. Zwar spielen die Werke Mark Twains viel weiter im Süden, und dennoch wird jeder, der von **Prairie du Chien** den Mississippi flussauf fährt und über die Wassermassen schaut, erwarten, im nächsten Moment einen alten Raddampfer oder gar das Floß Hucky Finns am Horizont auftauchen zu sehen.

Von Prairie du Chien bis nach La Crosse sind es 59 Meilen, eine gute Stunde Autofahrt, auf der nicht viel passiert. Immer wieder das große Mississippi-Panorama, ein See mehr als ein Fluss, auch weil die Wassermassen an verschiedenen Stellen gestaut werden. Zwischen Minneapolis/St. Paul und Prairie du Chien gibt es neun der insgesamt 29 Dämme und Schleusen, die das Mississippi-Hochwasser regulieren sollen und den Fluss von St. Louis

Unendlich breit, eher ein See als ein Fluss: der Mississippi nördlich von Prairie du Chien

in Missouri bis nach Minneapolis/St. Paul schiffbar machen. Der Mississippi ist einer der wichtigsten Transportwege Amerikas, auf ihm wird das meiste Getreide aus dem Mittleren Westen verschifft. Im 19. Jahrhundert wurde vorwiegend Holz transportiert, riesige Flöße trieben den Old Man River hinab in die Südstaaten. Das größte wurde 1896 in Lynxville, 15 Meilen nördlich von Prairie du Chien ins Wasser gesetzt: es war 1550 Fuß (509 Meter) lang und 260 Fuß (85 Meter) breit. Heute sind die Lastschlepper bis zu 400 Meter lang

und können etwa 22 500 Tonnen Gewicht transportieren.

Doch selten sieht man einen dieser riesigen Lastkähne, der Mississippi wirkt eher wie ein ruhiger, riesiger Badesee. Es folgen immer wieder einzelne Anlegestellen am Fluss, einige kleine sandige Strände, die zum Baden einladen, Wiesen, Weiden, Wälder. Auch hier sind die Wildwechsel-Schilder ernst zu nehmen, und auch dort, wo kein Schild warnt, versuchen Waschbären die Straße zu überqueren – die Krähen schätzen diese vergeblichen Versuche.

Am Wege liegen Dörfer wie Lynxville, Ferryville, De Soto, Victory, Genoa und Stoddard. Sie sind alle nichts Besonderes – eine Bootsanlegestelle, ein mehr oder weniger schön gelegenes Restaurant oder Motel, ein bis zwei Antikläden und ruhiges Landleben.

Urbaner wird es erst in **La Crosse**, der laut Eigenwerbung nach Milwaukee zweitwichtigsten Bierstadt Wisconsins. Stolz präsentiert die Stadt ihr jährliches Oktoberfest und das angeblich größte Sixpack der Welt: Die **City Brewing Company** bemalte sechs große, nebeneinanderstehende stählerne Tanks so, dass sie wie überdimensionale Bierdosen aussehen.

La Crosse wurde schon früh gegründet, groß wurde die Stadt aber erst ab der Mitte des 19. Jahrhunderts. Skandinavische und deutsche Siedler arbeiteten in den Sägewerken, im Schiffsbau, der mit dem Ausbau der Mississippi-Schifffahrt groß wurde, und natürlich in den Brauereien.

Den besten Überblick über den Ort bekommt man, wenn man dem Wegweiser Granddad's Bluff folgt.

Der Fremdwörterduden versteht unter *bluff* ein dreistes, täuschendes Verhalten, das darauf abzielt, dass jemand zugunsten des Täuschenden etwas oder jemanden falsch einschätzt. Das hilft nicht unbedingt weiter, wenn man von Granddad's Bluff hört. Was war das? Eine legendäre Pokerpartie?

Es klärt sich schnell, wenn man die Landschaft betrachtet und ein dickeres Wörterbuch zur Hand nimmt. Denn dort findet sich auch eine andere Bedeutung von Bluff: Felsklippe, Felsvorsprung steht dort, und die hoch aufragenden Felsklippen, die das Mississippi-Tal begrenzen, sind wirklich nicht zu übersehen. Steil streben sie himmelan, und Granddad's Bluff ragt mehr als 200 Meter östlich der Stadt über der weiten Mississippi-Ebene auf.

Im Zentrum bietet La Crosse gemütliches Mittelstadtleben. Es gibt einige Häuser mit schönen Fassaden, und das Hixon House ist das Prunkstück unter ihnen. Gideon Hixon machte Millionen als Sägewerkbesitzer und lebte prunk-

voll wie ein Sultan – im »Turkish Nook«, dem »Türkischen Winkel« des Hauses, ist das besonders gut zu sehen.

Vom Riverside Park starten Bootstouren mit Nachbauten alter Mississippi-Raddampfer zu Touren durch die zergliederte Wasserlandschaft.

Bei La Crosse führt die Interstate 90 über den Fluss und hinüber in einen anderen Staat. Die Highways 14 und 61 führen hinauf in das nördliche Minnesota und in das Mississippi Bluff Country. Der Fluss ist hier schmaler, er ist eingezwängt zwischen kargen Felsen, eingerahmt von hohen scheinbar aus dem Nichts aufsteigenden Hügeln, von deren Spitze aus man einen weiten Blick auf die Mississippi-Auen werfen kann. Der Blick ist überwältigend und lässt zugleich das Problem ahnen, an dem der Old Man River krankt: Die Auen werden immer stärker eingeengt und reguliert,

Echt amerikanisch: das größte Sixpack der Welt

Echt romantisch: Raddampfer auf dem Mississippi

dem Fluss geht dadurch Stauraum für jene Hochwasser verloren, die sich dann flussabwärts wälzen und das Wassereinzugsgebiet des Mississippi von Illinois bis hinunter nach St. Louis, Missouri, überfluten. So kommt es immer wieder zu schweren Überschwemmungen.

Bei **Winona** ist der Mississippi wieder breit wie ein See. Die Stadt ist umgeben von Wasser, auf der einen Seite vom Fluss, auf der anderen erstreckt sich der Lake Winona, ehemals Teil eines Kanals. Gut zu sehen ist das von Garvin Heights aus, einer Felsklippe jenseits des Highways.

Die Stadt trägt zwar einen indianischen Namen – Winona war die Tochter des Sioux-Häuptlings Wah-pah-sha – wurde aber im 19. Jahrhundert überwiegend von polnischen Auswanderern besiedelt. Deswegen gibt es auch ein **Polnish Culture Institute** mit angeschlossenem Museum, in dem es polnisches Kunsthandwerk zu bewundern gibt, und

eine große katholische Kirche, gut zu erkennen an ihrer weißen Kuppel, die von einer Statue des heiligen Stanislaus gekrönt ist.

Weiter geht es entlang dem Mississippi, rechter Hand der Fluss, links die aufragenden Felsen. Um die Bluffs sieht man mit ein wenig Glück Raubvögel kreisen. Zumeist sind es Adler, vor allem *bald eagles*. Diese stehen zwar seit 1972 auf der Liste der bedrohten Tierarten, haben sich aber in Wisconsin wieder stark vermehren können. Zur Zeit gibt es insgesamt etwa 600 Plätze, an denen die Adler nisten, die meisten entlang dem Mississippi. Das sind etwa sieben Mal so viele wie es noch vor 25 Jahren waren. »*Bald*« heißt eigentlich kahl, aber der *bald eagles* ist nicht kahl, sondern trägt an Kopf und Hals weiße Federn – sein deutscher Name ist daher auch Weißkopfseeadler (wissenschaftlich *Haliaeetus leucocephalus*). Die Schwanzfedern sind bei ausgewachsenen Tieren ebenfalls weiß und die Flügelspannweite kann bis zu drei Metern betragen.

In dem Ort, der nach dem Häuptling selbst benannt wurde – in Wabasha, so die heutige Schreibweise – wird zur Zeit an einem so genannten **National Eagle Center**, einem Beobachtungs- und Informationszentrum, gebaut. Bald schon soll der Ort das Adler-Beobachtungszentrum Amerikas werden – so hoffen es jedenfalls die Bauherren. Schließlich will man auch am Oberlauf des Mississippi einen Teil vom großen Tourismus-Kuchen abhaben, und man weiß genau, dass Amerikaner, die Vögel beobachten, im Jahr dafür 18 Milliarden Dollar ausgeben.

Und weiter geht's am Fluss entlang: **Lake City** heißt der nächste Ort. City ist übertrieben, selbst Dorf wäre es fast noch. Am See stehen einige Häuser, Restaurants und Motels, am auffälligsten ist das Schild: *Lake City – Birthplace of waterskiing*. Angeblich kam hier im Sommer 1922 Ralph Samuelson zum ersten Mal auf die Idee, auf dem Wasser das auszuprobieren, was die Einwohner der Gegend im Winter immer machten: Ski fahren. Echter Pioniergeist.

Folgt man dem Mississippi weiter Richtung Norden, erreicht man **Red Wing**, eine der schönsten Städte im Tal des Mississippi. Die Stadt liegt eng am Fluss, da sie von hoch aufragenden Bluffs umgeben ist. Sie hat eine schöne Uferpromenade, auf der die Grundschullehrerinnen ihren Schützlingen das Rollschuhfahren beibringen, und ein intaktes Zentrum mit einer Main Street voller Geschäfte.

Auch wer nicht im St. James wohnen möchte – die Geldbörse muss schon gut dafür gefüllt sein – sollte einen Blick in das Hotel werfen. Das Haus an der Main Street, denkmalgeschützt und wunderbar restauriert, ist das schönste Hotel im ganzen Mississippi-Tal. Es ist ein sichtbares Zeichen dafür, dass in Red Wing einst viel Geld verdient wurde, ebenso wie das **Sheldon Theatre**, das 1904 eröffnet wurde und damals das erste städtische Theater Amerikas war. Seit seiner Restaurierung in den 1980er Jahren ist es ein Kulturzentrum mit Gastspielen und Kinovorführungen. Es gibt regelmäßige Besichtigungen, und wer außerhalb der Zeit kommt, kann die freundlichen Kassiererinnen fragen, ob er nicht einfach mal einen Blick hineinwerfen darf.

Der damalige Reichtum wurde durch den Anbau und die Verschiffung von Getreide erworben – Red Wing war zu Beginn des 20. Jahrhunderts ein Verkehrsknotenpunkt. Auch heute noch hält hier ein Zug – der Amtrak »Empire Builder«, der von Chicago nach Minneapolis und weiter bis nach Seattle an der Westküste fährt. Um 8.39 Uhr morgens soll er Richtung Chicago, um 20.52 Uhr Richtung Seattle in Red Wing halten, doch pünktlich ist er nie.

Auch mit Töpferwaren wurde und wird in Red Wing Geld verdient. Auf der Old West Main Street gibt es heute noch arbeitende Handwerksbetriebe, die attraktive Stücke herstellen. Größter Arbeitgeber ist aber die Schuhfirma »Red Wing« – ein sehr einfallsreicher Name. Schuhe dieser Firma werden vor allem von Arbeitern und Wanderern geschätzt, da sie nicht kaputtzukriegen sind. Im Schuhmuseum hängen die Dankesbriefe von Menschen, die in Red Wing Shoes um die Welt, mindestens aber durch irgendwelche Wüsten liefen, denen Eisenträger auf die Füße fielen usw. und die das dank der Treter bestens überstanden. Allerdings ist kein Brief von jemandem dabei, dem mit solchen Schuhen auf den Fuß getreten wurde. ☀

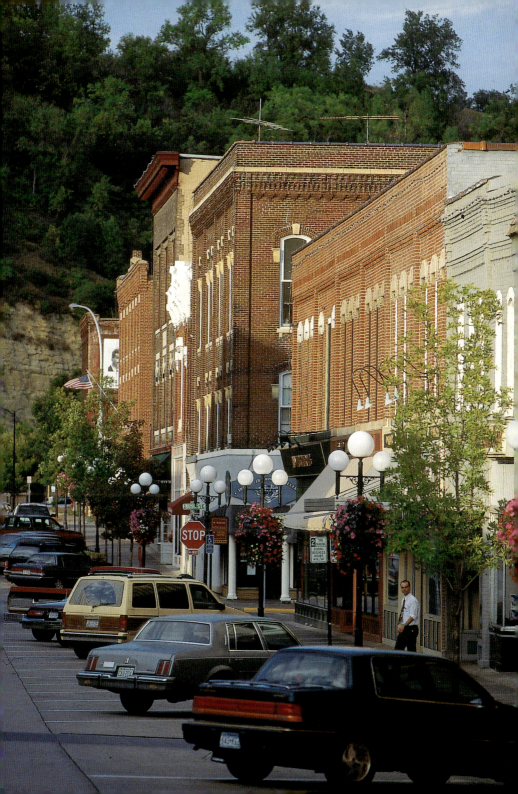

La Crosse Area Convention & Visitors Bureau
410 E. Veterans Memorial Dr.
La Crosse, WI 54601
Riverside Park
© (608) 782-2366 oder 1-800-658-9424
www.explorelacrosse.com

  Radisson Hotel La Crosse
200 Harborview Plaza
La Crosse, WI 54601
© (608) 784-6680 oder 1-800-333-3333
Fax (608) 784-6694
www.radisson.com/lacrossewi
Das Hotel bietet 169 Zimmer, teils mit schöner Aussicht, eine riesige Lobby und ein sehr gutes Restaurant. $$$–$$$$

 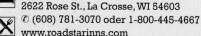 **Road Star Inn**
2622 Rose St., La Crosse, WI 54603
© (608) 781-3070 oder 1-800-445-4667
www.roadstarinns.com
An der I-90 inmitten von Tankstellen, Schnell-Restaurants und anderen Motels und Läden gelegen. 110 Zimmer. $$

 Neshonoc Lakeside Campground
N 5334 Neshonic Rd., Hwy. 16
West Salem, WI 54669
© (608) 786-1792 oder 1-888-783-0035
www.neshonoclakeside.com
Wunderbar gelegener Campingplatz für Zelte, Wohnwagen und Wohnmobile mit allem Komfort, beheizter Pool.

  City Brewing Company
1111 S. 3rd St., La Crosse, WI 54601
© (608) 785-4398
www.citybrewery.com
Führungen Juni–Okt. Mo–Sa 12, 13, 14 und 15 Uhr, sonst nur Do–Sa
Eintritt $ 1
Einstündige Führungen inkl. Film und anschließendem Pröbchen ab dem City Brewery Hospitality Center.

 La Crosse County Historical Society/Hixon House
428 N. 7th St.

La Crosse, WI 54601
© (608) 782-1980
www.lchsweb.org
Ende Mai–Anf. Sept. tägl. 13–17 Uhr
Eintritt $ 8.50
Regionalgeschichtliches Museum im 1860 erbauten Haus eines reichen Sägewerkbesitzers.

 Riverside Museum
Riverside Park, La Crosse, WI 54601
© (608) 782-1980
www.lchsweb.org
Ende Mai–Anf. Sept. Mo–Fr 10.30–17, Sa 10.30–16.30, So 10.30–17 Uhr
Eintritt $ 2
Letzter Mo im Mai (Memorial Day) bis erster Mo im Sept. (Labor Day) 10–17 Uhr
Am Ufer ist das Museum gut aufgehoben – schließlich ist der Mississippi das beherrschende Thema: Es geht um Natur- und Kulturgeschichte der Region.

  Pump House Regional Arts Center
119 King St., La Crosse, WI 54601
© (608) 785-1434
www.thepumphouse.org
Di–Fr 12–17, Sa 12–17 Uhr
Vier Galerien, die Werke lokaler und regionaler Künstler zeigen, dazu eine kleine Konzerthalle.

 The Freight House Restaurant
107 Vine St., La Crosse, WI 54601
© (608) 784-6211
www.freighthouserestaurant.com
Eines der beliebtesten feineren Restaurants der Stadt, untergebracht in einem alten Kühlhaus, das unter Denkmalschutz steht. Schon die Einrichtung mit der riesigen Bar ist sehenswert, und das Essen ist dementsprechend: gute Steaks und hervorragende Fischgerichte. $–$$

 Mr. D's
1146 State St., La Crosse, WI 54601
© (608) 784-6767
www.mrdsrestaurant.com
Das Paradies für Omelett-, Sandwiches-

und Suppen-Fans. Riesige Auswahl, freundliche Bedienung. $–$$

Rudy's Drive-In

1004 La Crosse St., La Crosse, WI 54601
✆ (608) 782-2200
Die meisten Besucher haben leider nicht die passenden Autos, denn Rudy's ist ein Drive-In Restaurant der 1950er Jahre, in dem man heute noch von Kellnerinnen auf Rollschuhen bedient wird. $

Raddampfer Julia Belle Swain

Great River Steamboat Company
227 Main St., La Crosse, WI 54601
www.juliabelle.com
✆ (608) 784-4882 oder 1-800-815-1005
Ausflugsfahrten auf dem Mississippi mit der »Julia Belle Swain«, dem originalgetreuen Nachbau eines alten Mississippi-Raddampfers. Wahlweise inkl. Brunch, Dinner oder mit Übernachtung.

La Crosse Queen

Riverside Park, P.O. Box 1805
La Crosse, WI 54601
✆ (608) 784-2893
www.greatriver.com/laxqueen/paddle.htm
Ausflugs-, Brunch- und Dinnerfahrten auf dem Mississippi River.

Winona Convention and Visitors Bureau

160 Johnson St., Winona, MN 55987
✆ (507) 452-0735 oder 1-800-657-4972
www.visitwinona.com

AmericInn

60 Riverview Dr., Winona, MN 55987
✆ (507) 457-0249 oder 1-877-946-6622
Fax (507) 457–9725
www.americinnmn.net
Am Flussufer und der Brücke gelegenes Motel mit 46 Zimmern. Aus einigen Räu-

Steile Felswände: die Bluffs bei La Crosse

men genießt man eine wunderbare Aussicht über den Fluss. $–$$

Best Western Riverport Inn & Suites
900 Bruski Dr., Winona, MN 55987
© (507) 452-0606 oder 1-800-595-0606
Fax (507) 452-6489
Gutes Motel der Best-Western-Kette. Mit Restaurant und Bar, kleines Frühstück im Preis inbegriffen. Mit 106 Zimmern. $$–$$$

Sterling Motel
1450 Gilmore Ave.
Winona, MN 55987
© (507) 454-1120 oder 1-800-452-1235
An der Kreuzung von Gilmore Ave. und Hwy. 61 gelegen, umgeben von Läden und Fast-food-Restaurants. Mitte der 1950er Jahre erbaut und etwas angejahrt, aber sauber und für den Preis mehr als okay. 32 Zimmer. $

Prairie Island Campground
200 Prairie Island Rd.
2 mi nördlich der Stadt, direkt am Ufer des Mississippi
Winona, MN 55987
© (507) 452-4501
Knapp 200 Plätze für Zelte und Wohnwagen. Mit Bootsrampe, Kanuverleih und kleinem Tierpark.

Polnish Cultural Institute & Museum
102 Liberty St.
Winona, MN 55987
© (507) 454-3431
Mai–Anf. Nov. Mo–Fr 10-15, Sa 10–12, So 13–15 Uhr
Eintritt frei
Das Museum ist den polnischen Einwanderern gewidmet.

Winona County Historical Society Museum
160 Johnson St.
Winona, MN 55987
© (507) 454-2723
Mo–Fr 9–17, Sa/So 12–16 Uhr

Eintritt $ 4
Regionalgeschichtliches Museum, das u.a. eine restaurierte Schmiede, einen Friseursalon, Ladeneinrichtungen, alte Autos und indianisches Kunsthandwerk zeigt.

Signatures
22852 CR 17, Winona, MN 55987
© (504) 454-3767
Lunch und Dinner in Winonas elegantestem Restaurant. Frisches Gemüse aus lokaler Produktion. $$–$$$

Jefferson Pub & Grill
58 Center St., Winona, MN 55987
© (507) 452-2718
Kneipenrestaurant inmitten von Lagerhäusern mit großen Burgern und Steaks und guter Bierauswahl (allein zehn vom Fass). Interessante Einrichtung. Vor allem an den Wochenenden voll und laut.

Red Wing Visitor and Convention Bureau
420 Levee St., Red Wing, MN 55066
© (651) 385-5934 oder 1-800-498-3444
Fax (651) 388-3000
www.redwing.org

St. James Hotel
406 Main St.
Red Wing, MN 55066
© (651) 388-2846 oder 1-800-252-1875
Fax (651) 388-5226
www.st-james-hotel.com
Das beste Hotel der Stadt und das beste entlang der Route. Erbaut 1875 und liebevoll restauriert, steht das Gebäude unter Denkmalschutz. Die 61 fein ausgestatteten Zimmer sind mit Antiquitäten möbliert. Schöner ist der alte Trakt des Hotels, in dem sich auch die Repräsentationsräume wie Bibliothek und das wundervolle Restaurant befinden. Luxus hat allerdings seinen Preis: $$$–$$$$

Best Western Quiet House Suites
752 Withers Harbor Dr.

Red Wing, MN 55066
✆ (651) 388-1577 oder 1-800-528-1234
Fax (651) 388-1150
www.quiethouse.com
Suite-Motel – jeder Gast hat außer einem Schlafzimmer auch ein Wohnzimmer mit kleiner Kochecke. Pool im Haus, auch ein Aufenthaltsraum mit Kamin, in dem im Sommer ein künstliches Feuer brennt.
$$$–$$$$

 Super 8 Motel
232 Withers Harbor Dr.
Red Wing, MN 55066
✆ (651) 388-0491 oder 1-800-800-8000
Fax (651) 388-1066
www.super8.com
Standard-Ketten-Hotel mit 60 Zimmern, weder besonders toll, noch besonders schlecht. $–$$

 Bierstube
233 Withers Harbor Dr.
Red Wing, MN 55066
✆ (651) 385-8852
Familienfreundliches Restaurant mit ebensolchen Portionen an Steaks, Sandwiches, Salaten und Pizza. $–$$

 The Port Restaurant
Im St. James Hotel
406 Main St.
Red Wing, MN 55066
✆ 1-800-252-1875
Wundervolles, romantisches Restaurant im Souterrain des Hotels. Fantasievolle amerikanische Küche mit Anleihen bei französischer Kochkunst. Das beste (und teuerste) der Stadt. $$$

 Red Wing Pottery
1920 West Main St.
Red Wing, MN 55066
✆ (651) 388-3562 oder 1-800-228-0174
An sieben Tagen in der Woche wird hier traditionelle, im Haus gefertigte Töpferware verkauft. Gegenüber ist in der renovierten ehemaligen Tonwaren-Fabrik

eine Shopping Mall mit einigen Antiquitätenläden untergebracht.

 Riverfront Centre
Main St.
 Das kleine Shopping Center in der historischen Häuserzeile auf der Hauptstraße in Red Wing ist nicht zu übersehen. In ihm finden sich auch das **Red Wing Shoe Museum** und der Red Wing Shoe Store – erst kann man sich informieren, wie die klassischen (nicht nur) Arbeits- und Wanderschuhe produziert werden, hinterher kann man sie (zu recht günstigen Preisen) kaufen.

 Sheldon Theatre
443 3rd St. & East Ave., P.O. Box 34
 Red Wing, MN 55066
✆ (651) 385-3667 oder 1-800-899-5759
Altes Theater (Besichtigung möglich), in dem heute Gastspiele bekannter und weniger bekannter Gruppen und Künstler stattfinden. Auch Kino – häufig Stummfilme mit Live-Musikbegleitung.

 Wichtige Feste:

Winona Steamboat Days – mit großer Parade, Flohmärkten, Wakeboarding u.a. sportlichen Wettbewerben sowie Ausstellungen lokaler Künstler (Mitte Juni).
Great River Shakespeare Festival – Konzerte und Shakespeare-Aufführungen in Winona (Ende Juni–Ende Juli).
Great River Jazz Fest – in La Crosse mit Parade, Feuerwerk und Live-Musik, ✆ (608) 791-1190 (Anf. Aug.).
Winona County Fair – eine Mischung aus Jahrmarkt und Landwirtschaftsausstellung in St. Charles (Juli).
Oktoberfest USA in La Crosse – das größte Oktoberfest im Mittleren Westen (Anf. Okt.).
Red Wing Annual Fall Festival of Arts mit Ausstellungen von Künstlern und Kunsthandwerkern in Red Wing (Anf. Okt.).

❹ Die Twin Cities
Minneapolis/St. Paul

4. Route/Programm: Red Wing – Minneapolis/St. Paul (74 km/46 mi)

km/mi	Zeit	Route /Programm	siehe Karte S. 115
0/0	Vormittag	In **Red Wing** auf den Hwy. 6. Schon im Stadtgebiet von	
74/46		**St. Paul** kreuzt dieser die I-94, die nach Westen direkt ins Zentrum führt (Fahrtzeit je nach Verkehrslage 60–90 Minuten). Stadtrundgang in St. Paul.	
	Nachmittag	Stadtrundgang in **Minneapolis**: Wer einkaufen möchte und Shopping Center liebt, sollte drei Stunden für den Besuch der **Mall of America** einplanen.	
	Abend	Minneapolis – Besuch des **Warehouse District** mit Kneipen, Bars und Restaurants.	

Minneapolis und **St. Paul** sind Schwesterstädte, wie sie öfter an großen Flüssen entstehen und die dann meistens im Laufe der Zeit zu einer zusammenwachsen. Minneapolis/St. Paul werden in Amerika als Twin Cities, als Zwillingsstädte bezeichnet. Doch weder sind die beiden Städte in ihrer etwa 150jährigen Geschichte zu einer zusammengewachsen, noch ähneln sie sich. Sie sind vielmehr – wie vielleicht auch die meisten echten Zwillinge – bei näherem Hinsehen ziemlich verschieden voneinander.

St. Paul ist die ältere der beiden Städte und die Hauptstadt des Bundesstaates Minnesota, sie liegt östlich des Mississippi. Minneapolis liegt auf der westlichen Flussseite und ist die neuere und modernere Stadt. Als St. Paul 1858 zur Hauptstadt Minnesotas erklärt wurde, bestand Minneapolis aus nicht mehr als

zwei bis drei Getreidemühlen am Flussufer, die von den Stromschnellen im Mississippi angetrieben wurden.

Da der Mississippi Amerika nicht nur geografisch, sondern auch kulturell und psychologisch in Westen und Osten teilt, stehen die beiden Städte am jeweiligen Flussufer für die tiefere Bedeutung, die diese Himmelsrichtungen für Lebensgefühl, Identität und Standortbestimmung in Amerika haben. St. Paul gilt als westlichste der östlichen Städte, Minneapolis als östlichste der westlichen Städte. St. Paul ist eher traditionell und zur Ostküste hin ausgerichtet, Minneapolis dagegen nach Westen zur Prärie und der Frontier zugewandt, dem Neuen aufgeschlossen und gegründet, um den auf der besiedelten Prärie entstandenen landwirtschaftlichen Reichtum zu verarbeiten. Schon am Ende des 19. Jahrhunderts

löste Minneapolis Chicago als Umschlagplatz für Getreide ab und hatte
die Nachbarstadt St. Paul an Größe
und wirtschaftlicher Bedeutung überflü-
gelt.

Heute sind Minneapolis und St. Paul
Zentren für elektronische Instrumente,
Softwaredesign, für Druck- und Grafik-
gewerbe sowie für Versicherungswesen
und Finanzdienstleistungen. Minneapolis hat etwa 373 000 Einwohner, St.
Paul kommt auf 277 000, und die beiden Städte bilden das Zentrum eines
Großraumes, in dem etwa drei Millionen Menschen leben.

In den Twin Cities steht die Wirtschaft
im Vergleich zu anderen Großräumen in
den USA gut da. Die Arbeitslosigkeit
beträgt nur wenige Prozent, und die
Stadtverwaltungen haben es verstan-
den, ihre Innenstadtbezirke, anders als
in vielen anderen Städten für Besucher
und Einheimische attraktiv zu gestalten.
Das war hier doppelt nötig, versucht die
Mall of America vor den Toren der Stadt
doch einiges an Wirtschaftskraft abzu-
ziehen. Beide Städte haben gut ausge-
baute Nahverkehrsnetze und Fußgän-
gerzonen, und außer in Chicago und
New York wird in keiner Stadt so viel

Geld pro Kopf der Bevölkerung für Theater, Kunst und Konzert ausgegeben wie in Minneapolis/St. Paul.

Minneapolis gilt generell als urbaner, kunstbeflissener und neureich, während St. Paul von seinem alten Geldadel geprägt ist. Während Minneapolis eine große homosexuelle Gemeinde hat, die alljährlich eine farbenprächtige »Gay Pride Parade« veranstaltet, ist St. Paul eher katholisch und familienorientiert, und der Volksmund spottet, dass man seine Uhr um 50 Jahre zurückstellen müsse, wenn man von Minneapolis nach St. Paul hinüberfährt.

Das ruhige **St. Paul** war nicht immer so ruhig. In den 1920er Jahren hatte es sogar den Ruf, die Verbrechermetropole der USA zu sein: Der damalige Polizeichef John O' Connor hatte den Gangsterbossen aus Chicago versprochen, sie

in St. Paul nicht zu verfolgen, solange sie dort keine Verbrechen verübten. Das zog Gangster wie John Dillinger und Baby Face Nelson an; sie lebten in der Stadt, gaben dort Unsummen von Geld aus und »arbeiteten« weiterhin in Chicago. Doch nach dem Ende der Prohibition waren die schönen Zeiten in St. Paul vorbei: Da ihre Haupteinnahmequelle – Alkoholschmuggel – weggefallen war, begannen die Bosse auch in St. Paul ihr Unwesen zu treiben. Einzelne Tourunternehmer bieten heute Führungen auf den Spuren der Gangster an – Informationen dazu erhalten Sie im Convention & Visitors Bureau.

Diese Touren führen auch am **Landmark Center** vorbei, war hier doch in den 1930er Jahren das Federal Court House, das Gericht, untergebracht. Das 1902 fertig gestellte Gebäude mit dem

Anleihen bei allen Stilepochen: das Landmark Center

hohen Uhrturm besitzt ein wirklich sehenswertes, über sechs Geschosse aufragendes Atrium. In dem Gebäude war lange Zeit auch das Minnesota Museum of American Art untergebracht, bevor es 2004 in die Riverfront Gallery zog. St. Paul ist sehr kompakt – eine ideale Stadt für einen Rundgang. Als Ausgangspunkt bietet sich der Landmark Center an, denn von dort sind alle Sehenswürdigkeiten im Stadtgebiet innerhalb weniger Minuten zu Fuß zu erreichen. Bei schlechtem Wetter kann man einen Teil seines Rundgangs auch überdacht absolvieren. St. Paul hat wie Minneapolis ein Skywalk System – eine in den ersten Stock der Stadt verlegte Fußgängerzone, sprich Röhren, die auf der Höhe des ersten Stocks die wichtigsten Gebäude miteinander verbinden.

Der **Rice Park** erstreckt sich vor dem Landmark Center. Er ist weniger ein Park, vielmehr eine ein Block große Grünfläche mit wenigen Bäumen, einer kleinen Wiese und einem Dutzend Bänken, auf denen sich in der Mittagszeit die Angestellten aus den nahe gelegenen Büros versammeln, ihre Snacks vertilgen und in die Sonne schielen. Begrenzt wird er auf seiner Westseite vom **Ordway Center for the Performing Arts**, dem St. Pauler Kronjuwel des Kulturlebens. Es ist die Heimat der Minnesota Opera Company, des Schubert Clubs und des St. Paul Chamber Orchestra, des ältesten Kammerorchesters Amerikas.

Der Kunstgenuss beginnt schon am Eingang, an dem man von livrierten Platzanweisern begrüßt wird, setzt sich über die atemberaubende Wendeltreppe fort, die ins große Foyer und auf die Promenade im Obergeschoss führt, von wo aus man einen schönen Blick auf die Stadt hat. Die Akustik des eigentlichen Konzertsaals sowie das Programmangebot gelten als vorbildlich.

Folgt man der Fourth Street – sie mündet vor der St. Paul Public Library in den Rice Park ein – nach Osten, gelangt man an der City Hall vorbei auf die Wabasha Street, die nach Süden zum Mississippi – schöner Blick von der Brücke – führt und in Richtung Norden die Hauptgeschäftsstraße St. Pauls ist. Man passiert dort einige Kaufhäuser, der Seventh Place mündet in eine kleine Fußgängerzone, und dann gelangt man zur Seventh Street, wo man links an der Ecke zunächst auf das **Kindermuseum** trifft. Einen Block weiter (7th & St. Peter Sts.) der ideale Platz für einen kleinen Snack: **Mickey's Dining Car**, ein wundervoller Diner aus den 1940er Jahren, der 24 Stunden am Tag geöffnet ist.

Nur einige Blocks weiter nördlich, an der Ecke Exchange & Wabasha Streets, steht das **Fitzgerald Theater**. Hier zeichnet das National Public Radio (NPR) seine samstägliche Sendung mit Garrison Keillor auf. Der Autor des Kultbuchs »Lake Wobegon« erzählt vom Leben in einem fiktiven Ort am Lake Wobegon – witzige, nostalgische und kritische Anekdoten aus dem Leben in Amerika im Allgemeinen und Minnesotas im Besonderen.

Wer am Wochenende im Auto unterwegs ist, kann kaum eine unterhaltsamere Landeskunde finden als den »Prairie Home Companion« des Senders NPR (in Minneapolis und Umgebung ist das die Radiostation KNOW auf FM 91.1 samstags um 17 und sonntags um 11 Uhr. Die Geschichten von Garrison Keillor gibt es als Hörbücher, und sie sind von ihm vorgelesen definitiv der größere Kunstgenuss als selbst gelesen, denn sein Stil lebt von der mündlichen Wiedergabe: Keillor erzählt, statt sachlich zu berichten.

Über die Cedar Street erreicht man schnell das **Kapitol**, das auch in Minnesota aussieht wie in den meisten anderen Bundesstaaten. Vorbild war auch hier der Bau in Washington, D.C. Der Architekt in St. Paul hieß Cass Gilbert, und errichtet wurde das Regierungsgebäude von 1896 bis 1905. Sein Inneres ist mit patriotischen Szenen aus der Geschichte des Bundesstaates verziert.

Vom State Capitol, das traditionsgemäß auf einem Hügel über der Innenstadt thront, hat man einen guten Überblick über die Downtown und sieht auch schon die **Kathedrale** von **St. Paul**. Sie wurde 1907 bis 1915 erbaut, bietet im Innern 3000 Menschen Platz und ist dem Petersdom in Rom nachempfunden.

Der Kellogg Boulevard führt vorbei am **River Center** und dem Ende 1999 neu eröffneten **Science Museum of Minnesota** zurück zum Rice Park.

Das Zentrum von **Minneapolis** ist nicht ganz so kompakt wie das von St. Paul, aber ebenfalls gut zu Fuß zu erkunden – eine Alternative für Eilige bietet die Stadtrundfahrt mit der Minneapolis RiverCity Trolley, einem Straßenbahnwagen auf einem Bus-Fahrgestell, der in einer Stunde alle wichtigen Innenstadtpunkte abfährt.

Als Ausgangspunkt für einen Stadtrundgang eignet sich die **Nicollet Mall**, eine Fußgängerzone, die mitten durch die Stadt verläuft und von Geschäften,

Moderne Hochhausarchitektur: die Innenstadt von Minneapolis

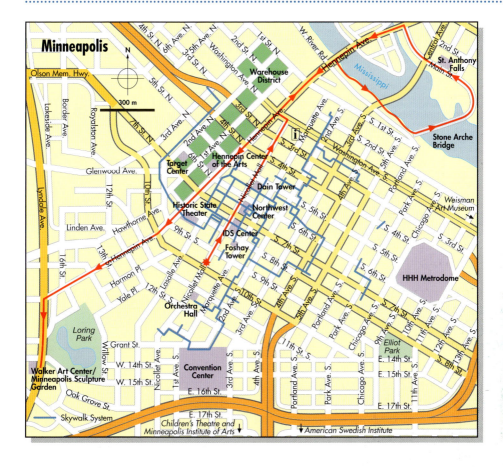

Boutiquen, Bars, Restaurants und Kneipen gesäumt ist. Die Mall wurde 1968 für den Fahrzeugverkehr gesperrt – ausgenommen sind Busse und Taxis. An ihr liegen mit dem IDS-Center (zwischen 8th und 7th Street, erbaut 1987), dem Norwest Center (zwischen 7th und 6th Street, erbaut 1988) und dem Dain Tower (zwischen 6th und 5th Street, erbaut 1929) die wichtigsten Hochhausblocks der Stadt – alle schöne Beispiele moderner Architektur ihrer Zeit und im Innern voller Shops, Restaurants und Cafés. Auch in Minneapolis sind die wichtigsten Gebäude durch ein so genanntes Skywalk System miteinander verbunden.

Folgt man der Mall nach Norden, gelangt man auf der Hennepin Avenue zum Mississippi. Ein schöner Spazierweg führt flussabwärts bis zur **Stone Arch Bridge**, der ältesten Brücke im Gebiet der Twin Cities. Von ihr hat man nicht nur den besten Blick auf Downtown Minneapolis, sondern auch auf die St. Anthony Falls oder besser gesagt den traurigen Rest der Wasserfälle. Denn um die Wasserkraft zu nutzen und die fortschreitende Erosion der Fälle zu bremsen, wurden sie durch große Betonmengen gezähmt. Der Wasserkraft verdankte Minneapolis seinen Aufstieg, sie erlaubte den Betrieb der Getreidemühlen. Am Ufer stehen immer noch zahlreiche alte Getreidespeicher – einige werden noch genutzt, andere werden und wurden umgebaut – in Hotels, Museen etc.

Minneapolis wurde eigentlich auf der anderen, der Downtown abgewandten Flussseite gegründet. Deshalb heißt die parallel dort zum Fluss verlaufende Straße auch Main Street. Sie ist heute mehr Ausflugsziel als wirkliche Hauptstraße, gesäumt von alten Speichern, alten Wohnhäusern, einigen Restaurants und Geschäften. Zurück nach Downtown geht es über die Hennepin Bridge und die Hennepin Avenue.

Westlich der Hennepin Avenue erstreckt sich zwischen First und 6th Street der so genannte **Warehouse District**. In den alten Lagerhäusern aus Backstein entstand in den letzten zehn Jahren neues Leben – die Warenlager zogen aus, es kamen Restaurants, Bars, Cafés, ausgefallene Läden, Musikklubs sowie kleinere und größere Theater. Neben New York und Chicago hat Minneapolis Amerikas lebendigste

Sportliche Skulpturen

Off-Theaterszene (mehr als 30 Theater), und die Musikszene ist ebenfalls weltberühmt. »Prince« stammt aus Minneapolis, er kreierte den so genannten Minneapolis Sound, den man zusammen mit allen Schattierungen populärer Musik von Country bis Jazz in den vielen Bars der Stadt jeden Abend live erleben kann.

Eines der besten Theater der Stadt (und nicht nur der Stadt) ist das **Guthrie Theater**, dessen Programm von Klassikern über amerikanische Komödien bis zu experimentellen Stücken reicht. Es liegt neben dem **Walker Art Center**, einem der schönsten Museen der Stadt. Hier wird zeitgenössische Malerei, Grafik und Fotografie präsentiert, im angrenzenden **Sculpture Garden** ist die größte Freiluftausstellung moderner Plastik in den USA zu sehen. Der Skulpturengarten wird 2006 erweitert, indem das Guthrie Theater zur Riverfront umzieht und an der alten Stelle ein neuer Park entsteht.

Der Name Minneapolis ist zusammengesetzt aus dem Dakota-Wort für Wasser *(minne)* und dem griechischen Wort für Stadt *(polis)* und ist mithin eine Wassermetropole. Sie liegt wie ihre Schwesterstadt St. Paul im Grünen und lädt zu weiten Spaziergängen und Wanderungen ein. Zwischen seinen Seen hat Minneapolis 150 Parks, die durch ein 45 Meilen langes Labyrinth aus angelegten Pfaden verbunden sind.

Ein schöner Ausflug führt zum **Minnehaha Falls Park**. Die Stromschnellen inspirierten angeblich Henry Wadsworth Longfellow (1807–82) zu seinem Versepos »The Son of Hiawatha«, das 1855 entstand. Es verherrlicht die alte Indianerkultur und fasst ihr Sagengut um die Gestalt Hiawathas zusammen: Der vom Westwind gezeugte Held und Dämonenbekämpfer, der Minnehaha, die Schöne

»Shop till you drop« – Einkaufen bis zum Umfallen: die Mall of America

von Dakota, zur Frau bekommt, verliert sie später und verschwindet, als die Weißen kommen, in den Sonnenuntergang – Zeichen einer untergehenden Kultur.

Und dazu passt dann die für viele wichtigste Sehenswürdigkeit im Gebiet der Twin Cities: die **Mall of America**, das größte Einkaufs- und Vergnügungszentrum unter einem Dach. Es liegt in Bloomington, etwa zehn Meilen vom Stadtzentrum entfernt, umgeben von Hotels, nahe dem Flughafen, mit eigenem Shuttle-Service dorthin. So kann man die Zeit zwischen zwei Flügen schnell noch umsatzsteigernd nutzen.

Zwischen 600 000 und 900 000 Besucher kommen wöchentlich in die Mall. Sie bummeln durch die fast sieben Kilometer langen Einkaufspassagen, kaufen in den 520 Geschäften – in der Mall of America sind alle vier großen amerikanischen Kaufhausketten (Macy's, Nordstrom, Sears und Bloomingdale's) vertreten; besuchen die 49 Restaurants, die acht Nachtklubs oder die 14 Kinos. Oder sie vergnügen sich im Snoopy-Freizeitpark und staunen im Lego-Phantasieland. Hier arbeiten 11 000 Menschen, der Umsatz beträgt jährlich etwa 1,5 Milliarden Dollar, und den Besuchern stehen etwa 12 500 Parkplätze zur Verfügung. Eine Stadt auf dem Land – ein echtes Kunstprodukt.

Ein Shopping-Paradies mit harten Regeln: Weil sich die Mall zu einem populären Jugendtreff entwickelte, wurde verfügt, dass Jugendliche unter 16 Jahren freitags und samstags nach 16 Uhr nur noch in Begleitung von Erwachsenen hinein dürfen. Bis 21.30 Uhr können die dann in Ruhe einkaufen. ❖

St. Paul Convention and Visitors Bureau
175 W. Kellogg Blvd., Suite 502
St. Paul, MN 55102
℃ (651) 265-4900 oder 1-800-627-6101
www.stpaulcvb.org

 The Saint Paul Hotel
350 Market St.
 St. Paul, MN 55102
℃ (651) 292-9292 oder 1-800-292-9292
 Fax (651) 228-9506
 Mitten in der Stadt gelegenes 1910 erbautes Luxushotel, das keine Wünsche offen lässt. Wer will, kann sich sogar eine eigene Fitnessmaschine auf das Zimmer bringen lassen. 254 Zimmer, zwei hervorragende Restaurants. $$$$

 Radisson Hotel St. Paul
11 E. Kellogg Blvd., St. Paul, MN 55101
℃ (651) 292-1900 oder 1-800-333-3333
Fax (651) 605-6966
Direkt am Mississippi gelegen – aus den meisten Zimmern genießt man eine schöne Aussicht über den Fluss. Mit 475 Zimmern das größte Hotel der Stadt. Pool, Babysitter-Service, sehr gutes, sich drehendes Restaurant im obersten Stockwerk. $$$$

 Holiday Inn St. Paul Rivercentre
175 W. 7th St. W.
St. Paul, MN 55102
℃ (651) 225-1515, 1-800-HOLIDAY
Fax (651) 225-1616
Ordentliches Hotel, die schöneren Zimmer mit Blick auf die Kathedrale oder die Downtown. $$–$$$

 Live Inn Suites Maplewood
285 N. Century Ave. N.
Maplewood, MN 55119
℃ (651) 738-1600 oder 1-800-800-8000
Fax (651) 738-9405
Die preiswerte Alternative zu den Downtown-Hotels, allerdings gut 20 Min. außerhalb an der Kreuzung der I-94 und I-694 gelegen. 110 Zimmer. $$

 St. Paul East KOA
568 Cottage Grove Dr.
Woodbury, MN 55129
℃ (651) 436-6436 oder 1-800-562-3640
Nah an Downtown St. Paul liegt der 3 ha große Platz. Nicht nur Wohnwagen und Wohnmobile, auch Zelte werden hier gern gesehen.

 Minnesota Museum of American Art
50 W. Kellogg Blvd./Market St.
St. Paul, MN 55102
℃ (651) 266-1041
www.mmaa.org
Di–Sa 11–16, Do bis 20, So 13–17 Uhr
Eintritt frei
Amerikanische Kunst, darunter auch solche speziell aus Minnesota, vom 19. bis 21. Jahrhundert, präsentiert in permanenten und temporären Ausstellungen.

 Ordway Center for the Performing Arts
345 Washington St., St. Paul, MN 55102
℃ (651) 224-4222
Von Oper bis zur Pop-Musik. Das Theater am Rice Park ist die Hausbühne des bekannten St. Paul Chamber Orchestra.

 Schubert Club
302 Landmark Center/75 W. 5th St.
St. Paul, MN 55102
℃ (651) 292-3267
Bereits 1882 gegründet, ist der Schubert Club einer der ältesten Musikvereine der USA. Er arrangiert nicht nur für Mitglieder großartige Konzerte in der Stadt, nicht selten gelingt es ihm, internationale Stars auf seine Bühnen zu bringen.

 Minnesota Children's Museum
10 W. 7th St.
 St. Paul, MN 55102
℃ (651) 225-6001
www.mcm.org
Tägl. 9–17, Fr bis 20 Uhr
Eintritt $ 8
Mit Irrgarten, einer historischen Eisenbahn und naturwissenschaftlichen Expe-

rimenten – alles zum Anfassen. Spaß für junge und alte Kinder.

Fitzgerald Theatre
10 E. Exchange St., St. Paul, MN 55101
℡ (651) 290-1220
Neben Gastspielen mehr oder weniger bekannter Theatergruppen wird aus dem Theater die wöchentliche Radio-Show von Garrison Keillor »Prairie Home Companion« ausgestrahlt.

Minnesota State Capitol
75 Constitution Ave., St. Paul, MN 55102
℡ (651) 296-2881
Mo–Fr 9–17, Sa 10–16 und So 13–16 Uhr
Das 1905 vollendete Kapitol von Minnesota wurde nach den Plänen des aus in Ohio geborenen Architekten Cass Gilbert erbaut, der da New Yorker Woolworth Building und weitere bedeutende öffentliche Gebäude entwarf.

Cathedral of St. Paul
239 Selby Ave., St. Paul, MN 55102
℡ (651) 228-1766
Erbaut 1906–15. Geöffnet täglich von 7.30–17 Uhr, Führungen finden Mo, Mi und Fr um 13 Uhr statt.

Science Museum of Minnesota
120 W. Kellogg Blvd., gegenüber dem River Center
St. Paul, MN 55102
℡ (651) 221-9444
www.smm.org
Mo–Mi 9.30–17, Do–Sa 9.30–21, So 12–17 Uhr, Eintritt $ 16, Kinder $ 12.50
Im Dezember 1999 neu eröffnetes Wissenschaftsmuseum mit OMNItheater und 3D-Kino, das sich der Naturgeschichte, Technik und den Wissenschaften allgemein widmet. Sehr didaktisch aufbereitet, vieles zum Ausprobieren. Nicht nur für Kinder und Technikfreaks.

Minnesota History Center
345 W. Kellogg Blvd., St. Paul, MN 55102
℡ (651) 296-6126

www.mhs.org
Di 10–20, Mo, Mi–Sa 10–17, So 12–17 Uhr
Eintritt $ 8
Alles zur Geschichte des Staates – Bücher, Karten, Bilder und Videos.

Buca di Beppo
2728 Gannon Rd., St. Paul, MN 55116
℡ (651) 772-4388
www.bucadibeppo.com
Süditalienische Nudelküche vom Feinsten – das Restaurant taucht regelmäßig auf Listen der besten italienischen Restaurants auf. Raffiniert: serviert wird in großen Portionen für vier bis sechs und in kleinen Portionen für zwei bis drei Leute. Wochentags nur Lunch. $$–$$$

Bread & Chocolate
867 Grand Ave., St. Paul, MN 55105
℡ (651) 228-1017
Wunderbarer Platz für alle, die Süßes mögen. Dazu Riesenauswahl an Sandwiches und guter Kaffee. Abends geschlossen. $

Café Lattè
850 Grand Ave., St. Paul, MN 55105
 ℡ (651) 224-5687
Ähnliches Programm wie im Bread & Chocolate, zusätzlich Salate und Suppen. Auch abends geöffnet. $–$$

M St. Cafe
350 Market St., St. Paul, MN 55101
℡ (651) 228-3855
Lässig-elegant frühstücken und lunchen im Café des altehrwürdigen St. Paul Hotel. $$–$$$

Mickey's Dining Car
36 W. 7th St., St. Paul, MN 55102
℡ (651) 222-5633
Klassischer Diner im Art-déco-Stil der 30er Jahre. Gut für Frühstück und Hamburger. 24 Std. geöffnet. $

Dixie's on Grand
695 Grand Ave., St. Paul, MN 55105

✆ (651) 222-7345
Liebhaber der Südstaatenküche kommen hier auf ihre Kosten. *Cajun cuisine* mit Chili, roten Bohnen und Reis. $$

W.A. Frost & Company
374 Selby Ave., St. Paul, MN 55102
✆ (651) 224-5715
Seit über 30 Jahren speist man hier, gemütlich umhegt und nahe dem Kapitol, in wohltuendem Ambiente. Lunch, Dinner und Brunch frisch und exquisit. $$–$$$

Greater Minneapolis Convention & Visitors Association
250 Marquette Ave. S.
Minneapolis, MN 55401
✆ (612) 767-8000 oder 1-888-676-6757
www.minneapolis.org

Crowne Plaza Northstar
618 2nd Ave. S., Minneapolis, MN 55402
✆ (612) 338-2288 oder 1-800-556-7827
Fax (612) 673-1157
www.msp-northstar.crowneplaza.com
Modernes Hotel in der Innenstadt, angeschlossen an das Skyway System. 223 Zimmer. Mit hervorragendem Cafe Northstar. $$$–$$$$

Hilton Minneapolis
1001 Marquette Ave. S.
Minneapolis, MN 55403
✆ (612) 376-1000 oder 1-800-445-8667
Fax (612) 397-4875
www.hilton.com
Hotel mit 821 Zimmern und allem Komfort, mit dem Convention Center verbunden. Zwei Restaurants, zwei Bars und einige Shops – man braucht das Gebäude eigentlich nicht mehr zu verlassen, was aber viel zu schade wäre. $$$$

Holiday Inn – Metrodome
1500 Washington Ave. S.
Minneapolis, MN 55454
✆ (612) 333-4646 oder 1-800-448-3663
Fax (612) 333-7910
www.metrodome.com

Zentrale Lage zwischen Metrodome und Downtown. Restaurant, Bar, Sauna. 265 Zimmer. $$$–$$$$

Nan's Bed and Breakfast
2304 Fremont Ave. S.
Minneapolis, MN 55405
✆ (612) 377-5118 oder 1-800-214-5118
www.virtualcities.com
Kleines Bed & Breakfast mit nur drei Zimmern in einem bereits 1890 erbauten hübschen Haus mit großer Veranda. Nahe dem Stadtzentrum. $$

LeBlanc House Bed and Breakfast
302 University Ave. NE
Minneapolis, MN 55413
✆ (612) 379-2570 oder 1-877-379-2750
www.leblanchouse.com
Gepflegtes Gästehaus im Queen-Anne-Stil des ausgehenden 19. Jh. In Innenstadtnähe. Drei schöne Zimmer. $$$

Marquette Hotel
710 Marquette Ave.
Minneapolis, MN 55402
✆ (612) 333-4545 oder 1-800-328-4782
Fax (612) 376–7419
www.marquettehotel.com
Elegantes Hotel im IDS Tower. Zentraler kann man nicht wohnen. 278 sehr große Zimmer. Mit Restaurant und Bar. $$$$

Ramada Inn Downtown
41 N. 10th St.
Minneapolis, MN 55403
✆ (612) 356-7500 oder 1-800-2RAMADA
Fax (612) 339-4765
www.ramada.com
Gutes Innenstadthotel mit passablem Preis-Leistungs-Verhältnis. $$–$$$

Minneapolis NW KOA Campground
10410 Brockton Lane N.
Maple Grove, MN 55311
✆ (763) 420-2255 oder 1-800-562-0261
Ruhiger Campingplatz, nur 15 mi vom Stadtzentrum von Minneapolis entfernt. Perfekt für Wohnmobilreisende.

Minneapolis RiverCity Trolley
Minneapolis Convention Center, Suite 1300, Minneapolis, MN 55401
✆ (612) 348-7000
www.rivercitytrolley.com
Tagesticket $ 17, Kinder $ 12
Ende Mai–Anf. Sept. Di–So, Mai, Sept./ Okt. nur an Wochenenden
Die ca. einstündige Stadtrundfahrt mit dem Trolley hat drei Startpunkte: Minneapolis Convention Center, Walker Art Center oder St. Anthonys Main. In der Innenstadt gibt es verschiedene Haltestellen (vor allem auf der Nicollet Mall und der 1st Ave. N.), die gut markiert sind. Man kann an allen diesen Haltestellen ein- und aussteigen oder auch nur die Fahrt unterbrechen und auf den nächsten Trolley warten.

 Mississippi Queen
Boom Island Park, 700 Sibley St. NE
Minneapolis, MN 55413

✆ (612) 378-7966 oder 1-888-791-6220
www.minneapolisqueen.com
Dampfertouren auf dem Mississippi River. Abfahrten vom Anleger im Boom Island Park: Di/Mi 12.30 u. 17.30, Mi 17.30, Do/Fr 12, 17.30 u. 19.30, Sa/So 13.30 Uhr

 Basil's
The Marquette Hotel
710 Marquette Ave.
Minneapolis, MN 55402
✆ (612) 376-7404
Ausgezeichnetes Restaurant im Marquette Hotel – amerikanische und internationale Küche. $$

 Brit's Pub & Eating Establishment
 1110 Nicollet Mall
Minneapolis, MN 55403
✆ (612) 332-3908
Die amerikanische Variante eines englischen Pubs. Es gibt *fish and chips*, engli-

Eisige Zeiten am Mississippi: Winter in Minneapolis

sches Bier, aber auch T-Shirts und Bier-
krüge mit dem Logo der Kneipe. $–$$

Zelo
831 Nicollet Mall
Minneapolis, MN 55402
℅ (612) 333-7000
Moderne italienische Küche mit einem
Super-Tiramisú. Vor allem während der
Lunchzeiten stark frequentiert. Gutes
»People Watching«. $$–$$$

Gallery 8 Restaurant
725 Vineland Place
Minneapolis, MN 55403
℅ (612) 374-3701
Di–So 11–14 Uhr
Lunch im Walker Art Center: Cafeteria
mit wundervollem Blick über den Skulpturenpark auf die Skyline. $–$$

Fire Lake Restaurant
31 S. 7th St., Minneapolis, MN 55402
℅ (612) 216-3473
www.firelakerestaurant.com
Zum Frühstück, Lunch, Brunch, Dinner
oder zum Cocktail: einladend wirken
das feine Ambiente mit der zeitlosen
Einrichtung und der dezenten Beleuchtung. In der offenen Küche sieht man die
Köche über offenem Holzfeuer exzellente Menükreationen zaubern, die ver-
lockende Kombinationen aus den Kü-
chen des Mittleren Westens und des Mit-
telmeeres sind. $$–$$$

Keys Nicollet Mall Cafe
1007 Nicollet Mall
Minneapolis, MN 55403
℅ (612) 339-6399
Amerikanisches Familienrestaurant, große Portionen, Frühstück wird den ganzen Tag serviert. $

La Cucaracha
533 Hennepin Ave.
Minneapolis, MN 55402
℅ (612) 339-1161
Authentische mexikanische Küche, dazu

die größte Tequila-Auswahl im Mittleren
Westen. $$

Murray's Restaurant
24 S. 6th St., Minneapolis, MN 55402
 ℅ (612) 339-0909
www.murraysrestaurant.com
Der vielleicht beste Platz für ein echtes
Steak. Man kann aus 500 Weinen wählen.
Do–Sa abends spielt dazu ein Piano-
Geigen-Ensemble Tafelmusik. Elegante
Kleidung erwünscht. $$$

Rock Bottom Brewery
800 La Salle Plaza
Minneapolis, MN 55402
℅ (612) 332-2739
Essen in großen Portionen, dazu frisches, selbstgebrautes Bier. Wer Lust
hat, kann auch Billard spielen. $–$$

Cafe Brenda
300 1st Ave. N., Minneapolis, MN 55401
℅ (612) 342-9230
So geschl.
Hervorragende vegetarische Küche,
auch Geflügel, Fisch und Meeresfrüchte.
Im Warehouse District. $$

Guthrie Theater
818 2nd St. S.
Minneapolis, MN 55415
℅ (612) 337-2224 oder 1-877-447-8243
www.guthrietheater.org
Tickets $ 15–50
Das beste Theater der Stadt und ei-
nes der besten des Mittleren Westens.
Gastspiele internationaler Größen – Auf-
führungen von klassisch bis modern.

Weisman Art Museum
333 E. River Rd.
Minneapolis, MN 55455
℅ (612) 625-9494
www.weisman.umn.edu
Di/Mi 10–17, Do 10–20, Fr 10–17, Sa/So
11–17 Uhr, Eintritt frei
Frank O. Gehry baute dieses elegante
Museum. Es zeigt vorwiegend amerika-

nische Kunst. Oft finden hier auch Empfänge, Lesungen und Konferenzen statt.

Minnehaha Falls Park
50th & Minnehaha Aves.
Minneapolis, MN 55417
 ℂ (612) 230-6400
Naherholungsgebiet nördlich des Zentrums nahe dem Hwy. 5. Der Park ist täglich bis Sonnenuntergang geöffnet. Spazier- und Radwege, Picknickplätze.

American Swedish Institute
2600 Park Ave., Minneapolis, MN 55407
ℂ (612) 871-4907
Di, Do/Fr/Sa 12–16, Mi 12–20, So 13–17 Uhr, Eintritt $ 5
Schlossähnliches Wohnhaus mit Möbeln und Interieur vorwiegend schwedischer Einwanderer. Mit Museumsshop und Buchhandlung.

Minneapolis Institute of Arts
2400 3rd Ave. S.
Minneapolis, MN 55404
ℂ 1-888-642-2787
Di–Sa 10–17, Do bis 21, So 11–17 Uhr
Eintritt frei
Kunst und Kultur von der Vor- und Frühgeschichte bis in die Gegenwart; Highlights u.a. ägyptische Mumien, römische Skulpturen sowie Bilder von Rembrandt und Monet.

Walker Art Center/Minneapolis Sculpture Garden
1750 Hennepin Ave.
Minneapolis, MN 55403
ℂ (612) 375-7600
Di/Mi, Sa/So 11–17, Sa/So 11–21 Uhr
Eintritt $ 8
Vorwiegend zeitgenössische Kunst, Konzerte, Lesungen und Filmvorführungen. Im erweiterten Skulpturenpark Werke von Henry Moore (»Knife Edge«, 1961), George Segal (»Walking Man«, 1988) und Claes Oldenburg/Coosje van Bruggen (»Spoonbridge and Cherry«, 1988).

Foshay Tower
821 Marquette Ave., Suite 415
Minneapolis, MN 55402
ℂ (612) 359-3030, Eintritt $ 7
Der 1929 erbaute Foshay Tower ist mit 136,25 m zwar nicht mehr das höchste Gebäude der Stadt, aber das einzige, das eine Aussichtsplattform besitzt. Vom 31. Stockwerk kann man sich einen guten Überblick verschaffen.

Dick's Sporting Goods Store
8292 Tamarack Village
Woodbury, MN 55125
ℂ (612) 731-0200
Riesenangebot mit allem, was der Outdoor-Freund braucht: Ausrüstung für Camping, Kanutouren, Angelausflüge, die Jagd, aber auch für Wassersport, Golf, Eishockey und Fußball.

Mall of America
Bloomington, MN 55425
ℂ (952) 883-8800
www.mallofamerica.com
Mo–Fr 10–21, Sa 9.30–21.20, So 11–18 Uhr
Einer der größten Shopping-Centers der USA. 520 Geschäfte, Restaurants und Imbissbuden unter einem Dach, dazu ein Vergnügungspark. Auf einem der 12 500 Parkplätze wird man seinen Wagen sicherlich unterbringen können.

Für den Abend:

Über Veranstaltungen, Ausstellungen und Feste informieren das Magazin »Twin Cities«, das zweimal im Jahr erscheint und von den Fremdenverkehrsämtern kostenlos verteilt wird sowie das Monatsmagazin »Mpls/St. Paul«, das neben vielen Anzeigen auch eine aktuelle Übersicht über die Kultur- und Restaurantszene der Twin Cities bietet. Besser sind die »City Pages«, die kostenlos zu haben sind, keine Hochglanzseiten und -werbung bieten, dafür aber gute Infos auch über die Alternativkultur.

⑤ Zum größten der Großen Seen

Von Minneapolis nach Duluth am Lake Superior

5. Route: Minneapolis – Duluth (235 km/147 mi)

km/mi	Zeit	Route	siehe Karte S. 115
0/0	9.00 Uhr	In **Minneapolis** auf die I-35 N. Richtung Norden. Die vereinigt sich nördlich der Stadt mit der 35 E. (aus St. Paul kommend). Evtl. bei Hinckley Abstecher auf den Hwy. 48 W. zum Besuch des **Grand Casino Hinckley** oder vor Duluth auf den Hwy. 210 W. zum **Black Bear Casino**. Weiterfahrt nach Duluth über die I-35, der Exit 256 B führt ins Stadtzentrum von	
235/147		**Duluth**.	

Extra: Wer Zeit und Lust hat, sollte das Nordufer des **Lake Superior** erkunden. Der Hwy. 61 führt von Duluth entlang der Küste, man erreicht nach 20 mi **Knife River**, wo es köstlichen geräucherten Fisch zu kaufen gibt, dann nach 46 mi den **Split Rock Lighthouse State Park** (Mitte Mai–Mitte Okt., tägl. 10–18 Uhr) mit dem meist-fotografierten Leuchtturm der Großen Seen – er thront auf einer 40 m hohen Klippe direkt über dem See, wird aber heute nicht mehr genutzt. Bis zur kanadischen Grenze sind es von dort noch 105 mi, die sich immer am Seeufer entlang ziehen. Hier ist Minnesota richtig einsam. Übernachten könnte man gut entweder in den **Split Rock Cabins** (1722 Hwy. 61, Two Harbors, MN 55616, ✆ 218-226-4735, $$) 3 mi vor dem Split Rock Park, oder im **J. Greger's Inn** (3320 Hwy. 61, Two Harbors, MN 55616, ✆ 218-226-4614, 1-888-226-4614, $$) etwa 6 mi vor dem State Park.

So kompakt Minneapolis und St. Paul in ihren Innenstädten sind, so sehr fransen die Twin Cities an ihren Rändern aus. Kilometerweit führt die Interstate 35 Nord noch durch dicht besiedelte Gebiete, erst langsam wird der Verkehr weniger, und man sieht wieder, warum Minnesota das »Land der 10 000 Seen« genannt wird. 14 000 sollen es mindes-tens sein, aber es sind wahrscheinlich im Wortsinn unzählige. Denn blickt man auf eine etwas genauere Landkarte von Minnesota, so sieht man überall kleinere oder größere blaue Flecken, überall sind Seen, mitunter riesige Wasserflächen, manchmal winzig kleine Spots, die nicht

Wie immer ist in Amerika alles größer – Farm in Minnesota

141

nur auf der Karte, sondern auch beim Vorüberfahren wie mit dem Pinsel hingetupft aussehen.

Der Legende nach sollen sie entstanden sein, als der Holzfäller Paul Bunyan mit seinem Ochsen (siehe Einleitung, S. 7) durchs Land gezogen ist – die Huftritte sollen sich später mit Wasser gefüllt haben. Die wissenschaftliche Erklärung spricht hingegen von Gletschern der Eiszeit, die diese Moränenlandschaft aus Hügeln und Vertiefungen geschaffen haben.

Minnesota ist aber nicht nur der Staat mit den meisten Seen, sondern auch einer mit den meisten Spielkasinos. Denn Lizenzen für das Spielgeschäft werden vorwiegend an die Verwaltungen der *native Americans* – sprich an die der Indianer – vergeben. So merkt man den großen Anteil indianischer Bevölkerung in Minnesota vor allem daran, dass es hier mehr von Indianern betriebene Kasinos gibt als in irgendeinem anderen Bundesstaat. Insgesamt sind es 17 Kasinos, die von elf Stammesregierungen gemanaged werden.

So beispielsweise das **Grand Casino Hinckley**, das eine Meile östlich der Interstate am Highway 48 liegt. Kasinos in den USA sind anders organisiert als in Deutschland. Sie sind meistens 24 Stunden am Tag geöffnet und es gibt nur wenige Bekleidungsvorschriften – obwohl Shorts nicht gern gesehen werden.

Kurz bevor Duluth erreicht ist, liegt westlich der Interstate ein weiteres Kasino: das **Black Bear Casino** an der Kreuzung mit dem Highway 210, am Südostzipfel des Fond du Lac Indianerreservats.

Duluth schmückt sich mit mehreren Beinamen: einer ist *Aircondition City of the Nation* – frei übersetzt: Kühlschrank des Landes. Sie werden es rasch merken. Fährt man aus den Vororten hinun-

ter in die Innenstadt, die nahe dem Seeufer liegt, wird es merklich kühler. Der Lake Superior, der eine Durchschnittstemperatur von 40 Grad Fahrenheit hat, reguliert in Duluth das Klima: recht kühle Tage (und Nächte) im Sommer, eine nicht ganz so klirrende Kälte im Winter. 40 Grad Fahrenheit entsprechen übrigens nur knappen fünf Grad Celsius. Aber bevor Sie die Kinder und Jugendlichen, die Sie am Strand baden sehen, zu sehr bewundern, beachten Sie eines: Fünf Grad Celsius ist die Durchschnittstemperatur eines Sees, der mehrere Monate im Jahr nahezu komplett zugefroren ist, der bis zu 400 Meter tief ist und von etwa 200 Flüssen gespeist wird, von denen unzählige aus dem Norden Kanadas kommen. So gibt es in Duluth und an der gesamten Südküste des Sees immer wieder Tage, an denen man baden kann und an denen das Seewasser in Buchten angenehm erwärmt ist.

Dann nennt sich Duluth noch die Stadt mit dem »größten Binnenhafen der Welt« – und bevor die Duisburger, deren Hafen tatsächlich wesentlich größer ist, protestieren können, folgt der Zusatz:»der am weitesten im Landesinnern liegt« – was wahrscheinlich stimmt. Über die Großen Seen und den St.-Lorenz-Strom erreichen ozeantaugliche Schiffe von Duluth aus nach 2342 Meilen den Nordatlantik, und viele machen diese sieben- bis neuntägige Fahrt tatsächlich: Im Duluther Hafen liegen Schiffe aus Europa und Asien, um Getreide zu verladen, und mindestens einmal im Jahr legt dort auch ein Kreuzfahrtschiff aus Deutschland an.

Der heute so große Hafen begann ganz bescheiden: 1660 wurden hier erstmals mehrere Dutzend Kanus mit Fellen beladen, und 1679 entstand eine erste Siedlung – gegründet für Frankreich von Daniel Greysolon, einem Sieur du Luth, die für 200 Jahre mehr oder weniger vor sich hin dümpelte. Erst nachdem bei Sault St. Marie am Ostende des Lake Superior eine Schleuse gebaut wurde und so der Schifffahrtsweg zum Lake Huron entstand, erlebte Duluth einen ersten Aufschwung. Denn fortan wurde von hier Holz verschifft, damals war Minnesota zumindest im Norden noch ein undurchdringlicher Urwald. Später kamen Eisenerz und dann das Getreide hinzu.

Duluth hat heute knapp 90 000 Einwohner, das angrenzende Superior (im Staate Wisconsin) zählt nicht ganz 30 000 Einwohner. Im Großraum der beiden Städte sind es knapp 200 000 Menschen. Die Stadt lebt immer noch weitgehend von ihrem Hafen, dessen Umschlag allerdings zurückgeht. Statt dessen wird der Tourismus immer wichtiger: 3,5 Millionen Besucher bringen im Jahr 400 Millionen Dollar Umsatz.

Für die Touristen hat man in den letzten Jahren auch investiert – Duluth präsentiert sich im überschaubaren Zentrum von seiner besten Seite. Die Hauptattraktion ist nicht das Downtown-Gebiet entlang First Street und Superior Street, an denen das Civic Center, Shops und auch das Duluther Spielkasino liegen, sondern das Ufergebiet zum Lake Superior, eine Gegend, in der vor 20 Jahren noch Schrott lagerte, die heute aber **Canal Park** heißt und an Sommerwochenenden die Flaniermeile der Duluther und der Touristen ist.

Wahrzeichen des Canal Park ist die ursprünglich 1905 errichtete **Aerial Lift Bridge**, eine Hebebrücke, die den schmalen Einfahrtskanal zum Hafen überspannt. Will ein Schiff in den Hafen hinein, wird der Mittelteil der Stahlkonstruktion in weniger als einer Minute über eine Hydraulik 40 Meter gehoben. Die Brücke hebt sich auch für kleinere Schiffe, ein besonderer Anblick ist es aber, wenn ein mehrere hundert Meter langer Ozeanriese in den Hafen will, der sich langsam durch den engen, auf beiden Seiten von Leuchttürmen markierten Hafenkanal schiebt. Wann das passiert, erfahren Sie aus den »Schiffsmeldungen« – einer kleinen, meist nur zweiseitigen Broschüre, die zweimal wöchentlich erscheint, in Hotels und am Hafen ausliegt, und die verrät, wann welche Schiffe woher kommend im Duluther Hafen ein- oder auslaufen und was sie für Fracht führen.

Auf der Hafenseite der Aerial Lift Bridge führt die Uferpromenade zum 1938 gebauten **Frachtschiff »William A. Irvin«** und dem danebenliegenden Schlepper »Lake Superior«. Beides sind Museumsschiffe, die über 200 Meter lange »William A. Irvin« war 40 Jahre lang das Flaggschiff der Großen-Seen-Flotte des Stahlkonzerns US Steel.

Auf der Seeseite der Aerial Lift Bridge heißt der Spazierweg über Holzbohlen am Seeufer entlang Lakewalk, an seinem Beginn haben die Stadtväter einige Skulpturen aufstellen lassen – Werke von Künstlern aus den internationalen Partnerstädten (böse Zungen würden spotten, dass man sie wohl deshalb aufstellen musste). Dann passiert man das Vietnam Memorial Denkmal, das wie ein Bunker auf den See schaut, und gelangt schließlich zu **Fitger's** – für die meisten der Endpunkt des Spazierganges. Leicht zu verstehen, denn heute ist zwar nicht mehr das ganze Gebäude eine Brauerei, aber es gibt dort immer noch eine kleine, deren gutes Bier im Restaurant und im Brewhouse Pub – vor allem da in großen Mengen – ausgeschenkt wird. Pflichtbewusste Touristen wandern weiter bis zum **Leif Erikson Park**, kehren dort um und dann erst ein.

143

Grand Casino Hinckley

777 Lady Luck Dr., Hinckley, MN 55441
℃ 1-800-472-6321
www.grandcasinomn.com
Roulette, Poker, Blackjack und Slot- und Videomaschinen. Restaurant, Bar und Hotel. Tägl. 24 Stunden geöffnet.

Black Bear Casino
1785 Hwy. 210

Hinckley, MN 55037
℃ (218) 878-2327 oder 1-888-771-0777

www.blackbearcasinohotel.com
Video- und Slotmaschinen, Blackjack und Bingo. Restaurant und Fastfood sowie ein angeschlossenes Luxushotel. Das Kasino ist tägl. 24 Stunden geöffnet.

Visit Duluth
21 W. Superior St., Suite 100
Duluth, MN 55802
℃ (218) 722-4011 oder 1-800-438-5884
www.visitduluth.com

Allyndale Motel
510 N. 66th Ave. W.
Duluth, MN 55807
℃ (218) 628-1061 oder 1-800-806-1061
Kleines Motel außerhalb des Zentrums. Nehmen Sie die Cody St. Ausfahrt auf der I-35 S. oder die Central Ave. Ausfahrt auf der I-35 N. Gutes Preis-Leistungs-Verhältnis. 32 Zimmer. $$–$$$

Hampton Inn
310 Canal Park Dr., Duluth, MN 55802

℃ (218) 720-3000 oder 1-800-426-7866
www.hamptonduluth.com

In der Innenstadt am Seeufer – verlangen Sie ein Zimmer mit Blick auf den See. Pool und Fitnessraum. Frühstück ist im Preis inbegriffen. 103 Zimmer. $$–$$$

Fitger's On The Lake
600 E. Superior St., Duluth, MN 55802

℃ (218) 722-8826 oder 1-888-348-4377
www.fitgers.com

Im Gebäude einer Brauerei von 1885 sind heute Restaurants, Shops und das

Hotel untergebracht. Schön ausgestattete Zimmer mit Blick über den See. Bis zur Ortsmitte führt ein 2 km langer Spazierweg am Ufer entlang. 62 Zimmer. $$$–$$$$

Inn On Gitchee Gumee
8517 Congdon Blvd.
Duluth, MN 55804

Infos: Duluth

✆ (218) 525-4979 oder 1-800-317-4979
www.innongitchegumee.com
Außerhalb gelegenes Hotel mit neun Suiten und kleinen Apartments. Direkt am See, aber die Innenstadt ist nicht zu Fuß zu erreichen. $$$–$$$$

✆ (218) 724-7439 oder 1-800-355-3794
www.elleryhouse.com
Bed & Breakfast in einem viktorianischen Haus. Vier Zimmer, teils mit Balkon und Seeblick. Sehr gutes Frühstück. Nur für Nichtraucher. $–$$$$

The Ellery House
28 S. 21th Ave. E., Duluth, MN 55812

Fond-du-Luth Casino
129 E. Superior St.

Zwei Museumsschiffe im Hafen von Duluth: der Schlepper »Lake Superior« und die »William A. Irvin«

Duluth, MN 55802
℡ (218) 722-0280 oder 1-800-873-0280
www.fondduluthcasino.com
Spielkasino in Duluth. Um dafür die Lizenz zu bekommen, erklärte man den Häuserblock, in dem das Kasino steht, kurzerhand zum Indianerreservat. Sa/So 24 Std. geöffnet.

 »S. S. William A. Irvin«
350 Harbor Dr.
Duluth, MN 55802
℡ (218) 722-7876
Ende Mai–Anf. Sept. So–Do 9–18, Fr/Sa 9–20 Uhr
Eintritt $ 6.75
Das ehemalige Flaggschiff der US Steel Great Lakes Flotte ist heute Teil des Great Lakes Floating Maritime Museum, das sich mit der Schifffahrt auf den Großen Seen befasst.

 Lake Superior Maritime Visitor Center
600 Lake Ave. S., Duluth, MN 55802

 ℡ (218) 727-2497
Ende Mai–Mitte Okt. tägl. 10–21 Uhr, im Winter kürzer, Eintritt frei
Ausstellung, die dem Lake Superior und vor allem der kommerziellen Schifffahrt auf dem See gewidmet ist.

Lake Superior Railroad Museum/ The Depot

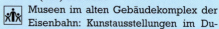 506 W. Michigan St., Duluth, MN 55802
℡ (218) 733-7519

Museen im alten Gebäudekomplex der Eisenbahn: Kunstausstellungen im Duluth Art Institute, Bauten aus der Gründerzeit, ein Verkehrsmuseum, vorwiegend der Eisenbahn gewidmet, sowie ein Children's Museum. Dort startet auch die North Shore Scenic Railroad (℡ 218-722-1273, 1-800-423-1273, Fahrpreis $ 11–28) ihre Fahrt entlang der Küste.

 Glensheen Mansion
3300 London Rd., Duluth, MN 55804
℡ (218) 726-8910 oder 1-888-454-4536

Mitbringsel gefällig: Andenkenladen im Depot

Ende Mai–Ende Okt. tägl. 9.30–16 Uhr, sonst nur an Wochenenden
Eintritt $ 12–22
Geführte Touren durch die 39 Zimmer, die Gartenanlagen und Nebengebäude berichten vom reichen Leben im alten Duluth.

 Great Lakes Aquarium
353 Harbor Dr., Duluth, MN 55802
℆ (218) 525-2265
www.glaquarium.org
Tägl. 10–18 Uhr
Eintritt $ 13, Kinder $ 7
Wasserfälle plätschern dort wo die Seeotter leben, zweistöckige Aquarien zeigen Hechte und andere Fische der Großen Seen, Weißkopfseeadler thronen über den Gehegen der Säugetiere. Flora und Fauna, Geschichte und Kultur der Seen, Shows und Ausstellungen.

 Duluth Omnimax Theatre
301 Harbor Dr., Duluth, MN 55802
℆ (218) 727-0022 oder 1-888-OMNIMAX
www.duluthomnimax.com
Filme Mi–So ab 17 Uhr
Eintritt $ 7.50, Kinder $ 5.50
Showzeiten am besten erfragen.
Kino mit riesiger, gewölbter Leinwand, in dem Filme über Dinosaurier, die Unterwasserwelt und ähnliches mit verblüffenden Effekten laufen.

 Bennett's on the Lake
Fitger's Complex
600 E. Superior St., Duluth, MN 55802
℆ (218) 722-2829
www.bennettsonthelake.com
Duluths Top-Restaurant mit preisgekröntem Küchenchef. Exzellente amerikanische Küche, allerdings müssen die Einrichtung und der Ausblick auf den See mitbezahlt werden. $$$

 Fitger's Brewhouse – Brewery & Grille
600 E. Superior St., Duluth, MN 55802
℆ (218) 279-2739

 Gutes selbstgebrautes Bier – im Shop der Brauerei gibt es sogar ein »Kayak-Kölsch« zu kaufen – dazu Sandwiches, Steaks, Burger, aber auch Vegetarisches. 4 mal die Woche Live-Musik. $$

 Grandma's Saloon & Grill
Canal Park
522 Lake Ave. S., Duluth, MN 55802
℆ (218) 727-4192
Familienrestaurant mit großen Portionen und mitunter großem Andrang. Amerikanische und mexikanische Küche. $

 Top of the Harbor
505 W. Superior St.
Duluth, MN 55802
℆ (218) 727-8981
Drehrestaurant im 16. Stock des Radisson Hotels. Gut für ein Dinner mit Aussicht. $$–$$$

 Vista Fleet
323 Harbor Dr., Duluth, MN 55802
℆ (218) 722-6218
www.vistafleet.com
Rundfahrten mit dem Dampfer durch den Hafen von Duluth/Superior, aber auch Mondscheinfahrten und spezielle Lunch- und Dinner-Angebote.

Wichtige Feste:

 Winter Festival: über 80 verschiedene Veranstaltungen, darunter Skispringen, Schlittenhund-Marathon und Eishockey-Turniere (Jan.).
Grandma's Marathon: Stadtmarathon mit internationaler Beteiligung (Juni).
Bayfront Blues Festival: dreitägiges Musikfest mit bekannten Künstlern (Mitte Aug.).
Northshore InLine Marathon: Marathon auf Inline Skates mit mehr als 5000 Skatern (Sept.).
SnowCross: ein Schneemobil-Rennen mit mehreren Hundert Teilnehmern am Thanksgiving-Wochenende (End Nov.).

⑥ Wisconsins Nordküste
Von Duluth nach Ironwood

6. Route: Duluth – Port Wing – Apostle Island National Lakeshore – Red Cliff – Bayfield – Ashland – Ironwood (237 km/147 mi)

km/mi	Zeit	Route
0/0	9.00 Uhr	In **Duluth** auf die I-35 S., aber bei der Abfahrt 254 direkt weiter auf die 535, die über die Brücke der St. Louis Bay nach **Superior** führt. Dort auf den Hwy. 2/I-53 (E. 2nd Ave.), bis der Hwy. 13 nach links (Osten) abzweigt (nach etwa 5 mi). Dem folgen bis nach
138/86	12.30 Uhr	**Bayfield.** Stadtspaziergang und Lunch.
	14.00 Uhr	In Bayfield weiter auf dem Hwy. 13 bis zur Kreuzung mit dem Hwy. 2. Dort nach Osten (links) bis nach
177/110	15.00 Uhr	**Ashland.** Von Ashland über den Hwy. 2 E. nach
237/147	17.00 Uhr	**Hurley/Ironwood.**

In Amerika ist alles größer, auch die Seen sind es. Der **Lake Superior** ist der größte der Großen Seen. Mit 82 414 Quadratkilometern liegt er weit vor dem zweitgrößten, dem Lake Huron (59 596 Quadratkilometer) und ist damit einer der größten Seen der Welt. Allerdings nicht, wie oft behauptet wird, der wasserreichste – das ist wahrscheinlich der viel kleinere, aber wesentlich tiefere Baikalsee in Sibirien. Der Lake Superior ist 650 Kilometer lang und an seiner breitesten Stelle sind das amerikanische und das kanadische Ufer 275 Kilometer voneinander getrennt.

Der Lake Superior besitzt streckenweise sehr schöne und einsame Strände, auch weil sein Wasser mitunter sehr kalt ist. Doch von Einsamkeit ist zunächst nicht viel zu spüren – erst einmal muss man Superior hinter sich lassen. Doch dann führt der Highway 13 durch weite Wiesen, Weiden und Felder im Hinterland des Sees

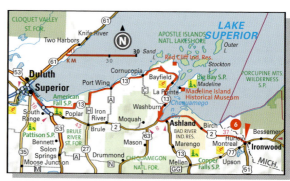

in die Einsamkeit. Die gut asphaltierte Straße zieht sich fünf, sechs, sieben Meilen wie an der Schnur gezogen einfach geradeaus und schlägt dann plötzlich im rechten Winkel einen Haken.

Viel Verkehr ist hier nicht, und wer hier eine Panne hat, muss schon Glück haben, dass es erstens nichts Ernstes ist und zweitens ein *State Trooper*, ein Highway-Polizist vorbeikommt, der den Ortsfremden nahezu adoptiert und sich rührend um ihn kümmert, ihn zur nächsten Werkstatt fährt (leider geschlossen, weil solche Pannen natürlich immer am Samstagabend passieren), schließlich über Funk einen Abschleppservice bestellt, der anderthalb Stunden später ankommt und den armen Fahrer und sein Auto dann zurück nach Duluth schleppt.

Doch wem das alles nicht passiert, der durchfährt ruhig den **Brule River State Forest**, dessen bester Zugang südlich der Route in Brule (mehr eine Straßenkreuzung von Highway H und 2 als ein Ort) ist, und gelangt dann nach **Port Wing**, einem kleinen Dorf am Seeufer, das sich rühmt, den ersten Schulbus im Staat gehabt zu haben – das Gefährt ist deshalb auch in einem kleinen Park ausgestellt. Ansonsten kann man hier seine Zeit schön vertrödeln mit baden (ja, das geht), Boot fahren und fischen, genau wie in **Herbster**, dem nächsten Ort an der Strecke. Hier mündet der Cranberry River in den Lake Superior, es gibt einen Campingplatz und ein Motel und ansonsten nichts.

Denn nicht die Orte machen den Reiz der Strecke aus – obwohl sie in ihrer Verschlafenheit durchaus attraktiv sind. Es ist vielmehr der See, der mal ruhig und strahlendblau daliegt, mitunter aber vom Wind aufgewühlt wird, dicke Baumstämme anspült und der dann ahnen lässt, warum mehr als 350 große und kleine Schiffe in ihm untergingen

Rustikale Unterkunft: Indianische Birkenhütte

und nun als Wracks auf seinem Grund liegen.

Bei **Cornucopia**, einem ehemals kleinen Fischerort, der sich heute ein bisschen das Image einer Künstlerkolonie zu geben versucht und aus einer Handvoll Andenkenläden, zwei Buchhandlungen, einer Bootsanlegestelle und zwei Dutzend Häusern besteht, biegt der Highway ins Landesinnere ab. Immer wieder führen Straßen ans Seeufer, die mitunter an Picknickplätzen oder aber nur an Bootsanlegestegen enden.

Die Spitze der Halbinsel, die wie ein Buckel in den Lake Superior ragt, ist ein Indianerreservat: Die **Red Cliff Indian Reservation**, die dem Ojibwa-Volk gehört. Bei Red Cliff gibt es ein kleines Museum und Kulturzentrum, das traditionelle und zeitgenössische indianische Kunst zeigt, und auch das zur modernen Indianertradition gehörende Spielkasino fehlt nicht.

Bayfield ist ein hübscher Ort, der früher vom Holzschlagen, der Fischerei sowie dem Schiffsbau lebte und in dem heute Touristen ihr Geld lassen. Sie wandern ein- bis zweimal durch das Städtchen, erfreuen sich daran, dass hier so viele alte Häuser stehen geblieben sind, flanieren um den Jachthafen und über das Dock, schauen auf das

Wasser und nutzen den Ort als Ausgangspunkt für Ausflüge in die **Apostle Island National Lakeshore**. Denn nur wenige Kilometer vor der Küste liegt eine wunderbare Inselwelt. Kleine und große Inseln, mit dichtem, mitunter undurchdringlichen Wald bewachsen – moosgrüne Flecken im blauen Wasser.

Als die ersten französischen Jesuitenmissionare der Inselgruppe ihren Namen gaben, dachten sie wohl, es seien nur zwölf. In Wirklichkeit gibt es aber 22 grüne Spots, von denen 20 zum Nationalpark gehören. Die 21. Insel, die größte, nämlich Madeline Island, gehört nicht zum Park, sie ist die einzige Insel, die permanent bewohnt ist und auf der es Autos, Hotels, Restaurants und ein Dorf gibt.

1970 wurde der Nationalpark geschaffen, der außerdem noch einen schmalen Küstenstreifen auf der Halbinsel umfasst – eine Landschaft, die seit dem Eindringen der ersten Siedler immer nur ausgebeutet wurde: Sei es von Fischern, von den Pelzhändlern, die gnadenlos Jagd auf Biber machten, oder von den Siedlern, die Holz schlugen und den Sandstein von der Küste als Baumaterial nutzen – Chicago wurde nach dem Brand von 1871 mit Sandstein von der Küste wieder aufgebaut.

Doch hat sich die Natur seit Mitte des 20. Jahrhunderts wieder einigermaßen erholen können. Vor allem auf den nördlichen Inseln findet sich borealer Nadelwald, es gibt über 100 verschiedene Vogelarten, darunter Kormorane, Reiher und Weißkopfseeadler, vorwiegend sieht man jedoch Möwen. Selbst Pelikane kommen hier vor, dazu Biber, Rotwild und Schwarzbären.

Das Klima auf den Inseln ist rau, denn sie tragen die Hauptlast der gefürchteten Stürme, die über den Lake Superior tosen. Im Winter fallen auch hier bis zu drei Meter Schnee, genau wie in den küstennahen Gebieten auf dem Land – hier wie dort sind die Monate von Dezember bis März schneesicher. Der Grund dafür: Wenn Ende November die Temperaturen langsam absinken, ist der See meist noch wärmer als die Luft über dem Land. So verdunstet das Wasser zu Nebelwolken, die dann vom kalten Nordwind Richtung Land getrieben werden. Sie kühlen sich ab, und das Wasser gefriert zu Schnee. Es beginnt zu schneien, und zwar am stärksten in einem recht schmalen Landstreifen entlang der Küste.

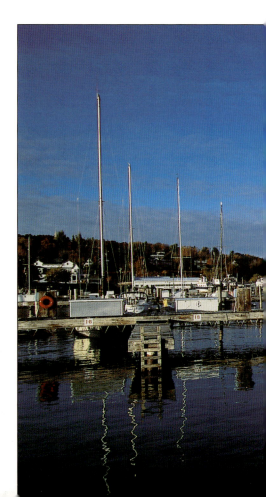

Durch **Bayfield** führt eine große Straße: der Highway 13. Er kommt von Norden und führt in den Süden, wieder den See entlang, mitunter vom Ufer durch kleine Wälder getrennt. Man durchfährt **Washburn** und muss Acht geben, dass der Ort nicht schon hinter einem liegt. Das wäre Schade, denn das liebevoll eingerichtete Washburn Historical Museum & Cultural Center (1 Bayfield St.) lohnt den Besuch. Dort wird alles ausgestellt wird, was die Initiatoren aus der nun schon 150jährigen Geschichte des Ortes auftreiben konnten: alte Bügeleisen und Schulfotos, Urkunden und Werk-

zeug, Fahrräder und Zeitungsausschnitte, Tischwäsche und Waffen. Gegenüber ist eine Buchhandlung (Chequamegon Books and Coffee, 2 E. Bayfield St.), wie man sie in solch einem Nest nie erwarten würde – ein gut sortiertes Antiquariat, in dem sich das Stöbern lohnt, zudem gibt es dort ein Café.

Im größeren **Ashland** braucht man hingegen nicht lange zu verweilen. Einzige Sehenswürdigkeit ist das gigantische Dock, das etwa 600 Meter in den See hineinreicht und früher noch länger war. Als es 1925 nach einer Bauzeit von neun Jahren vollendet war, galt es

Ausgangspunkt für Touren – für manche mit dem eigenen Boot: Jachthafen in Bayfield

als das größte Dock der Welt – wahrscheinlich war Ashland damals die »Dock-Hauptstadt der Welt«: schließlich gab es Mitte der 1920er Jahre noch vier weitere dieser Ungetüme. Damals wurden vorwiegend Erze verschifft, Eisen und Kupfer aus der Gegend um Hurley und Ironwood.

In der Umgebung dieser Städte finden sich auch einige Zeugen dieser industriellen Vergangenheit. So lohnt der Abstecher von Hurley nach **Pence** (fünf Meilen westlich am Highway 77), wo mitten im Wald ein stählerner Förderturm aufragt. Hier wurde von 1904 bis 1924 die Plummer Mine betrieben, ihre tiefsten Schächte reichen fast 800 Meter hinab.

Wer statt Technik lieber die Natur bewundert, sollte zu den **Superior Falls** fahren – sie liegen nördlich von Saxon am Highway 122 (Ausschilderung beachten) im Montreal River.

Hurley und Ironwood sind zwei alte Industriestädte – die eine in Wisconsin, die andere schon in Michigan. Beide Städte sind heute mehr oder weniger verschlafen, waren aber in den Boomzeiten der Bergwerke von der Wende zum 20. Jahrhundert bis in die 1930er Jahre berühmt: War **Ironwood** die Stadt der Geschäfte, so war Hurley die der Bars und Bordelle. In Ironwood weist nichts auf diese Vergangenheit hin, es präsentiert sich als recht gesichtslose Stadt, allerdings findet man hier die etwas besseren Unterkünfte als in **Hurley**.

Das lebt im Schatten seiner Vergangenheit, die es immerhin gut aufbereitet im **Iron County Historical Museum** präsentiert. Die Hauptstraße in Hurley war damals eine einzige große Bar – auch heute noch versuchen einzelne Kneipen dort, den damaligen Ruf aufrechtzuerhalten. Doch das gelingt aber nur bedingt. ✺

Wer suchet, der findet: Kramladen an der Landstraße

Willow Motel
Herbster, WI 54827
℃ (715) 774-3385
Kleines, einfaches Motel für ruhige Tage.
$

 Village Inn
22270 County Rd. C
 Cornucopia, WI 54827
℃ (715) 742-3941
Bescheidenes kleines Hotel (vier schöne
Zimmer) mit Garten und einem Restaurant, das vor allem Fischspezialitäten
serviert. $$

 Red Cliff Indian Reservation
4000 ha großes Indianerreservat mit
kleinem Museum und Spielkasino, beginnt etwa 5 km nördlich von Bayfield.
Das Reservat zieht sich entlang der Küstenlinie. Es gibt neben dem Isle Vista Kasino (℃ 715-779-3712) einen bescheidenen, aber annehmbaren Campingplatz.

 Bayfield Chamber of Commerce
42 Broad St.
Bayfield, WI 54814
℃ (715) 779-3335 oder 1-800-382-4094
www.bayfield.org

 The Bayfield Inn
20 Rittenhouse Ave.
Bayfield, WI 54814
℃/Fax (715) 779-3363 oder 1-800-382-
0995, www.bayfieldinn.com
Kleines, aber feines Hotel (21 Zimmer)
am Seeufer. $$–$$$

 Seagull Bay Motel
325 S. 7th St.
Bayfield, WI 54814
℃ (715) 779-5558
Sauberes und recht gemütliches Motel
am Ortsrand. 32 Zimmer. $$

 Old Rittenhouse Inn
301 Rittenhouse Ave.
Bayfield, WI 54814
℃ (715) 779-5111 oder 1-888-611-4667

Fax (715) 779-5887
Wundervoller großer viktorianischer
Häuserkomplex, möbliert mit Antiquitäten. Offene Kamine in allen Zimmern. Mit
gutem Restaurant. $$$–$$$$

 Greunke's First Street Inn
17 Rittenhouse Ave.
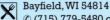 Bayfield, WI 54814
℃ (715) 779-5480 oder 1-800-245-3072
 Der beste Frühstücksplatz der Stadt,
wahrscheinlich auch der beste für traditionelle Fischgerichte in ebensolchem
Ambiente. Auch Hotel ($$). $–$$

 Maggies
257 Manypenny Ave.
Bayfield, WI 54814
℃ (715) 779-5641
Moderne amerikanische Küche in einem
unglaublichen Dekor: das Restaurant ist
voller rosa Flamingos. $–$$

 Apostle Islands Cruise Service
Bayfield City Dock
 Bayfield, WI 54814
℃ (715) 779-3925 oder 1-800-323-7619
Kreuzfahrten mit dem Ausflugsdampfer
um die Inselwelt der National Lakeshore.
Auch Ausflugsfahren mit dem Segelschoner »Zeeto«.

 Apostle Island National Lakeshore
Parkverwaltung und Information:
 4th & Washington Sts.
Bayfield, WI 54814
℃ (715) 779-3397
www.nps.gov/apis
April–Okt. tägl. mindestens 8–16.30, ansonsten Mo–Fr 8–16.30 Uhr
Unterkunft und Verpflegung: Auf den Inseln gibt es keine Hotels oder Lodges,
nur einige Campingplätze. Wenn Sie
dort übernachten wollen, müssen Sie
sich bei der Parkverwaltung registrieren
lassen. An einigen Plätzen gibt es kein
Wasser; alle Lebensmittel (wollen Sie
nicht angeln) müssen Sie ohnehin selbst
mitbringen. Überfahrt:

6 Infos: Bayfield

Inner Island Shuttle siehe **Apostle Islands Cruise Service**

Apostle Islands Water Taxi
Bayfield City Dock
Bayfield, WI 54814
✆ (715) 779-3925

Trek & Trail
7 Washington Ave., Bayfield, WI 54814
An der Cooperage, nahe dem Anleger

für die Madeline Island Ferry
✆ (715) 779-3595 oder 1-800-354-8735
Ein Kajak für vier Stunden kostet pro Person etwa $ 20–25, ein Tag etwa $ 40 bis 50, drei Tage sind für etwa $ 100 zu haben. Die Entfernung von Bayfield zur nächstgelegenen Insel des National-parks beträgt etwa 4 km.

i Madeline Island
Information: Die besten Informationen

Der einfachere Sport: statt Wasserski, Wasserrodeln

erhält man am Kiosk der Madeline Island Ferry in Bayfield.

Madeline Island Ferry
Madeline Island Ferry Dock
Washington Ave.
www.madferry.com
20-minütige Fährverbindung nach Madeline Island, einer Insel, die südlich der National Lakeshore liegt. In der Hochsaison 10 Fährverbindungen am Tag, ansonsten vier.
Fährpreis hin und zurück $ 9.50

Madeline Island Motel
La Pointe, WI 54850
✆ (715) 747-3000
Kleines Motel mit nur elf Zimmern. Frühstück im Preis inbegriffen, Fahrrad- und Kanuverleih.
$–$$

Ashland Area Chamber of Commerce
805 Lake Shore Dr. W.
Ashland, WI 54806
✆ (715) 682-2500 oder 1-800-284-9484
www.travelashlandcounty.com

Super 8 Motel
1610 Lake Shore Dr. W.
Ashland, WI 54806
✆ (715) 682-9377 oder 1-800-800-8000
Freundlicher Service, ansonsten nichts Besonderes. 70 Zimmer.
$$$

Hurley Area Chamber of Commerce
316 Silver St.
Hurley, WI 54534
✆ (715) 561-4334 oder 1-866-340-4334
www.hurleywi.com

**Iron County Courthouse/
Iron County Historical Museum**
303 Iron St.
Hurley, WI 54534
✆ (715) 561-2244
Mo, Mi, Fr/Sa 10–14 Uhr
Eintritt frei

Regionalgeschichtliches Museum im alten Gerichtsgebäude. Ausstellungen zur Geschichte des Erzabbaus, aber auch zur Kultur und Lebensweise der Gegend – im obersten Stock ist beispielsweise ein nachgebauter Saloon aus der Silver Street zu sehen.

Western Upper Peninsula Visitor & Convention Bureau
137 E. Cloverland Dr.
Ironwood, MI 49938
✆ (906) 932-4850
www.westernup.com

Comfort Inn
210 E. Cloverland Dr.
Ironwood, MI 49938
✆ (906) 932-2224 oder 1-800-572-9412
Am Hwy. 2, mitten im Geschäftszentrum von Ironwood, umgeben von Tankstellen, anderen Motels und (Fastfood-) Restaurants. $$

Indianhead Motel
823 E. Cloverland Dr.
Ironwood, MI 49938
✆ (906) 932-2031
Ebenfalls am Hwy. 2, ebenfalls mitten im Geschäftszentrum. Sehr freundlich, sehr gutes Preis-Leistungs-Verhältnis. Frühstück inbegriffen. $

Wichtige Feste:

Run on the Water: Lauf auf dem See-Eis, u.a. mit Skiern, Lauf- oder Schneeschuhen, in Bayfield (Mitte Feb.)
Segelregatten in Bayfield (Juni/Juli)
Bayfield Annual Scarecrow Festival & Orchard Tours: Zum Programm zählen Konzerten etc., aber auch Wettbewerben wie der Wahl von Apfelkönig und -königin, der Auszeichnung des besten Apfelkuchens oder einem Wettbewerb, bei dem es gilt, beim Schälen eines Apfels die längste Schale zu produzieren (Mitte Sept./Okt.).

⑦ Hinterwäldler und Kupfer-sucher

Von Ironwood über die Keweenaw Peninsula nach Marquette

7. Route: Ironwood – Keweenaw Peninsula (Houghton und Copper Harbor) – Baraga – Ishpeming – Marquette (465 km/289 mi)

km/mi	Zeit	Route
0/0	9.00 Uhr	In **Ironwood** auf den Hwy. 2 E. bis Wakefield, dort auf den Hwy. 28 am Nordufer des Lake Gogebic vorbei bis nach **Bruce Crossing**. Dort nimmt man den Hwy. 45 Richtung Norden, von dem nach 14 mi der Hwy. 26 N. abzweigt. Dieser führt direkt nach
169/105	11.00 Uhr	**Houghton**. Dort kurze Ortsbesichtigung. In Houghton folgt man dem Hwy. 41 über Calumet und Laurium bis zur Spitze der Halbinsel, nach
243/151	13.30 Uhr	**Copper Harbor**. Dort Lunch.
	14.30 Uhr	Von Copper Harbor weiter auf dem Hwy. 26, auf dem man, vorbei an **Eagle Harbor** und **Eagle River**, wieder den Hwy. 41 erreicht.

Dem folgen bis Houghton, von dort aus vorbei an Arnheim und Baraga. 17 mi hinter Baraga trifft der Hwy. 41 auf den Hwy. 28. Für die Weiterfahrt wählt man Hwy. 28 und 41 nach Osten bis

465/289   19.00 Uhr   **Marquette**.

Wichtiger Hinweis: Ein Besuch der **Isle Royale** sprengt natürlich den Zeitrahmen. Man gelangt am besten von Houghton oder Copper Harbor auf die Insel. Wie Sie dorthin kommen, was es zu sehen und zu tun gibt und wie viele Tage Sie dafür benötigen, ist auf den Seiten 164–167 beschrieben.

Hinter dem ausufernden **Ironwood** beginnen die Wälder der Upper Peninsula Michigans. Ein Blick auf die Karte macht deutlich: Der Bundesstaat Michigan wird tatsächlich aus zwei Halbinseln gebildet, der **Upper Peninsula**, die sich zwischen dem Lake Superior und dem Lake Michigan erstreckt, sowie der Landzunge zwischen dem Lake Michigan und dem Lake Huron. Die Upper Peninsula, meistens UP abgekürzt und gesprochen Juh-Pie,

ist eine Welt für sich, deren Bewohner auf ihre Eigenheiten so stolz sind wie auf die Abgeschiedenheit ihrer rauen und ursprünglichen Umwelt.

Der Highway 28 schlägt eine Schneise in die Wälder und reiht die Orte auf, die Zugang zu den State Parks bieten. Beispielsweise Bergland am Lake Gogebic, einem beliebten und fast vollständig zugebauten kleinen See, von dort führt eine Straße in den Porcupine Mountains Wilderness State Park, der

Wanderparadies Keweenaw Peninsula

sich zwischen Highway 28 und dem Ufer des Lake Superior erstreckt. 150 Kilometer Wanderwege führen durch den Park.

Wie eine Klaue ragt die **Keweenaw-Halbinsel** in den Lake Superior hinein. Die ersten Siedler, die kamen, gingen sofort wieder: Zu einsam, zu kalt, die Hälfte des Jahres vom Schnee bedeckt, zu dichte Urwälder, unfruchtbarer Boden. Was wollte man hier?

1840 änderte sich das. Der Geologe Douglas Houghton entdeckte Kupfer auf der Halbinsel, und zwar in großen Mengen und leicht zu fördern. Kupfer war begehrt – für Industrieanlagen und elektrische Leitungen – und ein bedeutender Mining Rush begann. Überall wurden Minen eröffnet, Städte wie Houghton, Hancock oder Calumet gegründet und binnen weniger Jahre stieg die Einwohnerzahl der Halbinsel von wenigen hundert Indianern, die auch schon vom Kupferabbau und -handel gelebt hatten, auf etwa 70 000 Menschen, die hierhin kamen, um mit Kupfer ihr Glück und Geld zu machen.

Nicht allen gelang das. Sie lebten in den Wäldern, fanden vielleicht eine kleine Kupferader, waren aber aufgrund schlechter Ausbildung und Ausrüstung nicht in der Lage, sie auszubeuten.

Die großen Minen waren aber erfolgreich. Sie warben mit hohen Löhnen und guter Sozialfürsorge Arbeiter von überall her an – aus mehr als 30 Ländern, die meisten von den Britischen Inseln und aus Skandinavien. Sie machten auch genug Gewinn: Von 1845 bis 1895 wurden hier drei Viertel des gesamten US-Bedarfs an Kupfer produziert. In den etwa fünf Jahrzehnten, die der Kupferboom andauerte, wurden mehr als 9,6 Milliarden Dollar verdient – mehr als zehnmal so viel wie während des Goldrauschs in Kalifornien.

Ein halbes Jahrhundert dauerte der Boom, danach wurde es wieder ruhig auf der Halbinsel. Die Industrieanlagen rosteten vor sich hin und verfielen langsam, die Städte schrumpften, weil immer mehr Menschen Keweenaw Peninsula verließen. Heute erinnern überall verfallene, mitunter düster aufragende Fabriken und verschlafene Städte mit zu breiten Straßen für den spärlichen Verkehr und zu großen repräsentativen Bauten an die Blütezeit.

Die Doppelstadt **Houghton/Hancock** (12 000 Einwohner), die wichtigste der Halbinsel, ist eine davon. Die beiden Orte sind durch den Portage Waterway, der ein natürlicher, aber ausgebauter Kanal ist und die Halbinsel durchschneidet, getrennt. Auf ihrer Hauptstraße, der Sheldon Avenue, stehen einige sehr repräsentative Bauten aus ihrer Gründerzeit, und am Flussufer finden sich eine Fülle aufgegebener und vor sich hin rostender Industriebauten. Wer solche Industriearchitektur liebt, wird auch von der stählernen Hebebrücke über den Portage Waterway begeistert sein.

Ebenso von der **Quincy Mine**, die nördlich von Hancock am Highway liegt und wegen ihrer riesigen Gebäude nicht zu übersehen ist. Sie war eine der wirtschaftlich erfolgreichsten und am längsten arbeitenden Minen auf der Halbinsel. Heute ist hier ein Besucherbergwerk eingerichtet – die Touren dauern zwei Stunden und führen bis zu 800 Meter tief in den Untergrund.

Calumet ist das typische Beispiel einer verlassenen Minenstadt. Ein riesiges Gewerkschaftsgebäude – als es 1888 gebaut wurde, war es eine Bank – das Feuerwehrhaus und vor allem das Theater, in dem auch Sarah Bernhardt auftrat und das schon bei seiner Eröffnung 1900 elektrisches Licht besaß, all das wirkt heute eher wie eine Filmku-

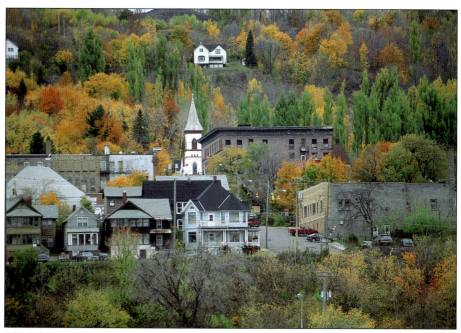

Alte Industriearchitektur: Hancock

lisse. Es scheint nicht wirklich in die Stadt zu gehören. Zumal die verrosteten Autos und die billigen Auslagen in den Geschäften, die sich nicht an Touristen richten, nicht unbedingt von Wohlstand künden.

Dasselbe gilt auch für **Laurium**, den nächsten Ort an der Route. Hier entstanden in der Kupferzeit einige wundervolle Privathäuser – eines der schönsten ist das Laurium Manor Inn, das heute als Bed & Breakfast dient. Es ist das größte dieser Wohnhäuser, denn Thomas H. Hoatson, der Besitzer der Calumet & Arizona Minengesellschaft ließ sich 1908 ein Haus mit 45 Zimmern erbauen. In einer Zeit, in der ein Minenarbeiter 25 Cents in der Stunde verdiente, betrugen die Baukosten für das Anwesen 50 000 Dollar, und für die Möbel legte der Minenbaron noch einmal 35 000 Dollar drauf. Einiges davon

ist heute noch erhalten – und so sitzt man vielleicht beim Frühstück an einem Tisch, von dem schon Mr. Hoatson speiste.

Copper Harbor liegt genau am nördlichen Ende der Halbinsel. Trotz seines Namens ist das Städtchen weniger eine ehemalige Kupferstadt, es lebt vielmehr davon, dass es der beste Ausgangspunkt ist, um mit der Fähre zum **Isle Royale National Park** zu gelangen. Wer kommt, wenn kein Schiff fährt, unternimmt von hier aus Touren in die Wildnis: entweder zu Fuß oder per Mountainbike in die Gebiete östlich des Ortes oder per Kajak entlang der Küste.

Von Copper Harbor führt der Highway 26 immer entlang der Küste, mitunter versperrt ein schmaler Uferwald den Blick auf den See. Es geht hügelan und hügelab, um enge Kurven und dann kommt **Eagle Harbor**, der schönste Ort

159

der Keweenaw Peninsula, der auch den schönsten Leuchtturm hat – ein verschlafenes Dorf mit geschütztem Hafen und einer geschwungenen Badebucht.

Der Highway 26 trifft kurz hinter dem Dorf auf den Highway 41, der zurück nach Houghton führt und dem man durch Houghton folgt und dann an der Küste entlang nach Süden weiterfährt. Bald ist Baraga erreicht, und zwischen Baraga und L'Anse grüßt den Besucher und den See die 35 Fuß (10,5 m) große Figur des Bischofs Frederic Baraga (1797–1868), des ersten Bischofs der Upper Peninsula. Baraga kam 1830 in die Neue Welt. Er arbeitete als Missionar bei den Ojibwa-Indianern, half ihnen, ihre Landtitel gegen die Siedler durchzusetzen und schuf als erster ein schriftliches System ihrer Sprache.

Ob das Denkmal gelungen ist – über Geschmack lässt sich bekanntlich strei-

ten, und das sehr trefflich auf der Upper Peninsula. Kurz vor Ishpeming und Marquette liegt rechts am Highway 41 die **Da Yoopers Tourist Trap**, ein unglaubliches Sammelsurium. Das meiste ist Kitsch, es findet sich aber auch manche Antiquität sowie das ein oder andere gelungene Kunsthandwerk. Geschaffen wurde die »Touristenfalle« von der Gesangsgruppe »Da Yoopers« – wer genau hinhört, wird erkennen, dass mit »Da Yoopers« – »The UP-ers« gemeint ist (UP als Abkürzung für Upper Peninsula). Ihr Humor ist mitunter derbe, und manch einer wird die Witze über Biertrinken, Jagen, Angeln und immer wieder Biertrinken doof finden – Witze über Ostfriesen zeichnen sich ja auch nicht durch übergroße Kultiviertheit und Intellektualität aus. Immerhin: Hier macht man die Witze noch über sich selbst.

Blick über den See: Coast Guard Station in Marquette

Keweenaw Convention & Visitors Bureau
1197 Calumet Ave., Calumet, MI 49913
© (906) 337-4579
www.keweenaw.info

 Best Western Franklin Square Inn
820 Shelden Ave.
Houghton, MI 49931
© (906) 487-1700 oder 1-888-487-1700
Fax (906) 487-9432
www.houghtonlodging.com
Im Zentrum von Houghton gelegen. Einzelne Zimmer mit Balkon und sehr schönem Blick auf den Kanal und die Berge. 104 Zimmer. $$–$$$

 Houghton Super 8 Motel
1200 E. Lakeshore Dr.
Houghton, MI 49931
© (906) 482-2240 oder 1-800-800-8000
86 schöne Zimmer, Swimmingpool im Haus. $–$$

 City of Houghton RV Park
W. Lake Shore Dr.
Houghton, MI 49931
© (906) 482-8745
18 Stellplätze für Wohnwagen und Wohnmobile, kein Platz für Zelte. Etwa eine halbe Meile vom Stadtzentrum entfernt direkt am See mit Bootsanlegestelle und Badestrand.

 Library Brew Pub
62 N. Isle Royale St.
Houghton, MI 49931
© (906) 487-5882
Hausbrauerei mit eigenen Bieren im Ausschank, Salate, Pizza, Hamburger und Sandwiches. $

 Victoria's Kitchen
518 Shelden Ave.
Houghton, MI 49931
© (906) 482-8650
Vegetarische Küche, selbstgebackenes Brot und Spezialitäten aus dem Nahen Osten. $

 A. E. Seaman Mineral Museum
EERC Bldg., Michigan Tech University, 5th Floor
Houghton, MI 49331
© (906) 487-2572
www.museum.mtu.edu
Juli–Sept. Mo–Fr 9–16.30, Sa/So 12–17 Uhr, Eintritt frei
Das mineralogische Museum zeigt Erdkrustenbestandteile und Edelsteine aus der ganzen Welt; der Schwerpunkt der Sammlung liegt aber auf der Geologie der Keweenaw Peninsula.

 Quincy Mine
US 41, nördlich von Hancock, MI 49930
© (906) 482-3101
Ende Mai–Ende Okt. Mo–Sa 8.30–19, So 12.30–19 Uhr
Eintritt $ 12.50
Offene Mine, in der in zweistündigen Touren die Geschichte des Kupferabbaus geschildert wird.

 Whispering Pines Motel
US Hwy. 41/Airport Rd.
Calumet, MI 49913
© (906) 482-5887, Fax (906) 482-6173
Zwischen Hancock und Calumet am Hwy. 41, aber in einem kleinen Kiefernwald gelegen. $–$$

 Laurium Manor Inn
320 Tamarack St.
Laurium, MI 49913
© (906) 337-2549
www.lauriummanorinn.com
Bed & Breakfast im luxuriösen Anwesen eines Minenbesitzers. Für das Haus erstaunlich preiswert. 9 Zimmer. $$–$$$

 Eagle Harbor Lighthouse Station Museum
Eagle Harbor, MI 49950
© (906) 289-4990
Anf. Juni–Mitte Okt. tägl. 10–17 Uhr
Eintritt $ 4
1871 erbauter, schöner Leuchtturm mit Schifffahrtsmuseum.

7 **Infos:** Copper Harbor

Norland Motel
US 41, am Ostrand des Ortes
Copper Harbor, MI 49918
℘ (906) 289-4815
Motel (10 Zimmer) am Ortsrand, nahe
der Grenze zum Ft. Wilkins State Park.
Freier Kanu- und Bootsverleih an Gäste. $

**Astor House Motel – Minnetonka
Resort**
560 Gratiot St.
Copper Harbor, MI 49918

℘ (906) 289-4449 oder 1-800-433-2770
Motel und kleiner Campingplatz mit
Blick über den Ort und den Lake Superior. Nur von Mitte Mai–Mitte Okt. geöff-
net. $$

King Copper Motel
445 E. Brockway Ave.
Copper Harbor, MI 49918
℘ (906) 289-4214 oder 1-800-833-2470
Typisches Motel. 34 Zimmer.
$–$$

Das King Copper Motel in Copper Harbor

Infos: Copper Harbor, Marquette

 Bella Vista Motel
160 6th St.
Copper Harbor, MI 49918
✆ 1-887-888-8439
Schöne Zimmer mit guter Aussicht über den See, sehr freundlich. Bootsverleih und Angelmöglichkeiten von der Anlegestelle. Ebenfalls nur von Mitte Mai–Mitte Okt. geöffnet. $$

 Keweenaw Adventure Company
155 Gratiot St.
Copper Harbor, MI 49918
✆ (906) 289-4303
www.keweenawadventure.com
Verleih von Mountainbikes und Kajaks; auch Kajaktouren. Die beste Informationsquelle über Wanderrouten und Wanderwege in der Region östlich von Copper Harbor.

 Marquette Country Convention & Visitors Bureau
337 W. Washington St.
Marquette, MI 49855
✆ (906) 228-7749 oder 1-800-544-4321
www.marquettecountry.org

  Nordic Bay Lodge
1880 US Hwy. 41 S.
Marquette, MI 49855
✆ (906) 226-7516 oder 1-800-892-9376
Im Stil eines großen Alpen Chalets gebaut. Mit Balkonen zum See (leider liegt der Highway davor). Mit Restaurant. $$

  Comfort Suites of Marquette
2463 US Hwy. 41 W.
Marquette, MI 49855
✆ (906) 228-0028 oder 1-800-228-5151
Fax (906) 228-0028
Das beste Hotel der Stadt. Mit Sauna, Dampfbad, Whirlpool und Fitness-Raum. $$–$$$

 Big Bay Point Lighthouse Bed & Breakfast
 3 Lighthouse Rd., Big Bay, MI 49808
✆ (906) 345-9957
www.bigbaylighthouse.com
34 km nordwestlich von Marquette
Bed & Breakfast in einem alten, viereckigen Leuchtturm am Seeufer. Sieben gemütlich eingerichtete Zimmer befinden sich am Fuße des 36,50 m hohen Turms, den man natürlich auch erklimmen kann. Oben gibt es neben einer fabelhaften Aussicht auf den See und die raue Küste die alten Gerätschaften des Leuchtturmwärters zu besichtigen. $$$–$$$$

 Northwoods Supper Club
260 Northwoods Rd.
Marquette, MI 49855
✆ (906) 228-4343
Außerhalb der Stadt gelegenes, ländliches, rustikal eingerichtetes Restaurant mit amerikanischer Küche. Im Restaurant gibt es Fisch- und Steakgerichte, aber auch Kleinigkeiten, in der oft gut besuchten Bar auch Hamburger und Sandwiches. Lunch und Dinner. $$–$$$

 The Vierling Restaurant
119 S. Front St.
Marquette, MI 49855
✆ (906) 228-3533
So geschl.
Traditionslokal, das 1883 gegründet wurde. Hier wird amerikanische Küche serviert, vor allem Fisch aus dem Lake Superior. Im Keller gibt es eine kleine Brauerei – für gutes Bier ist also auch gesorgt.
$–$$

Wichtige Feste:

 Winter Carnival an der Michigan Technological University in Houghton (Anf./Mitte Feb.). Schneeskulpturen und eiskalter Spaß.
Oktoberfest in Copper Harbor (Anf./Mitte Okt.). Polka, Bier und Gesang.

7.1 In die Wildnis
Der Isle Royale National Park

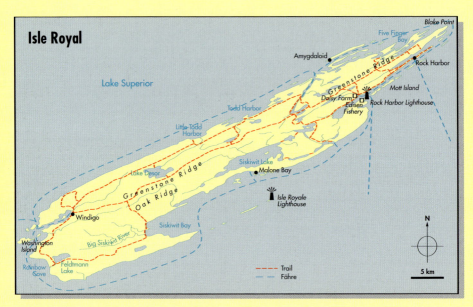

Isle Royal

Blake Point
Five Finger Bay
Amygdaloid
Rock Harbor
Lake Superior
Greenstone Ridge
Mott Island
Daisy Farm
Edisen Fishery
Rock Harbor Lighthouse
Todd Harbor
Little Todd Harbor
Siskiwit Lake
Lake Desor
Greenstone Ridge
Malone Bay
Oak Ridge
Isle Royale Lighthouse
Windigo
N
Siskiwit Bay
Washington Island
Big Siskiwit River
Rainbow Cove
Feldtmann Lake

Trail
Fähre
5 km

Der Nachteil der **Isle Royale** ist gleichzeitig ihr Vorteil: ihre Abgeschiedenheit. Während andere Nationalparks in den USA von den Besuchern fast zu Tode geliebt werden, ist die abgelegene und nur schwer erreichbare Insel eine einsame Wildnis. Hierhin kommen im Jahr weniger Besucher als in den Yellowstone-Nationalpark am Tag – und so bleibt genug Platz für einen wild wuchernden Wald, eine Wildnis, in der Elche und Wölfe, Biber und Füchse sowie See- und Fischadler, Spechte, Schildkröten und Schlangen leben.

Die lang gestreckte Insel – sie ist etwa 72 Kilometer lang und bis zu 14 Kilometer breit – besitzt eine eigentümliche Topographie: sie besteht aus mehreren parallel in Ost-West-Richtung verlaufenden Höhenzügen aus hartem Basaltgestein, deren höchster, der Greenstone Ridge, die Mitte der Insel bildet. Zwischen diesen Höhenzügen liegen stellenweise tief eingeschnittene Täler. Deutlich sichtbar wird das vor allem am Ostende der

Insel, wo dieses Basaltgestein flacher ist und wie Finger in den See reicht und die Täler vom See überflutet sind. Am Greenstone Ridge liegen auch die höchsten Erhebungen der Insel: Mount Franklin (375 Meter), Mount Siskiwit (307 Meter), Mount Desor (425 Meter) und Sugar Mountain (415 Meter).

Die Insel ist wie die Keweenaw-Halbinsel vulkanischen Ursprungs. Vor ca. 1,2 Milliarden Jahren, als der Lake Superior noch gar nicht existierte, drängte Lava an die Oberfläche, wandelte sich im Lauf der Zeit in Basaltgestein um und bedeckte eine Fläche von Tausenden von Quadratkilometern. Das schwerere Gestein senkte sich langsam wieder ab, und blieb nur an den Ränder als aufragender Basalt stehen – beispielsweise an der Isle Royale oder der Keweenaw Peninsula. Die Eiszeiten schliffen das Basaltgestein nun ab, glätteten es und lagerten an manchen Stellen Sand und anderes Sedimentgestein ab.

Die Insel war nicht immer die entrückte Wildnis – auch Menschen haben hier gelebt.

Archäologen fanden heraus, dass schon vor etwa 4000 Jahren die ersten Bewohner hierhin kamen, um Kupfer zu fördern, die meisten Funde stammen aber aus der Zeit zwischen 800 bis 1600. Die ersten Europäer waren 1671 französische Entdecker. 1783 wurde die Insel US-Territorium, und die zweite Hälfte des 19. Jahrhunderts stand ganz, ebenso wie auf der Keweenaw Peninsula, im Zeichen der Kupferförderung. Gleichzeitig beutete die »American Fur Company« die reichen Fischgründe um die Insel herum aus.

Im 20. Jahrhundert begann die Zeit des Tourismus. Es entstanden Sommerhäuser und Hotels, und die Wildnis lief Gefahr zu einer Sommerresidenz mit botanischem Naturgarten und Zoo zu werden. Schließlich setzte sich eine Gruppe um den Detroiter Journalisten Albert Stoll dafür ein, die Insel zum Nationalpark zu erklären. Seit 1940 ist die Inselgruppe, die aus der Hauptinsel und etwa 200 kleinen und kleinsten Inselchen (mitunter nur Felsen im See) besteht, Nationalpark und seit 1981 auch US-Biosphären-Reservat, was die Natur noch unter stärkeren Schutz stellt.

Denn da die Insel isoliert ist und menschliche Zivilisation weitgehend fehlt, lässt sich auf der Insel sehr genau studieren, wie die Pflanzen- und Tierwelt zusammen existieren, wie Tiere miteinander um Lebensraum konkurrieren und wie sich die Natur ins Gleichgewicht und aus dem Gleichgewicht bringt.

Um 1900 sah die Tierwelt der Insel wahrscheinlich noch ganz anders aus als heute. Damals lebten hier Luchse und Karibus – heute findet man in den Wäldern Wölfe und Elche.

Die Elche sind wahrscheinlich zu Beginn des 20. Jahrhunderts von Kanada zur Insel hinübergeschwommen. Sie fanden hier ihr vermeintliches Paradies: Natürliche Feinde fehlten, und viel Grünfutter ließ die Tiere sich so stark vermehren, dass die Insel um 1930 von Elchen sprichwörtlich übervölkert war. Sie hatten fast alles kahl gefressen und verhungerten nun zu Tausenden. Nur ein Feuer, das 1936 ausbrach und ein Viertel des Inselwaldes vernichtete und so Raum für neue, frische Pflanzen schuf, ließ einige Elche überleben. Doch erneut vermehrten sich die

Tiere so schnell, dass derselbe Kreislauf erneut einzusetzen drohte.

Der Winter 1948/49 war außergewöhnlich kalt, und die 23 Kilometer breite Wasserstraße zwischen Kanada und der Insel fror zu – dick genug jedenfalls, um eine kleine Horde Wölfe zu tragen, die damals auf die Insel kam. Das rettete die Elche und sorgte für das

Ein Ungetüm bricht durch den Busch: Elch auf der Isle Royale

heute bestehende Gleichgewicht: Die Wölfe erlegen die alten und schwachen Elche und bewahren so die Insel davor, kahl gefressen zu werden.

Dies ist nur eine vergröberte Version, denn in Wirklichkeit greifen in das labile Gleichgewicht eines Mikrokosmos, wie er auf der Insel vorzufinden ist, auch andere Faktoren ein: das Wetter, denn kältere Winter (es geht um Temperaturen von etwa minus 40 Grad Celsius) schaden den Elchen mehr als den Wölfen, das allgemeine Nahrungsangebot, das auch von der Zahl der Füchse, Biber und Hasen abhängt – die Wölfe fressen im Sommer auch Biber, deren Dämme Vegetationsinseln für die Elche bieten. Die Füchse fressen die Hasen, die sonst den Wald, der die Elche ernährt, kahl fressen würden, und wie sich kleinere Lebewesen – beispielsweise Insekten – in dieses komplizierte Gleichgewicht einsortieren, ist überhaupt noch nicht geklärt.

Bis man diese verästelten, lang andauernden Prozesse in der Natur endgültig durchschaut hat, werden noch Forschergenerationen beschäftigt sein. Nur eines wissen sie schon: der Mensch stört – er soll sich auf eine reine Beobachterrolle zurückziehen. ✳

Infos: Houghton, Isle Royale

 Isle Royale National Park Administration
800 E. Lakeshore Dr., Houghton, MI 49931
☏ (906) 482-0984
www.nps.gov/isro
Im Park selbst gibt es zwei Informationsstellen: In Rock Harbor an der Ostspitze der Insel und in Windigo an der Westspitze.

Zugang: Der Park ist nur von Mitte Mai bis Mitte Oktober zugänglich. Die Insel ist nur per Boot oder Wasserflugzeug zu erreichen. Die Boots- und Flugtickets müssen frühzeitig reserviert werden. Schlechtes Wetter macht mitunter sowohl Flüge als auch Bootsfahrten für Tage unmöglich.
Schiffe fahren von Houghton, Copper Harbor und Grand Portage (in Minnesota, Highway 61, direkt an der kanadischen Grenze), **Flugzeuge** starten in Houghton und mitunter in Duluth (Minnesota).

 Schiffsverbindungen:
– Von **Houghton** nach **Rock Harbor** (6–7 Std., $ 52 einfache Fahrt): Juni bis Mitte Sept. 2 mal wöchentlich mit dem Passa-

gierschiff Ranger III. Informationen bei der Parkverwaltung.
– Von **Copper Harbor** nach **Rock Harbor** (4–5 Std., täglich, einfache Fahrt $ 58 in der Hauptsaison, $ 50 in der Nebensaison, Mitte Mai–Ende Sept.) Informationen bei: **Isle Royale Queen IV**, Waterfront Landing, Copper Harbor, MI 49918, ☏ (906) 289-4437.
– Von **Grand Portage** nach **Windigo** (3,5 Std., ca. $ 54 einfache Fahrt) und von **Grand Portage** nach **Rock Harbor** (6 Std., ca. $ 65 einfache Fahrt): Mitte Mai bis Okt., 2–3 mal wöchentlich. Informationen bei: **GPIR Transport Lines**, 1507 N. First St., Superior, WI 54880, ☏ (715) 392-2100. Ein Boot dieser Linie umrundet die Isle Royale und hält an verschiedenen Punkten, um Passagiere abzusetzen bzw. aufzunehmen.

 Flugverbindung:
Von **Houghton/Laurium** nach **Windigo** oder **Rock Harbor** ($ 170 nur Hinflug, $ 240 hin und zurück): Die Flugzeuge starten nur Mitte Mai bis Ende Sept. Informationen bei: **Isle Royale Seaplane Service.**

Versteckt im Unterholz: Fuchs auf der Isle Royale

Houghton County Memorial Airport
23810 Airpark Blvd., Laurium, MI 49913
✆ (906) 482-8850 oder 1-877-359-4753

 Auf der Insel gibt es nur ein Hotel – die **Rock Harbor Lodge**, ein großes Holzhaus mit 60 Hotelzimmern und 20 kleinen Holzhütten, die von Mitte Juni bis Mitte September geöffnet hat. Im Hotel nur Vollpension (ca. $ 110 pro Person), die Cottages $$$–$$$$. Die Harbor Lodge wird von der Nationalpark-Verwaltung betrieben und muss auch dort gebucht werden – am besten Monate im Voraus. **Information und Buchung:** National Park Concessions Inc., P.O. Box 605, Houghton, MI 49931, ✆ (906) 337-4993.

 Außerdem gibt es 36 Campingplätze, die aber klein sind (der größte hat Platz für 11 Zelte, auf den meisten stehen einfache Schutzhütten). Man darf höchsten drei Nächte hintereinander an einem solchen Platz bleiben. Alle Camper müssen sich bei den Park Rangern registrieren lassen – entweder in Houghton (empfehlenswert) oder auf der Insel selbst. Sie brauchen eine sehr gute, vor allem auch wasserfeste Campingausrüstung.

 Auf der Insel gibt es zwei Läden, einen in **Rock Harbor** und einen in **Windigo**. Hier können Sie alles kaufen, was Sie vergessen haben – mit Ausnahme der Fische, die Sie fangen müssen (Angelschein erforderlich für das Fischen im Lake Superior, nicht aber für die Flüsse und die 46 kleineren Seen auf der Insel). Das Wasser sollte abgekocht oder gefiltert werden.

 Sie brauchen wetterfeste und warme Kleidung und Schuhe, bei längeren Wanderungen eine sehr gute Karte, einen Kompass, eine gute Campingausrüstung, einen Wasserfilter, einen Kocher mit wasserfesten Zündern, Erste-Hilfe-Ausrüstung, eine Taschenlampe, und, und, und. Denken Sie daran: Die Isle Royale bedeutet echte Wildnis.

Wassersportler können ihr Kajak mitbringen – die Passagierschiffe nehmen Boote gewöhnlich gegen Aufpreis mit – oder sich in Rock Harbor und in Windigo Kanus leihen. Selbst größere Boote mit Außenbordmotoren werden dort vermietet. Bei allen Bootstouren sollten Sie daran denken, dass der Lake Superior kein ungefährliches Gewässer ist. Wellen und Wind bringen ein Kanu leicht zum Kentern – ein geschlossenes Kajak ist deshalb vielleicht die bessere Wahl – auerdem ist das Wasser des Sees so kalt, dass die Gefahr einer Unterkühlung groß ist.

Die meisten Besucher bewegen sich zu Fuß über die Insel. Es gibt ca. **260 Kilometer Wanderwege**; kurze, die um die Besucherzentren bei Rock Harbor und Windigo angelegt wurden bis hin zum **Greenstone Ridge**, einem Pfad, der die Insel in der vollen Länge durchquert und für den man mindestens drei Tage einkalkulieren sollte (eher fünf).

 Ein paar Tipps für Ausflüge:
– Einstündige **Paddeltour** zum **Raspberry Island** mit anschließendem Spaziergang über einen Waldlehrpfad.
– Paddeltouren in der **Five Finger Bay**. Hier paddelt man in ruhigem Wasser, geschützt vor den Wellen des Lake Superior durch enge Kanäle und Buchten.
– **Motorbootfahrt** zum **Rock Harbor Lighthouse**. Diese Tour entlang der Küste durch den schmalen Kanal zwischen der Hauptinsel und den vorgelagerten kleinen Inselchen (u. a. Mott Island) ist auch mit dem Kanu möglich. Dann sollte man aber besser eine Übernachtung auf dem Campingplatz Daisy Farm einkalkulieren. Im Lighthouse hat ein kleines Schifffahrtsmuseum seinen Platz gefunden. Nahe gelegen ist die **Edisen Fishery**, ein Fischerhaus, in dem ein Parkaufseher die Geschichte der Fischerei auf der Insel erklärt.
– Sowohl von Rock Harbor als auch von Windigo sind gute **Halb-** oder **Eintageswanderungen** möglich.

⑧ Vom größten See zur größten Brücke
Von Marquette nach Mackinaw City

8. Route: Marquette – Munising – Pictured Rocks National Lakeshore – Manistique – Mackinac Bridge – Mackinaw City (299 km/180 mi)

km/mi	Zeit	Programm/Route
0/0	9.00 Uhr	**Marquette**. Kurze Stadtbesichtigung (Superior Dome, Marquette Maritime Museum).
	10.30 Uhr	Weiterfahrt über den Hwy. 41 S. und den Hwy. 28 E. nach
61/38	11.30 Uhr	**Munising**. Von dort in die **Pictured Rocks National Lakeshore** (Baden, Wandern, Picknick).
	15.00 Uhr	Weiterfahrt über den Hwy. 28 und den Hwy. 94 S. bis nach **Manistique**, dort auf den Hwy. 2. Der führt immer entlang dem Lake Michigan nach **St. Ignace** und zur
280/174	18.00 Uhr	**Mackinac Bridge**. Fotostopp. Weiterfahrt über die Brücke nach
299/180	18.30 Uhr	**Mackinaw City**.

Wer am Vorabend müde und spät in Marquette angekommen ist und die Motel- und Schnellrestaurant-Ansammlung am Highway 41 gesehen hat, wird es nicht vermuten: Marquette ist ein backsteinernes Schmuckstück und überrascht am Nordrand von Michigan mit einem Flair von Urbanität, wie man es nicht erwartet hätte.

Gegründet von Männern aus Neuengland, wurde **Marquette** Mitte des 19. Jahrhunderts groß – als Ausgangspunkt der Erschließung zahlreicher Eisenerzminen und nach dem Bau einer Eisenbahnlinie 1851 als einer der wichtigsten Verschiffungshäfen auf der Upper Peninsula. Entsprechend ist die Stadt von Eisenbahn- und – inzwischen stillgelegten – Schmelzanlagen bestimmt. Die ganze Stadt leuchtet im Rot jener soliden Backsteinarchitektur, die von Ferne an norddeutsche Kleinstädte erinnert und viele der älteren amerikanischen Industriestädte kennzeichnet. In der zweiten Hälfte des 19. Jahrhunderts entstand auch die weithin sichtbare, imposante und zugleich elegante Stahlkonstruktion der Eisenbahnbrücke, die einen Teil der Stadt überspannt und zum alten Verladehafen führt. Dort befindet sich auch der Fischmarkt, wo man frischen Fisch und eine UP-Spezialität erstehen kann: Weißfischrogen, der, gemischt mit klein gehackten Zwiebeln

Wundervolle Strände: die Pictured Rocks National Lakeshore

und saurer Sahne, einen leckeren Brotaufstrich ergibt und wunderbar zum lokal gebrauten Bier passt – vielleicht nicht der beste Tipp für einen morgendlichen Stadtrundgang.

Heute ist Marquette ein lebhaftes Städtchen mit rund 21 000 Einwohnern, stark geprägt von der Northern Michigan Universität mit ihren über 9000 Studenten. Prunkstück der Universität ist der **Superior Dome**, eine riesige Sporthalle, angeblich die größte hölzerne Kuppel der Welt.

Der Highway 28 führt von Marquette Richtung Munising und ist auf diesem Streckenabschnitt besonders schön. Die Fahrt geht vorbei am Seeufer, mitunter schiebt sich ein Stück lichter Wald dazwischen. **Munising** bietet als Stadt nichts Besonderes: ein lang gezogenes Nest mit zwei, drei Straßen, die parallel zum Seeufer führen und durch wenige Stichstraßen miteinander verbunden sind. Es gibt eine Handvoll Motels, ein paar Restaurants und zwei große Tankstellen – die eine ist mit Waschraum, Telefon, Geldautomat, Getränke- und Süßwaren-, Dosenfutter-, Hamburger- und Feuerholzverkauf (ach ja, Benzin gibt es auch) die Versorgungsstation der Reisenden.

Man lebt hier größtenteils vom Tourismus, denn Munising ist das Eingangstor zur **Pictured Rocks National Lakeshore**, einem Nationalpark, der sich etwa 40 Meilen entlang der Küste erstreckt und natürlich auch die küstennahen Wälder umfasst. Das Seeufer ist hier überwiegend felsig. Der hoch und steil aufragende Sandstein wurde vom Wasser zu tiefen Mulden ausgewaschen, die wie Höhlen anmuten.

Teils unten am Fuß der Felsen, teils oben auf ihrem Rand führen schmale Wanderwege am See entlang. Immer wieder stürzt ein Wasserfall in die Tiefe oder es öffnet sich eine kleine, versteckt gelegene Bucht. Stellenweise reichen die Felswände bis unmittelbar ans Wasser, an anderen Stellen findet sich ein breiter, weißer Sandstrand vor der aufragenden Felswand. Am Strand liegen hier und da entwurzelte, angespülte und von Wind und Wetter gebleichte Baumstämme, gegen die gelehnt man gut einen Tag in der Sonne verdösen kann. Hier stört einen an den meisten Tagen der Woche und die meiste Zeit des Jahres kein Mensch.

Einige Straßen führen in den Park hinein, keine aber in das Herzstück, dorthin, wo die meisten bunten Felsen aus dem Wasser ragen. Dahin muss man laufen, etwa fünf Kilometer, vorbei an Flüsschen durch lichte Birkenwälder. Am Wegesrand laden kleinere Seen zum Baden ein. Deren flacheres Wasser ist wärmer als das des Lake Superior, aber auch in ihm macht ein kurzes Bad Spaß – für ein längeres ist das Wasser eindeutig zu kalt.

Ein wehmütiger Abschiedsblick auf den Lake Superior in der Nachmittagssonne und dann geht es weiter – nach Süden, einmal quer durch die Upper Peninsula. **Manistique** liegt am Nordufer des Lake Michigan, wieder so eine riesige Wasserfläche, die sich unendlich ausdehnt. Zinnoberrot bedeutet in etwa der Name des Ortes in der Sprache der Ojibwa-Indianer; er wurde gewählt nach der Farbe des wilden Manistique-Flusses, der hier in den Lake Michigan mündet und dessen Wasser wirklich rotbraun schimmert. Wer im Lake Superior gebadet hat oder besser noch, wer es nicht tat, weil ihm das Wasser zu kalt war, kann nun mal in den Lake Michigan springen – dessen Wassertemperatur ist doch erheblich menschenfreundlicher.

Zunächst durch das Binnenland, dann immer am See entlang, führt der

Highway 2 nach Osten. Die US 2 ist die nördlichste Bundesstraße Amerikas, sie führt fast parallel zur kanadischen Grenze quer über den nordamerikanischen Kontinent. Besonderes ist auf der Strecke zunächst nicht zu sehen, nur schöne Strände, Wälder und immer wieder der Ausblick auf die gewaltige Wasserfläche – aber dann schiebt sich langsam der lichte Bogen der Brücke, die sich zur unteren Halbinsel Michigans hinüberschwingt, in den Blick.

Über fünf Meilen lang, auf 34 Pfeilern im Grund verankert, mit zwei Pylonen,

die 168 Meter (zum Vergleich: der Kölner Dom ist 157 Meter hoch) aufragen und 63 Meter tief in den Grund gebohrt sind, ist die Brücke ein gigantisches Bauwerk. Lange wurde bezweifelt, ob man über die »Straße von Mackinac« überhaupt eine Brücke schlagen könne. Schießlich war es nach drei Jahren und dem Einsatz von 99 Millionen Dollar geschafft: Am 1. November 1957 wurde die Brücke eröffnet, die heute noch eine der längsten Brücken der Welt ist. Sie ist so konstruiert, dass sie sogar Windgeschwindigkeiten von 600 Meilen

Triumph der Technik: die Mackinac Bridge

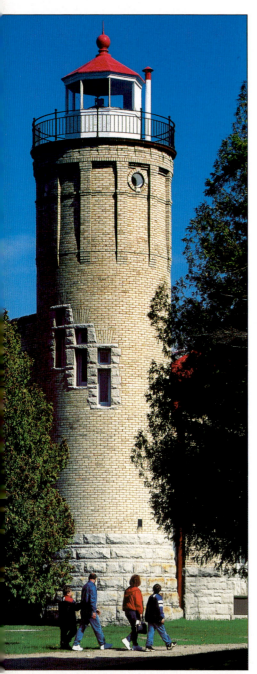

Old Mackinac Point Lighthouse

pro Stunde widerstehen soll, ihre Pylone schwanken dann aber um fünf Meter zu jeder Seite aus der Senkrechten. So braucht eigentlich niemand, der sie überquert, Angst zu haben. Wer aber zögert, und wem die Hände beim Anblick so feucht werden, dass er glaubt, sein Lenkrad nicht mehr fest fassen zu können, der sollte an der Mautstelle um Hilfe bitten – Brückenarbeiter nehmen dann das Steuer in die Hand und fahren den Wagen rüber.

Einmal im Jahr, am Labor Day Vormittag (5. September) ist die Brücke für Fußgänger geöffnet – gerade zu Fuß ist es ein Erlebnis, sie zu überqueren.

Die Brücke führt von St. Ignace nach **Mackinaw City**. Wundern Sie sich übrigens nicht darüber, dass es einmal Mackinac (wie in Mackinac Island) und ein anderes Mal Mackinaw (wie in Mackinaw City) heißt. Das ist einfach zu erklären: Die ersten Europäer, Franzosen, übernahmen den indianischen Namen, wie sie ihn hörten, und schrieben ihn in ihrer Schrift als Mackinac, die später kommenden Engländer schrieben ihn dann, wie sie ihn hörten, nämlich Mackinaw. Beides wird gleich ausgesprochen, am Ende wie im Wort *law* (Gesetz).

Wo Sie am Ende des Tages bleiben, ob in St. Ignace oder Mackinaw City bleibt Ihnen überlassen. Beide Städte sind nichts Besonderes, beide sind Ausgangspunkte, um nach Mackinac Island, der kleinen Insel im Lake Huron zu gelangen (s. S. 176 ff.). In **St. Ignace** gibt es ein gutes Museum, das sich der Kultur der Ojibwa-Indianer widmet, in Mackinaw City dafür **Colonial Michilimackinac**, ein ehemaliges französisches Fort, das 1715 gegründet wurde. Ausschlaggebend für Mackinaw City ist etwas anderes – hier gibt es einfach bessere Restaurants. ⚜

In St. Ignace: Blick von Castle Rock auf den Huron-See ▷

**Marquette Country Convention &
Visitors Bureau**
Siehe S. 163.

 Superior Dome
1401 Presque Isle
Marquette, MI 49855
✆ (906) 227-2850
Angeblich die größte hölzerne Kuppel
der Welt. Eine 8000 Zuschauer fassende,
aus Holz konstruierte Sporthalle, die
1991 vollendet wurde und der Northern
Michigan University gehört. Wirklich sehenswert.

 Marquette Maritime Museum
300 Lakeshore Blvd.
Marquette, MI 49855
✆ (906) 226-2006
www.mqtmaritimemuseum.com
Tägl. 10–17 Uhr
Museum, gewidmet der Schifffahrt auf
dem Lake Superior.

 **Munising Information Center/
Pictured Rocks National Seashore**
400 E. Munising Ave., an der Kreuzung
der Hwys. 28 und 58
Munising, MI 49862
✆ (906) 387-3700
www.nps.gov/piro
Hier erhält man Informationen über Munising und die Pictured Rocks National
Lakeshore.

 Days Inn
Bay St., das ist der Hwy. 28
Munising, MI 49862
✆ (906) 387-2493 oder 1-800-329-7466
Zimmer mit Seeblick, Sauna. $$–$$$

 Im Pictured Rocks National Lakeshore
Park gibt es drei schöne, kleine Campingplätze. Weitere Informationen erhält
man im Visitor Center in Munising.

 Museum of Ojibwa Culture
500 N. State St.
St. Ignace, MI 49781

✆ (906) 643-9161
Ende Juni–Anf. Sept. tägl. 10–20 Uhr,
sonst kürzer, Eintritt $ 2
Gutes kulturgeschichtliches Museum
mit sehr schönem Museumsshop.

 Mackinaw Area Visitors Bureau
10300 W. US Hwy. 23
Mackinaw City, MI 49701
✆ (231) 436-5644 oder 1-800-666-0160
www.mackinawcity.com

 Days Inn Bridgeview Lodge
206 N. Nicolet St.
Mackinaw City, MI 49701
✆ (231) 436-8961 oder 1-866-557-6667
www.daysinnbridgeview.com
Motel der bewährten Days-Inn-Katego-
rie mit verlässlichem Standard. Ganz in
der Nähe der berühmten Mackinac Bridge und den Fähranlegern zur Mackinac
Island. Mit Restaurant. $$–$$$

 Riviera Motel
520 N. Huron St.
Mackinaw City, MI 49701
✆ (231) 436-5577
Nahe der Ausfahrt 339 von der I-75.
Schlichte Ausstattung, das beste ist die
Aussicht auf die Brücke. $$

 Econo Lodge Bayview
712 S. Huron St.
Mackinaw City, MI 49701
✆ (231) 436-5777 oder 1-800-253-7216
Schön gelegenes Motel inmitten von
lichtem Pinienwald, nahe den Fähranle-
gern. Auch kleine Hütten zu vermieten.
Mit großem Spaßbad, inklusive Pools
drinnen und draußen, Rutschen etc.
$$–$$$

  Colonial Michilimackinac
Westlich der Mackinac Bridge
Mackinaw City, MI 49701
✆ (231) 436-5563
Anf. Mai–Mitte Juni und Mitte Aug.–Anf.
Okt. tägl. 9–16, Mitte Juni–Mitte Aug. tägl.
9–18 Uhr

Infos: Mackinaw City

Eintritt $ 9.50

Fort und Handelsposten, 1715 von Franzosen gegründet, 1761 von den Engländern und 1781 von den Amerikanern übernommen. Ein Dutzend restaurierte Bauten können besichtigt werden, und Führer in historischer Kleidung erläutern die Geschichte oder demonstrieren alte Handwerkskunst (Schmiedewerkstatt). Gleichzeitig ist das Gelände archäologische Ausgrabungsstätte.

 Audie's
314 N. Nicolet St.
Mackinaw City, MI 49701
℗ (231) 436-5744

Zwei Restaurants unter einem Dach – Audie's Family Restaurant, ein einfaches, eher familiengerechtes Lokal, und der elegantere Chippewa Room. Audie's Spezialität ist Weißfisch aus dem Lake Superior. Ansonsten serviert das Famili-

enrestaurant vorwiegend Burger, Sandwiches und Nudelgerichte, das andere Fisch, Meeresfrüchte und Steaks. $$–$$$

 Cunningham's Family Restaurant
312 E. Central Ave.
Mackinaw City, MI 49701
℗ (231) 436-8821

Preiswertes, familienfreundliches Restaurant mit Pizza, Pasta, Pommes und großen Portionen. Auch Weißfisch. $

Wichtige Feste:

 International Food Festival: wie der Name sagt, Essen aus aller Welt. Das Fest für Feinschmecker am Wochenende um den 4. Juli in Marquette.

Seafood Fest: noch etwas für Freunde der Gaumenfreuden. Ebenfalls in Marquette, und zwar am 3. Augustwochenende.

In St. Ignace: das Museum der Ojibwa-Indianer

⑨ Autofreie Sommerfrische
Ein Abstecher nach Mackinac Island

9. Programm: Mackinac Island

Vormittag: Kutschfahrt durch den Ort (1–1 1/2 Std.), vorbei am Grand Hotel und an den im 19. Jh. erbauten Sommerhäusern der Michiganer Millionärsfamilien. Besichtigung des Forts, Bummel über die Main St.

Nachmittag: Fahrradtour um die Insel (Badesachen mitnehmen).

Gleich legt die Fähre an: Ankunft auf Mackinac Island

Nach achtspurigen Highways, Drive-In-Imbissen, Drive-Through-Apotheken und gigantischen Parkplätzen vor Shopping Malls glaubt man kaum, dass es so etwas in den USA gibt: eine autofreie Zone, knappe neun Quadratkilometer groß und das nicht in unbesiedeltem Gebiet, sondern dort, wo Menschen leben, arbeiten und sich vergnügen.

Mackinac Island heißt diese Ausnahme, die einen Teil ihres Charmes daraus bezieht, dass man sich hier nur per Pedes, per Pferd, per Fahrrad oder per Kutsche fortbewegen kann. Die über-

wiegende Anziehung resultiert aber aus der schönen Landschaft, den kleinen Wäldern, den Stränden und dem klaren Wasser des Lake Huron sowie den zahlreichen mitunter verspielten, bisweilen höchst repräsentativen Bauten aus dem 19. Jahrhundert, die hier erhalten blieben.

So wundert es nicht, dass sich die Insel zu einem der beliebtesten Ziele für Ausflügler entwickelt hat. Morgens hin, abends zurück, so machen es die meisten – schöner ist es aber, hier auch die Nacht zu verbringen. Heute lebt man vom Tourismus: die Fährbetriebe, die Geschäfte auf der Main Street und die Fahrradverleiher von den Tagesausflüglern vom Festland und die etwa drei Dutzend Hotels von denen, die sich entscheiden, hier auch zu übernachten.

Wie ein grüner Tupfer mit weißem Rand, hingetupft in ein riesiges Blau – so liegt die Mackinac-Insel am Ostrand der Straits of Mackinac, jener schmalen Durchfahrt, die den Lake Huron (im Osten) und den Lake Michigan (im Westen) verbindet.

Von Ferne, vor allem wenn man sich ihr paddelnd nähert, erinnert sie an eine große Schildkröte – so sahen es jedenfalls die Ojibwa-Indianer, die ersten Einwohner, die der Insel deshalb den Namen Michilimackinac (»große Schildkröte«) gaben. Im 18. Jahrhundert zunächst zwischen Frankreich und England, und dann zwischen England und den abtrünnigen Provinzen umstritten, wurde die Insel und das von den Engländern erbaute Fort am 11. Juli 1796 von amerikanischen Truppen endgültig eingenommen. Wichtig war die Insel wegen ihrer strategischen Lage: Wer Mackinac Island hatte, war Herrscher im Norden, denn von ihr aus konnte man die Einfahrt in den Lake Michigan und damit den Handel, besonders den mit Pelzen, auf den Großen Seen kontrollieren.

Vom Zentrum für Pelzhandel entwickelte sich die Insel schnell zur Sommerfrische für Betuchte. Das erste Hotel war das **Island House**, erbaut 1852, dann folgte bald schon das Grand Hotel. Industrielle erbauten ihre »Cottages«, Villen mit mehr als 30 Zimmern, die heute nur noch als Sommerhäuschen genutzt werden. Eine weise und vorausschauende Entscheidung fiel 1898 – damals wurde per Fähre das erste Auto auf die Insel geschafft. Die Insulaner sprachen sich dafür aus, private Autos auf der Insel zu verbieten, und so hält die Insel einen Rekord: Die M 185, die Straße, die rund um die Insel führt, ist der einzige Highway in Amerika, auf dem noch nie ein Autounfall passierte.

Trotzdem sollte man schon aufpassen, wenn man über die Main Street bummelt: Auf die Radfahrer, die nicht immer sicher wirken – Amerikaner sind das Fahrradfahren nicht so gewohnt – und vor allem auf die Hinterlassenschaften der Pferde, die die Kutschen ziehen. Es gibt in den Sommermonaten etwa 600 Pferde auf der Insel, davon gehören über die Hälfte zu den Fuhrunternehmen.

Die kurze, lebhafte Main Street wirkt trotz ihrer vielen Geschäfte idyllisch, auch weil sie durchgehend von niedrigen Bauten aus dem 19. Jahrhundert

Stilecht: Pferdedroschke vor dem Grand Hotel

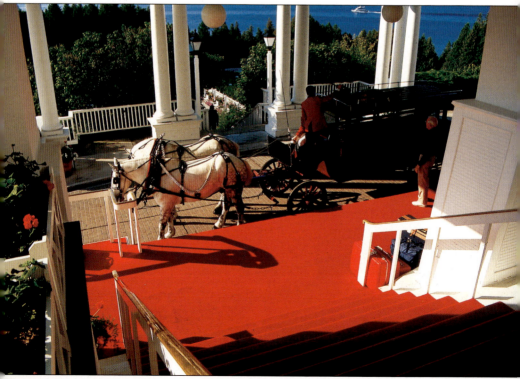

Nachgestellte Geschichte: Engländer im Fort Mackinac – beachten Sie die Teekanne!

gesäumt ist. Ruhiger ist die Market Street, in der das **Robert Stuart-Haus** und das **Astor-Lagerhaus** an den Pelzhandel des 19. Jahrhunderts erinnern. Robert Stuart war Geschäftsführer der American Fur Company, jenes Unternehmens, das der mittellos eingewanderte Deutsche Johann Jacob Astor aus Walldorf bei Heidelberg 1812 in New York gegründet hatte. Astor machte ein Vermögen, nicht nur mit dem Pelzhandel, sondern auch mit Grundstücksspekulationen in New York.

Die Market Street führt weiter bis zur Cadotte Avenue, die nach rechts abzweigt und einen zum **Grand Hotel** bringt. Der gigantische Bau mit seiner über 220 Meter langen *Porch* (Veranda) kann auch von Nicht-Gästen besichtigt werden – allerdings nur gegen Eintrittsgeld. Zum Nachmittagstee oder für einen Drink in der Bar ist *proper attire required* – Krawatte und Jackett gehören

genauso selbstverständlich dazu, wie Shorts verboten sind.

Die Fort Street führt von der Main Street hinauf – wohin wohl – zum **Fort Mackinac**. Ist man oben, sieht man sofort, warum die Engländer sich hier niederließen – der Blick reicht über die Bucht, die Insel und weit über den Lake Huron. Wer das Fort nicht besichtigen will – es handelt sich dabei um 14 verschiedene Gebäude aus dem späten 17. und frühen 18. Jahrhundert, angefüllt mit Kostümen, Kanonen und Kultur – sollte zumindest den Fort Mackinac Tea Room im ehemaligen Offizierskasino aufsuchen mit gutem Essen, guten Getränke und besonders schönen Sitzplätzen auf der Terrasse.

Wo die Fort Street oberhalb des Forts auf die East Bluff Road trifft, steht das Sommerhaus des Michiganer Gouverneurs, ein ebenso »bescheidenes Cottage« wie die Millionärs-Sommervillen weiter östlich an der **East Bluff Road**.

Wer sich ein Fahrrad leiht, kann damit schnell die Insel erkunden. Ein Rundweg führt immer am Ufer entlang einmal um sie herum, auf ihm passiert man die schönsten Punkte: die Felsfor-mation **Arch Rock**, eine natürliche Sandsteinbrücke, einen angelegten kurzen Nature Trail, **British Landing**, den Punkt, an dem 1812 die Engländer erneut auf der Insel landeten, **Chimney**

Rock und **Devil's Kitchen**, zwei weitere interessante Felsformationen. Aber nehmen Sie sich Zeit bei der Rundtour, machen Sie Abstecher ins Inselinnere – und nehmen Sie Badesachen, Handtuch und am besten noch einen Picknickkorb mit. An warmen Sommertagen ist der Lake Huron der vielleicht schönste Badesee der Erde – einer der größten ist er ohnehin.

Pferdewagen statt Autos transportieren auf Mackinac Island das Gepäck

Mackinac Island Chamber of Commerce
Main St.
Mackinac Island, MI 49757
✆ (906) 847-3783 oder 1-800-454-5227
www.mackinacisland.com
Touristische Informationen über die Insel:
Anreise, Unterkunft, Restaurants etc.

 Mackinac State Historic Park
Main St., gegenüber dem Marquette Park
Mackinac Island, MI 49757
✆ (906) 847-3328
Mai–Sept.
Informationen über den State Park, vor allem über die historischen Baudenkmäler auf der Insel.

 Anreise: Von April bis Dezember ist die Insel per Fähre (Fahrtdauer zwischen 15 u. 30 Min.) zu erreichen. Fährboote fahren im Sommer etwa jede 1/2 Std. von St. Ignace und Mackinaw City, außerhalb der Hochsaison etwas seltener. Hin- und Rückfahrt kosten etwa $ 15. Die Fährunternehmen haben alle eigene Anleger in den Abfahrtsorten und auch große Parkplätze, auf denen man sein Fahrzeug umsonst stehen lassen kann. Die Anfahrt zu den Fähranlegern ist in den Orten gut ausgeschildert.

Von St. Ignace und Mackinaw City
Arnold Transit Co.
✆ (906) 847-3351 oder 1-800-542-8528
www.arnoldline.com
Hin- und Rückfahrt $ 19
Shepler's Mackinac Island Ferry
✆ (616) 436-5023 oder 1-800-828-6157
www.sheplersferry.com
Hin- und Rückfahrt $ 17
Star Line Mackinac Island Ferry
✆ (906) 643-7635 oder 1-800-638-9892
www.mackinacferry.com
Hin- und Rückfahrt $ 19

 Auf der Insel ist das populärste Fortbewegungsmittel das **Fahrrad**. Unzählige Verleiher bieten auf der Hauptstraße Rä-

der an. Die Preise liegen bei etwa $ 6 pro Stunde und $ 30 für einen ganzen Tag. Eine Inselumrundung dauert ohne Pause 45 Min. kann aber durchaus auch zwei bis drei Stunden in Anspruch nehmen.

 Mackinac Island Carriage Tours
Main St.
Mackinac Island, MI 49757
✆ (906) 847-3307
Tickets $ 18
Alternativ kann man sich auf der autofreien Insel wie sonst mit einem Taxi auch mit einer Kutsche umherfahren lassen.

 Grand Hotel
West Bluff
Mackinac Island, MI 49757
✆ (906) 847-3331 oder 1-800-334-7263
Fax (906) 847-3259
www.grandhotel.com
Das Grand Hotel trägt seinen Namen zu Recht. 1887 erbaut, ist es mehr als ein Hotel, es ist mit seiner 220 m langen überdachten Holzveranda eine echte Sehenswürdigkeit. Hier zieht man sich noch dreimal am Tag zu den Mahlzeiten um (zum Abendessen bitte im dunklen Anzug erscheinen) und träumt von den goldenen Zeiten, als die Welt noch in Ordnung war. Das richtige Ambiente für Präsidenten und Staatsgäste. Der Übernachtungspreis sprengt alle Kategorien, er startet bei etwa $ 335 für das einfachste Doppelzimmer. 385 Zimmer.

 The Island House
Main St.
✆ (906) 847-3347 oder 1-800-626-6304
Mackinac Island, MI 49757
www.theislandhouse.com
Sehr schönes Hotel östlich des Fähranlegers. Viktorianisches Haus aus der Mitte des 19. Jh. mit großen Gästezimmern, manche davon mit hervorragender Aussicht über die Bucht. Sehr guter und freundlicher Service, schönes Restaurant, Pool, einige Suiten. 97 Zimmer.
$$$$

Cloghaun
Market St., Mackinac Island, MI 49757
℡ (906) 847-3885 oder 1-888-442-5929
Eher ein Bed & Breakfast als ein Hotel. Elf Gästezimmer, davon acht mit eigenem Bad. Sehr schönes Haus von 1884 mit großer *Porch* und großem Balkon sowie schönem Garten. Die meisten Zimmer sind stilvoll mit Antiquitäten möbliert. $$$–$$$$

 Pine Cottage
Bogan Lane, Mackinac Island, MI 49757
℡ (906) 847-3820
Kleines Bed & Breakfast in einem Haus von 1890. Eine der wenigen etwas preiswerteren Unterkünfte auf der Insel. 15 Zimmer. $$–$$$$

 Robert Stuart House Museum
Market St., Mackinac Island, MI 49757
Eintritt $ 5, in Kombination mit Fort Mackinac $ 9.50
1817 wurde das Wohnhaus mit Arbeitsraum von Robert Stuart erbaut. Hier arbeitete der Manager der American Fur Company, des Pelzhandelshauses aus New York, das im Besitz des deutschen Auswanderers Johann Jacob Astor war.

 Fort Mackinac
Mackinac Island, MI 49757
℡ (906) 847-3328
Mitte Juni–Mitte Aug. tägl. 9.30–20, Anf. Mai–Anf. Juni, Mite Aug.–Anf. Okt. tägl. 9.30–16.30 Uhr
Eintritt $ 9.50, Kinder $ 6 (u.a. inkl. Stuart House)
Britische Soldaten erbauten das über der Bucht liegende Fort während des amerikanischen Unabhängigkeitskrieges. Es ist das Zentrum des Mackinac State Park auf der Insel. Heute wird hier die Vergangenheit anschaulich präsentiert: mit historischen Kostümen und fotogenen Inszenierungen der einstigen Geschehnisse.

 Benjamin Blacksmith Shop and Biddle House
Market St., Mackinac Island, MI 49757
Mitte Juni–Anf. Sept.
Schmiede von 1874 – mitunter Vorführungen – und Wohnhaus von 1780.

 East Bluff Cottages
Millionärs-Sommerhäuser, die meisten entstanden in der zweiten Hälfte des 19. Jh. Sie sind in Privatbesitz und können nicht besichtigt werden.

 Pink Pony Bar & Grill
Main St., im Hotel Chippewa
 Mackinac Island, MI 49757
℡ (906) 847-3341
Großes, lebhaftes Restaurant mit amerikanischer Küche. Steak und Fischgerichte – gute Portionen, schneller Service, große Bierauswahl. $–$$

 Pur & Oyster Bar
Main St., nahe der Anlegestelle
Mackinac Island, MI 49757
℡ (906) 847-9901
Antike Einrichtung aus dem 19. Jh. Bar mit langem Tresen, einige Tische, es gibt Sandwiches, kleine Gerichte vom Grill und Salate, natürlich auch Austern, Shrimps, Fisch- und Muscheleintöpfe. $–$$

 1852 Grill Room
Im Hotel Island House, s.o.
℡ (906) 847-3347 oder 1-800-626-6304
Elegantes, aber nicht übertrieben gestyltes und sehr gutes Restaurant. Amerikanische Küche mit vielen Fischgerichten. $$$

 Neben allerlei Schnickschnack, der in den Geschenkläden angeboten wird, gibt's auf der Main Street einige Shops, die *Fudge*, eine nougatähnliche Milch- und Schokoladenmasse, anbieten. Probieren!

Wichtiges Fest:

 Chicago Mackinac Island Yacht Race:
Segelregatta, die Mitte Juli stattfindet, ein Rennen von Chicago zur Insel.

❶ Football und Autos
Von Chicago nach Sandusky

1. Route: Chicago – South Bend – Sandusky (497 km/309 mi)

km/mi	Zeit	Route
0/0	9.00 Uhr	In **Chicago** auf die I-90/94, die ab der Ausfahrt 3 zur Toll-Auto-bahn 90 wird und sich hinter Gary mit der I-80 vereinigt. Sie führt weiter als Toll-Autobahn bis
140/87	10.30 Uhr	**South Bend**. Dort Besuch der **College Football Hall of Fame** sowie des **Studebaker Museum** oder des **Northern Indiana Center for History**. Kurze Tour durch die University of Notre Dame. Lunch.
	15.00 Uhr	Weiter auf der Toll-Autobahn 80/90 durch Indiana ins nördliche Ohio. Vorbei an **Toledo** bis zur Abfahrt 6 (hinter Kingsway). Dort auf den Hwy. 53 N. nach **Port Clinton** und auf dem Hwy. 2 bis
497/309	19.00 Uhr	**Sandusky**.

Chicago zu verlassen ist gar nicht so einfach. Zwar führen die Interstates 80 und 90 direkt aus der Stadt hinaus, aber die scheint einfach nicht auf-zuhören. Die Staatsgrenze zwischen Illi-nois und Indiana nimmt man nicht wahr, es sei denn daran, dass sich die Hin-weisschilder an den Highways ändern und die Meilenzählung neu beginnt. Erst hinter Portage beginnt wieder das länd-liche Amerika, dann aber richtig. Platt und flach liegt das Land da, eine einzige große landwirtschaftliche Nutzfläche, durchzogen vom Highway. Die einzige Abwechslung bieten die periodisch auf-tauchendem Toll-Stationen.

Erst nach anderthalb Stunden, wenn man **South Bend** erreicht, ändert sich das. Die Stadt ist ein lohnender Stop-over, will man eine amerikanische Leidenschaft verstehen: die für Football.

1842 wurde beim damaligen Dörf-chen South Bend die **University of Notre Dame** gegründet, heute eine der größten und vor allem bestangesehenen Hochschulen Indianas. Die Universität ist berühmt für ihren großen Campus mit der neogotischen **Basilica of the Sacred Heart** und dem Verwaltungsge-bäude mit der goldenen Kuppel – min-destens aber genauso berühmt für ihre Football-Mannschaft.

Der College Football ist eine Institution in den USA. Die College Teams haben eigene Ligen neben den nationalen Profiligen, und den Studentenspielen kommt – vielleicht wegen des Beipro-gramms mit Musik und Cheerleadern – genauso viel Publikumsinteresse entge-gen wie denen der Profis. Für die Colle-ges und Universitäten ist diese Liga wichtig – macht sie doch die meist pri-vaten Hochschulen bekannt und bringt Geld in die Kassen. Deshalb nehmen viele erstklassige Hochschulen mitunter auch Studenten an, die nicht gerade durch akademische Leistungen brillie-ren, aber auf dem Football-Feld. Sie er-halten dann besondere Stipendien.

Stürmischer See: an der Hafenmole von Michigan City

Im Stadtzentrum von South Bend steht nun die **College Football Hall of Fame** – die Ruhmeshalle des College Football. Ruhmeshallen gibt es in den USA viele, es gibt eine für Rock 'n' Roll in Cleveland (s. Seite 191 f.), eine für Baseball in Cooperstown, New York, eine für Basketball in Springfield, Massachusetts, sowie eine für Country Music in Nashville, Tennessee – jede Sportart oder jeder Musikstil hat seine Säulenheiligen, und die müssen geehrt werden. Wer geehrt wird, darüber entscheidet ein Gremium. Kein Spieler oder Musiker wird einfach Mitglied der Ruhmeshalle – er muss berufen werden und wird in einer feierlichen Zeremonie aufgenommen.

Das Gute an der Ruhmeshalle in South Bend ist, dass sie zwar alle möglichen Fakten über die Mitglieder der Hall of Fame bereithält, die Ausstellung sich aber mehr der Entwicklung der Sportart widmet und vor allem vermittelt, was Zuschauer an einem Spiel fasziniert, das jeder europäische Beobachter zunächst einmal nur als ein ungeordnetes Übereinanderherfallen mit vielen Spielunterbrechungen ansieht. Man wird Zeuge eines Spiels in verschiedenen Stadien und von verschiedenen Blickwinkeln aus, sitzt mit den Spielern gemeinsam beim Pausentee, hört die taktischen Anweisungen der Trainer und kann selbst probieren, wie man werfen und wie schnell man laufen muss und wie schwer der eiförmige Ball zu fangen und zu werfen ist.

South Bend verdankt seinen Bekanntheitsgrad nicht nur der Universität, sondern auch der Firma Studebaker. Denn die baute hier von 1852 bis 1966 Fahrzeuge – zunächst Pferdewagen, später

Als die Autos schon schlichter wurden: Studebaker von 1964

Das Lieblingsteam auf der Brust – im Cedar Point Amusement Center, Sandusky

dann auch Automobile. Die schönsten sind im **Studebaker National Museum** zu sehen, darunter wilde Designerträume wie der Packard Predictor von 1956.

Hinter South Bend geht es weiter durch Agrarland. Südlich der Interstate liegen einige Mennonitensiedlungen, und in **Shipshewana** (Abfahrt 107, dann hinter Middlebury links auf den Highway 20, dann wieder links auf den Highway 5) gibt es dienstags und freitags einen riesigen Floh- und Gemüsemarkt. Man sieht es schon an den Autoschildern auf dem Parkplatz, dass hier Kunden aus der ganzen Region der Großen Seen zusammenkommen. Hier kann man Farmzubehör, Antiquitäten, Kleidung, gutes Brot, Käse und vor allem frisches Obst und Gemüse kaufen, das meist ohne Verwendung von Düngemitteln und Pestiziden gezogen wurde.

Im nahe gelegen **Goshen** beherbergt eine kleine Universität eine Mennonitenbibliothek, in der man einiges über die Geschichte der Mennoniten nachlesen

kann, so beispielsweise über ihre Verhandlungen mit dem amerikanischen Präsidenten, bei denen sie die Befreiung von allen Staatsdiensten erreichen wollten. Die Amerikaner waren zwar an der Immigration der Mennoniten sehr interessiert, weil die als tüchtige Bauern und erfahrene Kolonisten galten, aber nicht bereit, ihnen Sonderrechte einzuräumen.

Zu größeren Siedlungsgebieten der Mennoniten wird uns die Reise in Kanada führen. So fahren wir weiter durch Farmland, immer auf dem Interstate, vorbei an Angola, über die Grenze nach Ohio und lassen auch Toledo links liegen. Bei **Port Clinton** erreichen wir wieder einen See, diesmal den Lake Erie, an dessen Ufer entlang der Highway 2 bis nach **Sandusky** führt. Wer noch Energie hat, kann hinüber auf die Kelleys Island und vom State Park aus den Sonnenuntergang bewundern. Oder man bleibt gleich in Port Clinton und blinzelt in die untergehende Sonne hinüber zum Michiganer Ufer. ✿

South Bend Convention and Visitors Bureau/Mishawaka
401 E. Colfax Ave., Suite 310
South Bend, IN 46634
℡ (219) 234-0051 oder 1-800-519-0577
Fax (574) 289-0358
www.livethelegends.org

 Cushing Manor Inn B&B
508 W. Washington St.
South Bend, IN 46601
℡ (574) 288-1990, Fax (574) 287-1311
www.cushingmanorinn.com
Mit Antiquitäten eingerichtetes Herrenhaus von 1872, sechs elegante Zimmer, zentral gelegen. Sehr gutes Frühstück. $$$

Oliver Inn B&B
620 W. Washington St.
South Bend, IN 46601
℡ (219) 232-4545 oder 1-888-697-4466
Fax (219) 288-9788
www.oliverinn.com
Wundervolles viktorianisches Herrenhaus von 1886. Neun Gästezimmer, einige mit Kamin. Frühstück mit Piano-Musik, allerdings von einem automatischen Flügel. $$$

 South Bend Days Inn
52757 SR 933
South Bend, IN 46637
℡ (219) 277-0510 oder 1-800-329-7466
Fax (574) 277-9316
www.daysinn.com
Nördlich der I-80/90, am Exit 77. 180 Zimmer, Pool. Frühstück und Tageszeitung im Preis inbegriffen. $$

 South Bend East KOA Campground
50707 Princess Way
Granger, IN 46530
℡ (574) 277-1335 oder 1-800-562-2470
www.koa.com
Campingplatz in lichtem Kiefernwald. Universitätsnähe, mit beheiztem Pool und allem, was der Wohnmobilfahrer wünscht. $

 Basilica of the Sacred Heart
Notre Dame Ave.
South Bend, IN 46556
℡ (574) 631-5726
www.nd.edu, tägl. 9–18 Uhr
Die Hauptkirche der University of Notre Dame, ein neogotischer Bau von 1871 mitten auf dem Campus.

 College Football Hall of Fame
111 S. Saint Joseph St.
South Bend, IN 46601
℡ (574) 235-9999
www.collegefootball.org
Tägl. 10–18 Uhr, Eintritt $ 11
Sehr gutes Museum, in dem sich auch Europäern die Faszination von Football vermittelt. Interaktive Ausstellung.

 Studebaker National Museum
201 S. Chapin St.
South Bend, IN 46601
℡ (574) 235-9714
www.studebakermuseum.org
Mo–Sa 9–17, So 12–17 Uhr
Eintritt $ 8
Alte Kutschen und Autos aus der 114-jährigen Geschichte der Firma Studebaker, darunter atemberaubende Wagen wie der 1956er Packard Predictor.

 Northern Indiana Center for History
808 W. Washington St.
South Bend, IN 46601
℡ (574) 235-9664
www.centerforhistory.org
Di–Sa 10–17, So 12–17 Uhr
Eintritt $ 5
Historisches Museum in einem Herrenhaus von 1895, das vollständig original eingerichtet ist und gut zeigt, wie die South-Bend-Oberschicht seinerzeit lebte: mehr als luxuriös. Zur guten Führung gehört auch als Kontrastprogramm der Besuch einer alten Arbeiterwohnung.

 South Bend Regional Museum of Art
120 S. Saint Joseph St.
South Bend, IN 46601

✆ (574) 235-9102
www.sbrma.org
Di–Fr 11–17, Sa/So 12–17 Uhr
Eintritt $ 5
Vorwiegend Kunstwerke aus dem nördlichen Indiana. Mit interessantem Museumsshop, in dem Kunst und Kunsthandwerk der Region verkauft werden.

 Carriage House
24460 Adams Rd., South Bend, IN 46628
✆ (574) 272-9220
www.carriagehousedining.com
Elegantes Restaurant mit überragender, internationaler Küche und großer Weinkarte in einer früheren Kirche von 1851. Cocktail Lounge. Nur Dinner. $$$

 222 Italian Steakhouse
222 S. Michgian St., South Bend, IN 46601
✆ (574) 232-0222
www.222italiansteakhouse.com
Italienische Küche und klassische Steaks. $$

 Tippecanoe Place Restaurant
620 W. Washington St.
South Bend, IN 46601
✆ (574) 234-9077
www.tippe.com
Mehr als ein Restaurant – eine Sehenswürdigkeit. Das Haus von Clement Studebaker wurde 1889 erbaut und beherbergt nun in 40 mit Antiquitäten oder guten Reproduktionen eingerichteten Räumen ein Restaurant, das sich auf französische Küche spezialisiert hat. $$–$$$

 Sandusky/Eric County Visitors & Convention Bureau
4424 Milan Rd., Sandusky, OH 44870
✆ (419) 625-2984 oder 1-800-255-3743
Fax (419) 625-5009
www.sanduskyohiocedarpoint.com

 Hotel Breakers
1 Cedar Point Dr., Sandusky, OH 44870
✆ (419) 627-2106
Fax (419) 627-2267

http://resorts.cedarpoint.com
Charmantes bereits 1905 errichtetes Hotel mit 650 Zimmern im Komplex des Cedar Point Amusement Park. Hier stiegen Größen des Show Business ebenso ab wie US-Präsidenten. Mit allem Komfort. $$$$

 Cedar Point ist der populärste Vergnügungspark der Region mit 16 Achterbahnen.
www.cedarpoint.com, Eintritt $ 45

 Comfort Inn Sandusky
5909 Milan Rd., Sandusky, OH 44870
✆ (419) 612-0200 oder 1-800-424-6423
Fax (419) 621-0060
www.choicehotels.com
Gutes und neues Ketten-Motel mit 209 Zimmern, an Kreuzung Hwy. 250/Hwy. 2. Preis inkl. kleines Frühstück. $$–$$$

 Rodeway Inn Cedar Point South Sandusky
2905 Milan Rd., Sandusky, OH 44870
✆ (419) 625-1291 oder 1-800-424-6423
Fax (419) 625-2375
www.choicehotels.com
Am Hwy. 250, etwa 5 km südlich von der Kreuzung mit dem Hwy. 4. Sauber und okay, Pool, kleines Frühstück. $–$$

 Cedar Villa
1918 Cleveland Rd., Sandusky, OH 44870
✆ (419) 625-8487
Einfache amerikanische und italienische Küche. Steaks, Fisch und Pasta. Große Portionen. Nur Dinner. $

 Garden at the Lighthouse
226 E. Perry St., Port Clinton, OH 43452
✆ (419) 732-2151
www.gardenrestaurant.com
Anfang des 20. Jh wurde das Haus des Leuchtturmwärters gebaut – heute ist hier ein romantisches Restaurant untergebracht. Es gibt Fisch und Meeresfrüchte. Im Sommer kann man auch auf der Terrasse sitzen. Lunch ($) und Dinner ($$).

② **More than only Rock 'n' Roll**
Cleveland

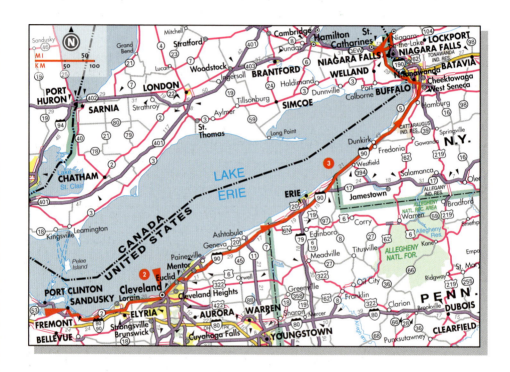

2. Route/Programm: Sandusky – Cleveland (101 km/63 mi)

km/mi	Zeit	Route/Programm
0/0	9.00 Uhr	In **Sandusky** auf den Hwy. 2. Der führt später als I-90 direkt ins Zentrum von
101/63	10.30 Uhr	**Cleveland**. Orientieren Sie sich an den Hinweisschildern zur **Rock 'n' Roll Hall of Fame**. Diese liegt direkt am Seeufer, und dort finden Sie auch problemlos einen gebührenpflichtigen Parkplatz. **Stadtrundgang**.

Do you believe in rock 'n' roll? Can music save your mortal soul?«, fragte Don McLean in seinem berühmten Song »Bye-bye Miss American Pie«. Vielleicht, zumindest sorgte der Rock 'n' Roll für Clevelands bekannteste Sehenswürdigkeit, die **Rock 'n' Roll Hall of Fame and Museum**.

Schon vor zehn Uhr morgens stehen die ersten Besucher staunend vor dem gläsernen Dreieck mit dem schlanken Turm am Ufer des Lake Erie, das der Avantgarde-Architekt I. M. Pei dorthin baute. Aus den Blumenkübeln auf dem Vorplatz dröhnt laute Rockmusik – schließlich sind darin vier mannshohe Lautsprecherboxen versteckt. Dann öffnet sich die Tür der Rock 'n' Roll Hall of Fame and Museum, und schnell wird der Besucher eines Besseren belehrt, der dachte, Rock 'n' Roll und Museum, das würde gar nicht zusammenpassen.

Langweilige Vitrinen gibt es auch, statische Ausstellungstücke wie die Gitarren von Jimi Hendrix, Songentwürfe der Beatles und Klamotten der Sex Pistols. Es gibt aber auch Filme, alte Konzertmitschnitte, Dokumentationen, und vor allem überall Musik. Musikalische Stammbäume mit Beispielen, wer wen beeinflusste und wie sich welche Stilrichtung entwickelte. Ein Museum für Augen und Ohren, ein Museum populärer Kultur, das seinesgleichen sucht, das gut und handfest vermittelt, wie vital diese Musik ist, die im Generationskonflikt einer Umbruchsituation geboren wurde und heute Generationen überspannt.

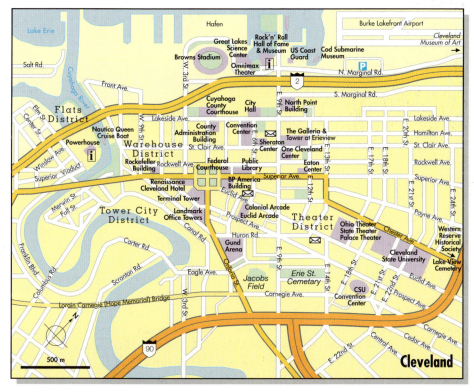

Doch was hat Cleveland mit Rock 'n' Roll zu tun? Nicht viel, vergleicht man die Stadt mit Detroit, der Heimat des Motown-Labels, oder mit Chicago mit seiner Tradition des Urban Blues. Cleveland hatte immerhin Alan Freed, der als Diskjockey 1951 mit der Ausstrahlung von »The Moondog Rock & Roll House Partys« begann, der ersten nächtlichen Radiosendung, die sich ausschließlich dem Rock 'n' Roll widmete. 1952 veranstaltete er dann in der inzwischen abgerissenen Clevelander Arena die »Moondog Krönungsfeste«, die als erste Rockkonzerte der Geschichte gelten.

Doch nicht nur deshalb passt die Rock 'n' Roll Hall of Fame gut nach Cleveland. Sie passt auch zum Programm der Wiedergeburt der Stadt, an dem die Stadtväter seit den 1970er Jahren arbeiten. Damals war Cleve-

land am Ende – pleite, zerfallen, ohne Perspektive und als »Mistake on the Lake« (als Fehler am See) verspottet.

Cleveland teilte das Schicksal anderer Städte im *Rust belt*, das von Detroit und Chicago, Milwaukee, Toledo und Buffalo – hier sah es nur noch dramatischer aus. Ende des 18. Jahrhunderts von Moses Cleaveland (der Stadtname wurde angeblich vom Setzer der Zeitung »Cleveland Gazette« aus Platzgründen in Cleveland geändert) gegründet, war Cleveland durch die Stahl- und Ölindustrie groß geworden. Einwanderer aus aller Welt hatten sich hier niedergelassen, und die Wirtschaft florierte. Der Niedergang begann in den 1950ern. Konkurrenz aus Europa, Industrieabwanderung in den Süden und die Ablösung der Schwerindustrie durch High-Tech sorgten für Arbeitsplatz- und Ein-

Postmoderner Traum: die Rock 'n' Roll Hall of Fame in Cleveland

Bürokratenspott oder Bürokratenverspottung? Riesiger Stempel vor der Stadtverwaltung

kommensverluste. Wer konnte, wanderte ab. 1969 war der Cuyahoga River so dreckig, dass er tagelang in Flammen stand, und bei Rassenunruhen brannten mehrere Stadtteile Clevelands. 1975 rangierte Cleveland in einem Städtevergleich an vorletzter Stelle in Amerika, was Armut und soziale Probleme anbelangte, und 1978 erklärte die Stadt schließlich den Bankrott!

Da man eine Stadt nicht einfach zuschließen kann, musste man sich etwas anderes einfallen lassen. Sparprogramme, um die 110 Millionen Dollar Schulden abzubauen, Förderung von Investitionen, teils durch Ausgaben der öffentlichen Hand, teils durch Steuererleichterungen für Anleger. Insgesamt wurden seit Beginn der 1980er Jahre angeblich sieben Milliarden Dollar investiert – die gläserne Pyramide I. M. Peis für die Rock 'n' Roll Hall of Fame passt genauso gut in dieses Programm wie das benachbarte Stadion der »**Browns**«,

des Football-Profiteams der Stadt. Da in Amerika Sportmannschaften Unternehmen in Privatbesitz sind und von Städten und Gemeinden nicht anders als Investoren umworben werden, denen man ja auch Industrieparks oder Werksgelände zur Verfügung stellt, ist der Bau solcher Sportstätten aus Steuergeldern natürlich nicht unumstritten.

»Wenn schon öffentliche Investitionen,« so der ehemalige Bürgermeister Kucinich und heutige Kongressabgeordnete aus Cleveland, »dann sollte auch die Öffentlichkeit etwas davon haben. So sind die Steuermittel Geschenke an die Unternehmer, die allein den Ertrag einstreichen.« Die Befürworter argumentieren anders: Der Sport schaffe zum einen Identifikation, zum anderen bringe er Geld in die Stadt. In der Tat: bei Heimspielen sind erst die Stadien, dann die Restaurants und Kneipen Clevelands voll.

Ob das Konzept weiter trägt? Was, wenn andere Städte nach demselben Muster handeln? Sportteams können abwandern – eine Erfahrung, die andere Städte bereits gemacht haben.

Doch Cleveland versucht deshalb auch sein Inneres zu restaurieren. Jene großartigen Bauten im Stadtzentrum, den **Terminal Tower**, der im Untergeschoss noch den alten Bahnhof beherbergt – ein Schmuckstück und Musterbeispiel gründerzeitlicher amerikanischer Architektur. Hier spürt man noch die Solidität der Rockefeller Ära, und doch ist das Gebäude gleichzeitig ein lebhaftes Konsumzentrum in der Innenstadt, wo keine Wünsche offen bleiben.

Um den Public Square und die Euclid Avenue, das Herz und die Schlagader der alten Innenstadt, sieht man nicht nur den alten Reichtum – sichtbar an den wuchtigen Gebäuden mit ihren filigranen Terrakottafassaden – man sieht ebenso die Zeiten des Niedergangs – verfallene Häuser, abgebröckelte, verrußte Fassaden – und mitunter auch den neuen Reichtum – den meist dort, wo er sich an die Restaurierung des alten gegeben hat.

Erworben wurde der alte Reichtum in den **Flats**, den Niederungen, die der Cuyahoga River bei seiner Einmündung in den Erie-See bildet. Dort entstand die Stadt, dort rauchten die Schornsteine. Heute ist dort das Vergnügungszentrum der Stadt mit Kneipen, Bars, Restaurants und Schnellimbissen. Über altes Kopfsteinpflaster vorbei an Werk- und Lagerhallen findet man seinen Weg in Cafés und Kneipen, sitzt vor einem Gebirgspanorama aus Kohle- und Abraumhalden in Restaurants und Bistros und schaut auf den Fluss, auf dem sich Lastkähne und schnittige Jachten der neuen Reichen drängen. ⚜

Wer hat das größte: Motorboote an den Flats in Cleveland

Greater Cleveland Convention & Visitors Bureau

50 Public Sq. (Terminal Tower, Suite 3100), Cleveland, OH 44113
℄ (216) 621-4110 und 1-800-321-1004
Fax (216) 623-4499
www.travelcleveland.com
Stadtinfo im Eingangsbereich des Towers, im Cleveland Hopkins International Airport und bei Star Plaza & Ctix Discount Tickets, 1302 Euclid Ave. neben Playhouse Square Center.

 Nautica Queen

1153 Main Ave., Cleveland, OH 44113
℄ 1-800-837-0604
www.nauticaqueen.com
Tägl. 2 Std. Lunchtour $ 24, 3 Std. Dinnertour $ 40 auf Lake Erie und Cuyahoga River, modernes Ausflugsschiff, ab Powerhouse in den Flats.

 Renaissance Cleveland

24 Public Square
 Cleveland, OH 44113
℄ (216) 696-5600 und 1-800-468-3571
 Fax (216) 696-0432
www.renaissancecleveland.com
Luxus von 1918: Marmorfußböden und Kristalllüster, werfen Sie einen Blick in die Lobby und auf die Treppenbögen. 491 Zimmer und Suiten, Restaurants, Pool, Fitnesscenter. Mitten in der Innenstadt, Zugang zur Avenue at Tower City Center (s.u.). 206 Zimmer. $$$$
Das **Restaurant Sans Souci** serviert ambitionierte französisch-italienische Menüs, Lunch ($$), Dinner ($$$).

 Holiday Inn Select – City Center Lakeshore

 1111 Lakeside Ave.
Cleveland, OH 44114
 ℄ (216) 241-5100 und 1-800-465-4329
Fax (216) 241-7437
www.hiselect.com/cle-lakeshore
378 Zimmer Hotel in günstiger Lage zwischen Downtown und den Sehenswürdigkeiten am Seeufer. Restaurant,

Lounge, Pool, Whirlpool, Fitnesscenter. $$$–$$$$

 Stanford Hostel

6093 Stanford Rd., Peninsula OH 44264
℄/Fax (330) 467-8711
www.hiusa.org
1843 erbautes Farmhaus in sehr schöner Lage im Cuyahoga Valley National Park, 30 Betten. $

 Baricelli Inn

2203 Cornell Rd.
Cleveland, OH 44106
℄ (216) 791-6500, Fax (216) 791-9131
www.baricelli.com
Sehr schönes B&B in einem Herrenhaus von 1896 im University Circle, sieben Zimmer. Mit sehr gutem italienischen Restaurant. $$$

 Rock 'n' Roll Hall of Fame and Museum

1 Key Plaza, 751 Erieside Ave. & E. 9th St.
Cleveland, OH 44114
℄ 1-888-764-7625
www.rockhall.com
Tägl. 10–17.30, Mi bis 21, im Sommer auch Sa bis 21 Uhr, Eintritt $ 20
Weltweit größtes Rockmusik-Museum: Filme, Videos, Fotos und Displays. Am Ufer des Lake Erie im North Coast Harbor, dynamische Architektur nach Entwürfen von I. M. Pei.

 Cleveland Museum of Art

11150 East Blvd. (University Circle)
Cleveland, OH 44106
℄ 1-888-262-0033
www.clemusart.com
Di–So 10–17, Mi, Fr bis 21 Uhr
Eintritt frei
Derzeit wegen Umbau geschlossen! Die Ausstellungen mit europäischen (1600–1850) und amerikanischen (1700–1900) Gemälden werden im Herbst 2007, mit antiker römischer und griechischer Kunst sowie Renaissancemalerei im Sommer 2008 eröffnet.

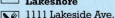

Western Reserve Historical Society

10825 East Blvd., Cleveland, OH 44106

✆ (216) 721-5722

www.wrhs.org

Mo–Sa 10–17, So 12–17 Uhr, Eintritt $ 8

In dem Museumsdoppelgebäude aus dem frühen 20. Jahrhundert im Universitätsviertel lohnt sich insbesondere ein Besuch des Crawford Auto-Aviation Museum, in dem fast 200 Auto- und Flugzeug-Oldtimer ausgestellt sind.

Great Lakes Science Center

601 Erieside Ave., Cleveland, OH 44114

✆ (216) 694-2000

www.greatscience.com

Tägl. 9.30–17 Uhr

Eintritt $ 9, mit Omnimax $ 13

Wissenschaftsmuseum mit Omnimax-Riesenleinwandkino im North Coast Harbor neben der Rock 'n' Roll Hall of Fame.

West Side Market

1979 W. 25th St., Cleveland, OH 44113

✆ (216) 664-3386

Mo, Mi 7–16, Fr/Sa 7–18 Uhr

Größter Markt in den USA: 130 Stände, teils überdacht, teils auf der Straße bieten frische Backwaren sowie Obst, Gemüse, Fisch, Fleisch und ausgefallene Gerichte aller Küchentraditionen der Welt – wie die mit scharfen mexikanischen Pfefferschoten gefüllten polnischen Piroggen.

Lake View Cemetery

12316 Euclid Ave., Cleveland, OH 44106

www.lakeviewcemetery.com

1869 gegründeter parkähnlicher Friedhof, auf dem unter anderem John D. Rockefeller und Präsident James A. Garfield begraben wurden. Interessanter Spaziergang.

Great Lakes Brewing Company

2516 Market Ave., Cleveland, OH 44113

✆ (216) 771-4404

www.greatlakesbrewing.com

Hervorragende Brauereikneipe mit sehr gutem selbstgebrauten Bier, guter amerikanischer und europäischer Küche (Bratwurst mit Rotkraut und Piroggen) und einem schönen Schankraum. $–$$

Balaton

13133 Shaker Square

Cleveland, OH 44120

✆ (216) 921-9691

8 km östl. von Downtown gelegenes ungarisches Restaurant, das die Anfahrt lohnt. Gulasch und Schnitzel in schönem, etwas antiquierten Ambiente. $$

Johnny's Downtown

1406 W. 6th St., Cleveland, OH 44113

✆ (216) 623-0055

Elegantes Ambiente in einem ehemaligen Warenhaus von 1874. $$$

Sammy's in the Flats

1400 W. 10th St.

Cleveland, OH 44113

✆ (216) 523-5560

www.sammys.com

Bei den Jungen und Erfolgreichen beliebt. Mit Blick auf den Cuyahoga River. Fisch und Meeresfrüchte. $$

Für den Abend:

Cleveland Opera

1422 Euclid Ave., Cleveland, OH 44115

✆ (216) 575-0903

www.clevelandopera.org

der bekannteren Opern in den USA.

Cleveland Orchestra

11001 Euclid Ave., Cleveland, OH 44106

✆ (216) 231-7300

www.clevelandorch.com

Das Clevelander gehört zusammen mit den Sinfonieorchestern von Boston, New York, Philadelphia und Chicago zu den großen fünf Amerikas. Die 1931 erbaute Severance Hall zählt zu den schönsten Konzertsälen Amerikas und ist selbst ohne Konzert einen Besuch wert.

Aufgehängt und verfremdet: Trabis in der Rock 'n' Roll Hall of Fame

 Playhouse Square Center
1501 Euclid Ave.
Cleveland, OH 44115
✆ (216) 771-4444
www.playhousesquare.com
Fünf Kinopaläste, die vor dem Abriss bewahrt und aufwendig restauriert wurden. Heute laufen allerdings keine Filme mehr, sondern Broadway- Produktionen.

 Aurora Farms Premium Outlets
549 S. Chillicothe Rd. (Hwy. 43)
Cleveland, OH 44202
✆ (330) 562-2000
www.premiumoutlets.com
Direktverkauf ab Hersteller, 70 Geschäfte.

 The Avenue at Tower City Center
1100 Terminal Tower, 50 Public Square
Cleveland, OH 44113
✆ (216) 771-0033
www.towercitycenter.com
Prächtige Einkaufspassagen mit 100 Geschäften und Restaurants auf mehreren Stockwerken, in denen sich gut flanieren lässt; mit guten Restaurants.

 Galleria at Erieview
1301 E. 9th St.
Cleveland, OH 44114
✆ (216) 861-4343
www.galleriaaterieview.com
Moderne, verglaste Shopping Mall. 60 Geschäfte mit Blick auf den See.

Veranstaltung:

Grand Prix of Cleveland:
Mitte Juni rasen die Rennwagen der Champ Car World Series der Indy-Klasse, einem Autorennen vergleichbar der Formel 1, über den Burke Lakefront Airport. Der 3,4 km lange Rundkurs am Lake Erie liegt in der Nähe von Downtown, www.grandprixofcleveland.com, ✆ 1-888-817-7223.

③ **Donnerndes Wasser**

Von Cleveland nach Niagara-on-the-Lake

3. Route: Cleveland – Erie – Buffalo – Niagara-on-the-Lake (383 km/239 mi)

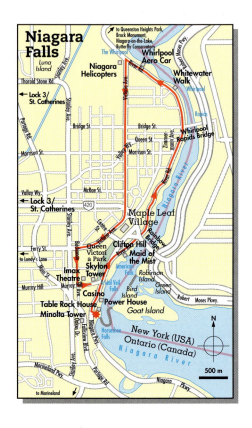

km/mi	Zeit	Route
0/0	9.00 Uhr	In **Cleveland** auf die I-90 bis nach
162/101	11.00 Uhr	**Erie**. Eventuell kurzer Rundgang am Hafen. Dann weiter nach
316/196	13.00 Uhr	**Buffalo**. Lunch und Rundgang (1½ Std.). Weiterfahrt nach
353/219	15.00 Uhr	**Niagara Falls**. Besichtigung der Fälle. Übernachtung in
383/239		**Niagara-on-the-Lake** (Kanada).

Von Cleveland bis Buffalo sind es 196 Meilen, 316 Kilometer, etwas über drei Stunden Fahrtzeit durch die Staaten Ohio, Pennsylvania und New York. Drei Stunden bis Buffalo, nicht 30 Minuten, wie es in Theodor Fontanes berühmtem Gedicht »John Maynard« heißt.

John Maynard!
»Wer ist John Maynard?«
»John Maynard war unser Steuermann,
Aus hielt er, bis er das Ufer gewann,
Er hat uns gerettet, er trägt die Kron,
Er starb für uns, unsre Liebe sein Lohn.
John Maynard.«

Warum Fontane über ein Schiffsunglück auf dem Erie-See schrieb, kann man nur mutmaßen. Er war selbst nie in Amerika, war aber während seiner Korrespondentenzeit in London vielleicht besser über die dortigen Zustände informiert als die meisten Kontinentaleuropäer. Vielleicht nimmt er Bezug auf ein wirkliches Ereignis, vielleicht nahmen damals aber nur die Dampferunglücke überhand, weil die Technik Mitte des 19. Jahrhunderts noch nicht so ausgereift war? Historische Quellen zu dem Gedicht gibt es nicht. Wahrscheinlich ging es Fontane auch nicht primär um die Vermittlung eines historischen Stoffes, vielmehr um eine allgemeine Darstellung von Pflichterfüllung – als Preuße lag ihm das Lob dieser Tugend ja nicht fern. Heute wirkt das Pathos in diesem Gedicht fast schon ein wenig lächerlich.

Schließlich ist **Buffalo** erreicht, das heute 350 000 Einwohner zählt und schon im 17. Jahrhundert gegründet wurde, aber erst ab dem 19. Jahrhundert, nach dem Bau des Erie-Kanals von New York City nach Buffalo seinen

Die größten der großen Fälle: Die Horseshoe Falls (Hufeisenfälle)

Aufschwung nahm. Wie viele Städte am Südufer der Großen Seen wuchs Buffalo mit der Stahlindustrie und ging auch mit ihr unter: In den 1970er Jahren war der Ort wenig einladend – am Seeufer rosteten die Industriebauten vor sich hin und die Arbeitslosenquote stieg täglich. Heute hat sich das geändert, wie man bei einem kurzen Rundgang schnell bemerkt: Am Hafen arbeiten die Getreidemühlen, und bei einem Spaziergang über den Niagara Square (aus dem 28. Stock der City Hall hat man den besten Überblick über die Stadt) und die Main Street gewinnt man den Eindruck, in einer wirtschaftlich relativ gesunden und nicht langweiligen Stadt zu sein. Amerikanischer Durchschnitt, aber vielleicht gerade deshalb angenehm.

40 Kilometer entfernt wartet etwas ganz und gar Überdurchschnittliches, eines der Haupttouristenziele Amerikas – die **Niagarafälle**, die jährlich von 12 Millionen Menschen besucht werden.

Niagara – »donnerndes Wasser« nannten die indianischen Ureinwohner das spektakuläre Naturwunder, das der französische Franziskanermönch Louis Hennepin 1678 als erster Europäer sah. Der Name ist treffend – stündlich stürzen bis zu 15 Millionen Kubikmeter über die beiden Wasserfälle: die kanadischen **Horseshoe Falls** – »Hufeisenfälle«, die 640 Meter breit und 54 Meter tief sind und die **American Falls**, die 328 Meter breit und in zwei Stufen 55 Meter tief sind – sein südlicher Teil wird auch **Bridal Veil Falls** – »Brautschleier-Fälle« genannt. Abgesehen von den Wassermassen ist der heutige Anblick der Fälle sehr anders als der, der sich Pater Hennepin vor mehr als 300 Jahren bot: lagen die Fälle damals noch im dichten Wald und musste Hennepin dem donnernden Geräusch folgen, um

sie zu finden, so ist heute der Weg gut ausgeschildert. Die Autobahn führt dran vorbei und die Wassermassen bilden das Zentrum zweier Touristenstädte mit großen Parkplätzen, vielen Hotels und Shopping-Malls.

Doch sieht man die Fälle, vergisst man schnell das mittelmäßige Drumherum. Denn sie sind ein echtes Naturwunder. Der nur etwa 60 Kilometer lange Niagara River – einer der schnellstfließenden Flüsse der Welt – stürzt hier in mehreren Fällen bis zu 55 Meter tief hinab. Es tobt, brodelt, sprudelt und stürzt hinab, brausend und rauschend lärmt der Fluss, feine Nebel liegen über allem und verwandeln sich in der Sonne in Regenbogen. Das große Panorama genießt man vom **Terrapin Point**, den Aussichtstürmen oder von der kanadischen Seite – mitten im Wasser steht man an Bord der »**Maid of the Mist**«, in der **Cave of the Winds** oder am **Table Rock Tunnel**.

Der Niagara River verbindet den Lake Erie mit dem Lake Ontario und muss auf seinem 60 Kilometer langen Lauf einen Höhenunterschied von 109 Metern überwinden. Da hier zusätzlich härtere und weichere Gesteine aufeinandertreffen – das so genannte **Niagara Escarpment**, ein lang gezogenes Felsenkliff, das bei Queenstown beginnt – bildeten sich die Fälle. Und zwar ursprünglich bei Queenstown, doch hat die rückschreitende Erosion im Laufe der letzten etwa 12 000 Jahre dafür gesorgt, dass die Fälle ihren heutigen Platz und ihr heutiges Aussehen fanden. Denn die stürzenden Wasser spülen unter der etwa 25 Meter dicken und festen Deckenschicht aus Kalkstein die weicheren Sand- und Schieferschichten aus. Wird die entstandene Höhlung zu groß, stürzen die Deckenschichten ein, und der Fall wandert

◁ *Gelbe Gummimäntel zum Schutz: Abenteuer Niagarafälle*

rückwärts. So ist der Hufeisenfall in seinem Mittelteil zwischen 1842 und 1905 um ca. 80 Meter zurückgewandert und erhielt erst im letzten Jahrhundert seine charakteristische Form.

Inzwischen ist die Erosion weitgehend gestoppt, Betonmassen und Ableitung von Wasser haben dafür gesorgt, dass die Fälle heute nur noch um etwa zehn Zentimeter im Jahr »wandern«. Abends gibt es die Fälle übrigens mit Beleuchtung – bonbonfarben angestrahlt.

Niagara-on-the-Lake liegt 30 Kilometer nördlich der Fälle an der Mündung des Niagara River in den Lake Ontario. Hier entgeht man dem Touristentrubel der Fälle, doch auch hier braucht man im Sommer eine Reservierung. Denn das viktorianische Bilderbuchstädtchen ist ein beliebtes Ausflugsziel stressgeplagter Großstädter. Sie bummeln durch den liebevoll restaurierten Ort, lassen sich mit der Pferdekutsche umherfahren oder starren am Jachthafen verträumt auf den Lake Ontario. Oder Sie gehen ins Theater. In Niagara-on-the-Lake finden seit 1962 alljährlich im Sommerhalbjahr die Shaw-Festspiele statt – in drei Theatern werden täglich Stücke von George Bernhard Shaw und einiger seiner Zeitgenossen aufgeführt. Ein Schauspiel nach der großen Naturshow?

Und abends mit Beleuchtung: die American Falls

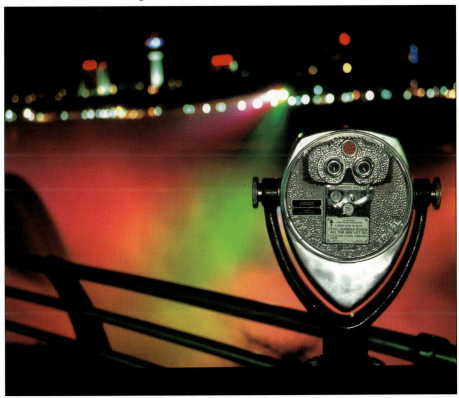

Erie Area Convention & Visitors Bureau
208 E. Bayfront Parkway
Erie, PA 16507
℃ (814) 454-7191 oder 1-800-524-3743
Fax (814) 459-0241
www.visiteriepa.com

Clarion Hotel Bel Aire
2800 W. 8th St., Erie, PA 16505
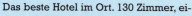℃ (814) 833-1116 oder 1-800-888-8781
Fax (814) 838-3242
www.choicehotels.com
Das beste Hotel im Ort. 130 Zimmer, einige direkt am Pool. Mit Fitnesscenter und gutem Restaurant. $$$–$$$$

Pufferbelly
414 French St., Erie, PA 16507
℃ (814) 454-1557
www.thepufferbelly.com
Im alten Feuerwehrhaus von 1907 untergebracht. Amerikanische Küche mit Steaks und Fischgerichten. $$

Brigg »Niagara«
150 E. Front St., Erie, PA 16507
℃ (814) 452-2744
www.brigniagara.org
Mo–Sa 9–17, So 12–17 Uhr
Eintritt $ 6
Der seetüchtige Nachbau des Segelschiffes »Niagara« von 1813 ankert (falls nicht auf Tour) im Erie Maritime Museum.

Buffalo Niagara Convention & Visitors Bureau
617 Main St., Suite 200, Buffalo, NY 14203
℃ (716) 852-0511 oder 1-800-283-3256
Fax (716) 852-0131
www.buffalocvb.org

Comfort Suites Downtown
601 Main St., Buffalo, NY 14203
℃ (716) 854-5500 oder 1-800-424-6423
Fax (716) 854-4836
www.choicehotels.com
Preisgünstiges Hotel in Downtown mit 146 Suiten, Fitnessraum, Restaurant. $$

Niagara Tourism and Convention Corporation
345 3rd St., Suite 605
Niagara Falls, NY 14303
℃ (716) 282-8992 oder 1-800-338-7890
Fax (716) 285-0809
www.niagara-usa.com

Niagara Falls Tourism
5515 Stanley Ave.
Niagara Falls, ON L2G 3X4
℃ (905) 356-6061 oder 1-800-563-2557
Fax (905) 356-5567
www.niagarafallstourism.com

Pendelbusse
Auf US-Seite verkehrt im vergleichsweise kleinen Niagara Falls State Park ein Trolley-Bus, Tageskarte $ 2
www.niagarafallsstatepark.com
℃ (716) 278-1796
Auf kanadischer Seite pendeln die Busse des Niagara Parks People Mover System zwischen Niagara Falls und dem 15 km entfernten Queenston Heights. Tageskarte $ 8
℃ 1-877-642-7275
www.niagaraparks.com

Terrapin Point
Niagara Falls State Park, Goat Island
Niagara Falls, NY 14302
Bester Aussichtspunkt auf der US-Seite, schöner Blick auf die Horseshoe Falls.

Observation Tower at Prospect Point
Niagara Falls State Park, NY 14302
℃ (716) 278-1796
Tägl. 9–20 Uhr, Eintritt $ 1
Aussichtsturm auf der US-Seite. Nicht so hoch wie die kanadischen, aber guter Blick über alle drei Fälle.

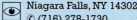
Cave of the Winds
Niagara Falls State Park, Goat Island
Niagara Falls, NY 14302
℃ (716) 278-1730
Mitte Mai–Okt. tägl. 10–17, im Sommer 9–23 Uhr, Ticket $ 8

❸ **Infos:** Niagara Falls

Ein Muss. Durch einen Tunnel gelangt man zum Fuß der Bridal Veil Falls. Gegen die Gischt wird man in gelbe Regenmäntel und Filzpuschen gesteckt. Wundervoll.

Maid of the Mist
5920 River Rd. (Abfahrt vom Dock am Fuß des Clifton Hill)
Niagara Falls, ON L2E 6V6
✆ (905) 358-5781
www.maidofthemist.com
April–Okt. tägl. 9.45–16.45, in der Hochsaison 9–19.45 Uhr, Abfahrt alle 15 Min.
Ticket $ 13
Die Boote wagen sich bis fast an den Fuß der Horseshoe Falls heran.

Journey Behind The Falls
6650 Niagara River Parkway

Niagara Falls, ON L2E 6T2
✆ 1-877-642-7275

Tägl. 9–19.30 Uhr, Eintritt $10
Auch ein Pflichtbesuch: durch einen Tunnel am Table Rock gelangt man zum Fuß der Horseshoe Falls, andere führen hinter die Wasserfälle. Regenjacken werden gestellt, nicht ohne Grund.

Skylon Tower
5200 Robinson St.
Niagara Falls, ON L2G 2A3
✆ (905) 356-2651, www.skylon.com
Im Sommer tägl. 8–24, sonst 11–21 Uhr
Eintritt $ 12
Mit 160 m höchster Aussichtsturm in Niagara Falls – mit Drehrestaurant.

Niagara Helicopters
3731 Victoria Ave.
Niagara Falls, ON L2E 6V5
✆ (905) 357-5672
www.niagarahelicopters.com
Kurze, teure Rundflüge über die Fälle.

Viktorianisches Schmuckstück: Niagara-on-the-Lake

IMAX Theatre Niagara Falls
6170 Fallsview Blvd.
Niagara Falls, ON L2G 7T8
✆ (905) 358-3611
www.imaxniagara.com
Tägl. 11–20 Uhr, Eintritt $ 14
Beeindruckender IMAX-Riesenleinwand-
film.

 Ripley's Believe it or not!
4960 Clifton Hill
Niagara Falls, ON L2G 3N4
✆ (905) 356-2238
www.ripleysniagara.com
Im Sommer 9–2 Uhr morgens, sonst 10–
22 Uhr, Eintritt $ 13
Museum mit über 500 Ausstellungsstücken – alle aus der Kategorie »eigentlich unglaublich«.

 Whirlpool Aero Car
3850 Niagara River Parkway
Niagara Falls, ON L2E 6T2
✆ 1-877-642-7275
Mo–Fr 9–17, Sa/So 9–18 Uhr
Ticket $ 10
1 km lange, luftige Gondelfahrt, die in
76 m Höhe die Strudel des so genannten
Whirlpool überquert.

Für Naschkatzen: Honig aus Niagara-on-the-Lake

 **Niagara-on-the-Lake Chamber of
Commerce**
26 Queen St.
Niagara-on-the-Lake, ON L0S 1J0
✆ (905) 468-1950, Fax (905) 468-4930
www.niagaraonthelake.com
Im Ort gibt es viele B&B-Unterkünfte.

 The Old Angel Inn
224 Regent St.
Niagara-on-the-Lake, ON L0S 1J0
✆ (905) 468-3411
Bereits 1825 gegründetes Hotel mit Restaurant und Pub. Sieben gemütliche Zim-
mer und ein schöner Weingarten. $$

 The Anchorage Motel Bar & Grill
186 Ricardo St.
Niagara-on-the-Lake, ON L0S 1J0
✆ (905) 468-2141, Fax (905) 468-0841
www.theanchorage.ca
Am Jachthafen, 22 Zimmer, mit Restau-
rant und Bar. $$

 Queens Landing Inn
 155 Byron St.
Niagara-on-the-Lake, ON L0S 1J0
✆ (905) 468-2195 oder 1-888-669-5566
Fax (905) 468-2227
www.vintageinns.com
Stilvolles Hotel mit wundervollem Blick
über den Jachthafen. 144 Zimmer. Sehr
gutes Restaurant. $$$–$$$$

 Stagecoach
45 Queen St.
Niagara-on-the-Lake, ON L0S 1J0
✆ (905) 468-3133
Gute und preiswerte Wahl für ein kräfti-
ges Frühstück. $

 Shaw-Festival
10 Queen's Parade
Niagara-on-the-Lake, ON L0S 1J0
✆ (905) 468-2172
www.shawfest.com
Das Festival zählt mit über 800 Auf-
führungen zu den bedeutendsten kana-
dischen Theaterfestivals (April–Nov.).

Hoffentlich hält das Drahtseil: die Niagara Spanish Aero Car ▷

④ Vereinte Nationen
Toronto

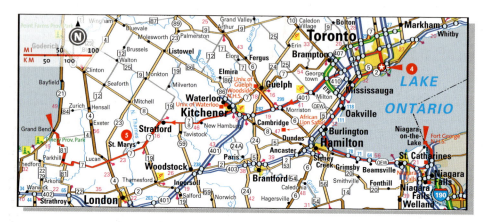

4. Route/Programm: Niagara-on-the-Lake – Hamilton – Toronto
(110 km/69 mi)

km/mi	Zeit	Route/Programm
0/0	9.00 Uhr	Abfahrt in **Niagara-on-the-Lake**. Über den Highway 55 erreicht man den QEW (Queen Elisabeth Way), und der führt direkt nach
110/69	10.30 Uhr	**Toronto**. Stadtbesichtigung.

Der indianische Name **Toronto** sagt alles – »Treff- und Sammelpunkt« heißt er übersetzt und damit ist die größte Stadt Kanadas treffend charakterisiert. Eine wirkliche Großstadt: kosmopolitisch, multikulturell – kein Wunder, dass sich Toronto mehr und mehr an Chicago und New York misst und Vergleiche mit diesen Metropolen nicht zu scheuen braucht. Denn Toronto hat alles: Wundervolle moderne Architektur, eine gute Stadtplanung, lebhafte Innenstadtviertel, die nach Büroschluss nicht veröden, sondern sich im Gegenteil

noch beleben, eine hervorragende Musik- und Kneipenszene, Musicals, Konzerte, Opern, chinesische, koreanische, armenische, italienische, französische und Gott-weiß-noch-was-für-welche Restaurants und ein intaktes Nahverkehrssystem. Ein weiterer Pluspunkt: Die Stadt ist sicher, ihre Kriminalitätsrate liegt deutlich unter der ähnlich großer Städte in Nordamerika.

Die letzten vier Jahrzehnte haben Toronto zu dieser Metropole gemacht. Anfang der 1970er Jahre überholte sie die Stadt Montréal und wurde zur größten kanadischen Metropole. Vor allem Einwanderung änderte ihr Gesicht – waren in den 1950er Jahren noch fast drei Viertel aller Einwohner britischer Herkunft, so sind diese heute eine 20prozentige Minderheit. Beim Spaziergang durch die Stadt trifft man auf ein wahres Völkergemisch – fünf Personen, die entgegenkommen haben drei verschiedene Hautfarben – braun, gelb, weiß – und der Hot-dog-Händler verkauft seine polnischen, deutschen und italienischen Würste an neugierige Koreaner.

Die UN kürte Toronto 1988 zur multikulturellsten Stadt der Erde – eine Auszeichnung dafür, dass hier jede Kultur ihre eigene Identität bewahren kann, und sie allesamt friedlich miteinander leben. Das mag ein Euphemismus sein, denn sicherlich ist das Zusammenleben oft eher ein Nebeneinanderher-Leben in getrennten Vierteln, die noch genau zeigen, woher ihre ersten Bewohner kamen, aber diese Neighborhoods scheinen weitgehend intakt und sie mischen sich im Zentrum der Stadt. Es gibt keine Ghettobildung und trotz der hohen Lebenshaltungskosten, Mieten und Immobilienpreise wenig urbanen Verfall wie man ihn aus amerikanischen Großstädten kennt.

Toronto ist eine junge Stadt. Franzosen errichteten hier 1720 den ersten

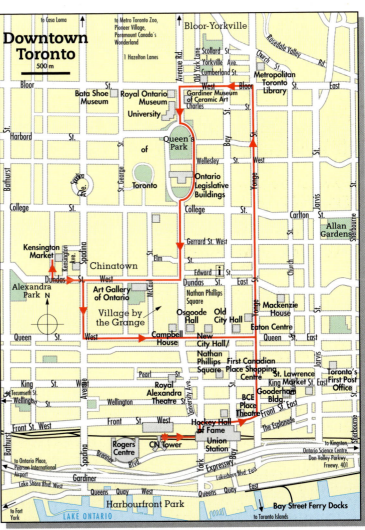

Stützpunkt. Ihnen folgten die Engländer, die hier 1793 ein größeres Fort namens York erbauten, um den Ontario See gegen die revolutionären Amerikaner zu sichern. 1834 wurde die 9000-Einwohner-Stadt York in Toronto umgetauft. Von da an ist die Geschichte der Stadt die eines scheinbar ungebremsten Booms. Erst kam die Eisenbahn, dann wurde Toronto zum wichtigsten Umschlagplatz für die Minenstädte im Norden Ontarios, dann Seehafen, weil der St.-Lorenz-Strom zur internationalen Wasserstraße ausgebaut wurde, und den Boom der letzten Jahrzehnte hat Toronto den separatistischen Tendenzen in Québec, Kanadas französischer Provinz, zu verdanken: Viele Unternehmen zogen aus Montréal ab und ließen sich in Toronto nieder.

Sichtbares Zeichen für Torontos Anspruch, nur den Himmel als Grenze zu akzeptieren, ist der **CN Tower**, von 1973 bis 1976 erbaut und immer noch das höchste freistehende Gebäude der Erde. Von überall zu sehen, mitunter mit der Spitze über den Wolken, ragt die gigantische Nadel 553,33 Meter auf. Von der Aussichtsplattform, dem Space Deck, in 447 Meter Höhe, oder dem Drehrestaurant (in 335 m Höhe) gewinnt man den besten Überblick über die Stadt. Man sieht den Lake Ontario, den Jachthafen und die vorgelagerten Inseln, auf denen sich der Stadtflughafen befindet, die endlos sich ausdehnenden Wohnge-

Wundervolle Kulisse: die nächtliche Skyline von Toronto

biete, die Bürotürme der City und merkt, dass man sich im Zentrum leicht zurechtfinden kann: Die Straßen verlaufen meist rechtwinklig zueinander, und die Yonge Street trennt das Zentrum in Ost und West. Westlich von ihr liegt der touristisch interessantere Teil der City.

Von oben sieht man auch das Rogers Centre, das Baseball- und Football-Stadion, dessen Dach bei gutem Wetter geöffnet, bei schlechtem geschlossen werden kann. Ein Stadion ist in Nordamerika mehr als eine reine Sportstätte. Es ist – und das Rogers Centre ganz besonders – Freizeitvergnügen, Pilgerziel für Fans und Verkaufsstätte. So gibt es natürlich Touren durch das Stadion, einen Fan-Shop der Blue Jays (Base-

ball) und Argonauts (Football), ein Hard-Rock-Café und als Krönung ein Hotel, dessen Zimmerfenster sich alle zum Spielfeld öffnen.

Nun muss man sich entscheiden – bummelt man am Ufer entlang, durch das **Harbourfront Projekt**, eine Mischung aus neuen und alten Gebäuden, aus ehemaligen Industriebauten und Wohnhäusern, denen in den letzten Jahren mit Galerien, Theatern, Restaurants, Werkstätten und eben auch Wohnungen neues Leben eingehaucht wurde, und geht dann zum **Ontario Place**, einem Freizeitpark auf drei künstlichen Inseln im Lake Ontario, oder bummelt man ins Zentrum.

Vorbei an der Union Station mit ihrer riesigen Halle, deren Inneres an die Zeiten erinnert, als die Eisenbahn wichtig für die Entdeckung des Landes war, dem Building der Bank of Montréal, in dessen lichtdurchflutetem Innern auch die **Hockey Hall of Fame** ist, und vorbei am Royal York Hotel gelangt man zur Yonge Street. Diese ist angeblich die längste Straße der Welt. Sie beginnt am Ufer des Lake Ontario, geht geradeaus durch Toronto, erreicht nach etwa 20 Kilometern die Stadtgrenze und führt darüber hinaus. Jenseits der Stadtgrenzen heißt sie Highway 11, passiert Dörfer und kleine Städtchen und endet schließlich nach etwa 200 Kilometern am Nordufer des Lake Superior.

Die Yonge Street ist nicht die schickste Straße von Toronto, aber eine der lebhaftesten. Hier wird demonstriert, hier spielen Straßenkünstler und Musiker auf den breiten Bürgersteigen – und vor allem wird hier gekauft und verkauft. Tausende kleiner und kleinster Läden säumen die Straße, oft Läden, die nur drei Wochen alles ausverkaufen und dann wieder schließen, aber auch

Spezialgeschäfte für alles vom Aschen-
becher bis zur Zitruspresse. Billigster
Plastikramsch neben teuren Designer-
stücken, Sexboutique neben Antikla-
den, Burgershop neben Spezialitäten-
Konditorei.

Man passiert die Queen Street und
steht direkt vor dem **Eaton Centre,**
Torontos größter innerstädtischer Shopping Mall, ein riesiger Komplex unter einem 450 Meter langen Glasgewölbe mit
über 300 Geschäften, mit Restaurants,
Springbrunnen, Kinos und einem Anschluss an »Toronto Underground«, jenes 12 Kilometer lange Tunnelsystem,
das die gesamte Innenstadt durchzieht.
Gegenüber des Eaton Centre liegen
zwei, nein drei Theater, zum einen das
Elgin and Winter Garden, zum anderen
das Pantages Theatre. Das **Elgin and
Winter Garden** sind zwei übereinander
erbaute Theater, sie wurden beide Anfang des Jahrhunderts errichtet und
sind heute bis ins Detail restaurierte
Plüsch-, Marmor- und Spiegel-Träume.
Das **Pantages Theatre** war 1919 bei

Einkaufsparadies Eaton Centre

seiner Eröffnung mit 2200 Plätzen das
größte im britischen Empire. Heute ist
es ein Musicalpalast. Man kann alle drei
Theater auch außerhalb der Vorstel-
lungszeiten besichtigen.

Einige Blocks weiter kreuzt die Bloor
Street den Weg. Hinter ihr beginnt York-
ville, heute Torontos schickstes und ele-
gantestes Einkaufsviertel. Die Gegend
hat sich sehr verändert – vor 30 Jahren
war sie noch das Zentrum der konsum-
verweigernden Hippie-Szene Torontos.

Folgt man der Bloor Street nach Westen, trifft man an der Ecke zur Queen's
Park Avenue auf das **Royal Ontario Museum,** Kanadas größter Sammlung chi-
nesischer Kunstwerke. Fast kein Aspekt
der Natur- und Kulturgeschichte von
ägyptischen Mumien bis zu den Dinosauriern und seltenen Gesteinen wird
ausgeklammert. Daneben steht das
MacLaughlin Planetarium.

Die Queen's Park Avenue – wie könnte es anders sein – führt in den Queen's
Park, und dort steht das **Parliament
Building,** ein Prunkbau im Neorenais-
sance-Stil. Westlich erstreckt sich der
Campus der **University of Toronto,** eine
Sammlung schöner Gebäude, viele davon aus dem 19. Jahrhundert und zeitty-
pisch mit vielen romanischen und goti-
schen Stilanleihen. Südlich des Queen's
Park heißt die Straße University Avenue,
sie kreuzt die Dundas Street, die nach
rechts (Westen) zur **Art Gallery of Ontario** (Dundas & McCaul Sts.) führt. Von
europäischen alten Meistern bis zur modernen kanadischen Malerei reicht die
Palette der Ausstellungsstücke, ein Muss
ist das **Henry Moore Sculpture Centre**
mit 131 Plastiken, über 70 Zeichnungen
und fast 700 Drucken die größte Sammlung des englischen Künstlers.

Wo Dundas Street und Spadina Avenue sich kreuzen, beginnt eines der
buntesten Viertel der Stadt: **Chinatown,**

Schwierige Zeichen – die Chinatown von Toronto

sofort daran zu erkennen, dass alle Straßenschilder sowohl mit lateinischen als auch chinesischen Schriftzeichen beschriftet sind, dass fast alle Läden nur chinesische Leuchtreklamen haben, dass es Händler gibt, die anscheinend alles, wirklich alles von der Plastikschüssel über getrocknete Seepferdchen und riesige Aluminiumkessel bis zum MP3-Player im Angebot haben, dass sich die Sprachen ebenso mischen wie die Gerüche, dass an jeder Ecke drei Restaurants sind, bei denen glasierte und gebratene Enten im Schaufenster hängen und anderswo auf dem Bürgersteig große Tonnen mit getrockneten Krabben stehen. Es gibt Schnitzereien aus echtem Elfenbein und aus Plastik, es gibt Seidenkleidung in allen Größen, Farben und Formen, Badeschlappen in jeder Farbe und Größe, Porzellan, Räucherstäbchen und Plastikweihnachtsbäume zu jeder Jahreszeit.

1878 kam angeblich der erste Chinese nach Toronto, heute leben hier etwa 350 000. Die meisten kamen in den 1950er und 1960er Jahren aus Taiwan und Hongkong, nachdem die für chinesische Einwanderer diskriminierenden Gesetze in Kanada abgeschafft worden waren. Nördlich von Chinatown liegt **Kensington Market**, ein buntes Szeneviertel.

Nach Süden der Spandina Street folgend, erreicht man die Queen Street, leicht zu erkennen an den vielen Kneipen und Restaurants, den Buchläden und Boutiquen. Sie ist die Hauptader des alternativen Toronto und in Anlehnung an New Yorks Greenwich Village wird sie auch Queen Street Village genannt. Sie führt nach Osten in das absolute Zentrum der Stadt: zur **New City Hall**, die die Torontoer Bürger erst gar nicht wollten, inzwischen aber mehr als nur akzeptiert haben. Die beiden halbrunden, sich zugewandten Bürotürme, die in der Mitte den runden Ratssaal umschließen, wurden bis 1965 nach dem Entwurf des finnischen Architekten Vilio Revell erbaut. Vor ihnen erstreckt sich der weite Nathan **Phillips Square**, ein Platz, der gleichzeitig eine große Freilichtbühne für Musiker, Kabarettisten und jede Art von Straßen- oder Lebenskünstlern ist.

Jetzt ist Abend, und abends ist man erschöpft und vieles hat man nicht gesehen: Weder das Gardiner Museum of Ceramic Art noch das Bata Shoe Museum. Alles, was außerhalb des Zentrums liegt – die Casa Loma, eine verrückte Ritterburg aus dem 20. Jahrhundert, die Toronto Islands vor der Küste im Lake Ontario, weder Little Italy noch den Corso Italia, ein zweites Little Italy, nicht Little India, nicht Cabbagetown, das

ehemalige Siedlungsgebiet der irischen Einwanderer östlich der Innenstadt, nicht das griechische Viertel Danforth Athens, nicht die Strände, den Zoo, das von Deutschen gegründete Markham Village und auch nicht Canada's Wonderland, das Gegenstück zu Disney World und vieles mehr.

Und auch einige Viertel wird man nicht erlaufen haben. Stattdessen steht man vielleicht in der Queen Street an irgendeinem Tresen, sitzt möglicherweise in einem kleinen chinesischen Restaurant oder guckt aus dem Drehrestaurant des CN Tower langsam zu, wie Toronto in der Dunkelheit versinkt und hinter dem Lake Ontario der Mond aufgeht, und denkt darüber nach, wann man das nächste Mal in diese Stadt kommt. Nach Toronto – in diesen fantastischen Treff- und Sammelpunkt. ◈

Einkaufen und plaudern: der Kensington Market

Toronto Convention & Visitors Association
207 Queens Quay West
Toronto, ON M5J 1A7
✆ (416) 203-2500 oder 1-800-499-2514
Fax (416) 203-6753
www.torontotourism.com

Ontario Travel Information Centre
595 Bay Street
Toronto, ON M5G 2C2
✆ 1-800-668-2746
www.atriumonbay.com
Im Einkaufszentrum Atrium on Bay.

Gray Line Hop-on Hop-off City Tour
Front/York St.
Toronto, ON M5J 1E3
✆ 1-800-594-3310
www.grayline.ca
Tägl. ab 9 Uhr, $ 32
Klassische, zwei Stunden dauernde Stadtrundfahrten mit Doppeldeckerbussen nach Londoner Vorbild, beliebiges Ein- und Aussteigen.

Mariposa Cruises
207 Queens Quay West
Toronto, ON M5J 1A7
✆ (416) 203-0178
www.mariposacruises.com
5 x tägl. einstündige Hafenrundfahrten ($ 17), auch Dinner-Fahrten für $ 65.

Helicopter Company
Toronto City Centre Airport
Toronto, ON M5V 1A1
✆ (416) 203-3280
www.helitours.ca
Rundflüge mit dem Helikopter – Torontos Skyline von oben, 9 Min., $ 80.

Toronto Hippo Tours
151 Front St. W.
Toronto, ON M5J 2Z1
✆ 1-877-635-5510
www.torontohippotours.com
Mai–Okt. tägl. 11–18 Uhr zur vollen Stunde, Ticket $ 35

Zu Land und zu Wasser tourt ein 40sitziges Amphibienfahrzeug. Die Rundfahrt ab Ecke Front & Simcoe Sts. führt vorbei an den Sehenswürdigkeiten von Downtown und auf dem Lake Ontario entlang der Waterfront.

Toronto Transit Commission (TTC)
1900 Yonge St.
Toronto, ON M4S 1Z2
✆ (416) 393-4636
www.toronto.ca/ttc
Der Standardfahrschein für Erwachsene kostet $ 2.50, 5 Tokens/Tickets kosten $ 10. Bei Bussen und Straßenbahnen wird passendes Fahrgeld verlangt, bei Umsteigeverbindungen nach Transfer-Tickets fragen. Mit dem 1 day pass kann man für $ 8 Mo–Fr ab 9.30 Uhr bzw. Sa/So ganztägig sämtliche öffentliche Verkehrsmittel der TTC von der ersten Entwertung an benutzen. Toronto besitzt erfreulicherweise ein sehr gut ausgebautes öffentliches Verkehrsnetz. Vier **U-Bahn-Linien**, davon zwei nach Downtown, dazu **Busse** und **Straßenbahnen** machen in der Innenstadt das eigene Auto überflüssig.

PATH
Ein mit PATH markiertes Tunnelnetz von mehr als 27 km Länge durchzieht die Innenstadt. Es verbindet Kaufhäuser, Bürokomplexe und U-Bahn-Haltestellen miteinander. Beim Visitor Center gibt es das Faltblatt PATH Toronto's Downtown Walkway.

Le Royal Meridien King Edward
37 King St. E.
Toronto, ON M5C 1E9
✆ (416) 863-9700 oder 1-800-543-4300
Fax (416) 367-5515
www.lemeridien-kingedward.com
Das stilvolle Luxushotel von 1903 ist die Grande Dame unter Toronto Hotels, 295 Zimmer. Allein schon die riesige Lobby mit der Glaskuppel lohnt eine Stippvisite. $$$$

Renaissance Toronto Hotel Downtown
1 Blue Jays Way

Toronto, ON M5V 1J4
℘ (416) 360-7100 oder 1-800-237-1512
Fax (416) 341-5091
www.renaissancetoronto.com
In den Stadionkomplex des Rogers Centre integriertes Hotel mit 348 Zimmern, davon 70 mit Blick auf das Spielfeld. Restaurant. $$$$

The Fairmont Royal York
100 Front St. W.

Toronto, ON M5J 1E3
℘ (416) 368-2511 oder 1-800-257-7544

Fax (416) 368-9040
www.royalyorkhotel.com
Das große Traditionshotel von Toronto, ein sehenswerter Bau aus dem Jahr 1929 gegenüber der Union Station mit 1365 Zimmern und 170 Suiten sowie fünf Restaurants (Frühstück $). $$$

Comfort Hotel Downtown
15 Charles St. E.

Toronto, ON M4Y 1S1
℘ (416) 924-1222 oder 1-800-424-6423
Fax (416) 927-1369
www.choicehotels.ca/cn228
Ruhiges Hotel in Yorkville mit 113 großen Zimmern, einer Piano-Lounge und einem Restaurant. $$–$$$

Bond Place Hotel
65 Dundas St. E.
Toronto, ON M5B 2G8
℘ (416) 362-6061 oder 1-800-268-9390
Fax (416) 360-6406
www.bondplacehoteltoronto.com
Modernes Hotel in der Nähe vom Eaton Centre, 288 Zimmer. $$–$$$

Clarion Hotel & Suites Selby
592 Sherbourne St.
Toronto, ON M4X 1L4
℘ (416) 921-3142 oder 1-800-424-6423
Fax (416) 923-3177
www.hotelselby.com
Preiswertes viktorianisches Hotel aus dem Jahr 1880 südl. der Bloor St., 82 Zimmer. $$

Travelodge Toronto Downtown West
621 King St. W.
Toronto, ON M5V 1M5
℘ (416) 504-7441
Fax (416) 504-4722
www.travelodge.ca
88 Zimmer, günstig westlich von Downtown gelegen und recht preiswert. $–$$

HI Toronto
76 Church St.
Toronto, ON M5C 2G1
℘ (416) 971-4440 oder 1-877-848-8737
Fax (416) 971-4088
www.hihostels.ca
170-Betten-Herberge, preiswerte Übernachtung im Herzen von Downtown in der Nähe des Eaton Centre. $

Bed & Breakfasts bieten eine gemütliche und oft nicht so teure Übernachtungsalternative. Sie liegen meist in der Preisgruppe $$.

Bed and Breakfast Online Canada
361 Jackson St. W

Hamilton, ON L8P 1N2
℘ (905) 524-5855 oder 1-800-239-1141
Fax (905) 297-7351
www.bbcanada.ca
Die bedeutendste kanadische Reservierungsagentur.

Indian Line Campground
7625 Finch Ave. W.
Brampton, ON L6T 3Y7
℘ (905) 678-1233 und 1-800-304-9728
www.trcacamping.ca
Stadtnächster Campingplatz nördlich des Pearson International Airport, 243 Stellplätze. $

Old Ford York
100 Garrison Rd.
Toronto, ON M5V 3K9
℘ (416) 392-6907

Tägl. 10–17, im Winter bis 16 Uhr
Eintritt $ 6
1793 als Keimzelle von Toronto gegründetes Fort, in dem heute Aufführungen in historischen Kostümen stattfinden.

CN Tower
301 Front St.
Toronto, ON M5V 2T6
✆ (416) 868-6937
www.cntower.ca
Fr/Sa 9–23, So–Do bis 22 Uhr
Eintritt $ 26 zur Spitze
Mit 553 m höchster freistehender Turm der Welt und Torontos Wahrzeichen. Aufzüge führen zum Aussichtsdeck mit Glass Floor (342 m), zum »Horizon's Café« (346 m), anschließend zum »Sky Pod« auf unübertroffene 447 m Höhe, im Eingangsbereich MarketPlace Café und ein Vergnügungspark mit Bewegungssimulator.

Das Drehrestaurant »360 - The Restaurant at the CN Tower«, ✆ (416) 362-5411, in 351 m Höhe braucht 72 Min. für eine vollständie Runde (die Aussichtsetagen drehen sich nicht). Recht gute internationale Küche mit der Höhe und dem exzellenten Panorama angepassten Preisen. $$$$

Rogers Centre
1 Blue Jays Way
Toronto, ON M5V 1J4
✆ (416) 341-2770
www.rogerscentre.com
Führungen tägl. 9–17 Uhr
Eintritt $ 13
Markantes Sportstadion und Vielzweckhalle inklusive Restaurants und Hotel. 51 000 Zuschauerplätze bei Sportveranstaltungen wie den viel besuchten Baseballspielen der »Toronto Blue Jays«; bei Konzerten sogar 67 000 Zuschauerplätze. Mit High-Tech-Kuppeldach, das sich innerhalb von 20 Min. öffnet und schließt.

Hockey Hall of Fame
30 Yonge St. (am BCE Pl.)

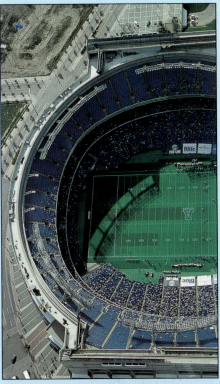

Atemberaubende Aussicht: Blick vom CN Tower in den Rogers Centre

Toronto, ON M5E 1X8
✆ (416) 360-7735
www.hhof.com
Ende Juni–Anfang Sept. Mo–Sa 9.30–18, So 10–18, sonst 10–17, So ab 10.30 Uhr
Eintritt $ 12
Die Hockey Hall of Fame ist dem kanadischen Nationalsport Eishockey und seinen Helden gewidmet, u. a. den »Toronto Maple Leafs«, dem zweitbesten kanadischen Hockeyteam aller Zeiten. Bilder, Biografien, Memorabilien und Filme dokumentieren Höhepunkte der Hockeygeschichte.

Royal Ontario Museum
100 Queen's Park

Toronto, ON M5S 2C6
℡ (416) 586-8000
www.rom.on.ca
Mo–Sa 10–18, Fr bis 21.30, So 11–18 Uhr
Eintritt $ 8
Hervorragendes kulturhistorisches und naturwissenschaftliches Museum. Höhepunkt ist eine der größten chinesischen Kunstkollektionen außerhalb Chinas mit Tempelanlagen und -kunstwerken sowie Steinskulpturen.

 Art Gallery of Ontario and The Grange
317 Dundas St. W.
Toronto, ON M5T 1G4
℡ (416) 979-6648
www.ago.net
Mi–Fr 12–21, Sa/So 10–17.30 Uhr
Eintritt $ 8
Eines der größten Kunstmuseen Kanadas. Bedeutende Kollektionen aus sechs Jahrhunderten, zur Hälfte von kanadischen Künstlern. Schwerpunkt bilden die Exponate des britischen Bildhauers Henry Moore mit 700 Zeichnungen und 143 Skulpturen. Ausgezeichneter Museumsshop mit einer hervorragenden Auswahl an Kunstkalendern, -büchern und vielen anderen kunstbezogenen Artikeln. Zum Museumskomplex gehört das 1817 erbaute Grange House, das älteste Backsteinhaus von Toronto.

 Bata Shoe Museum
327 Bloor St. W.
Toronto, ON M5S 1W7
℡ (416) 979-7799
www.batashoemuseum.ca
Di–Sa 10–17, So 12–17 Uhr
Eintritt $ 8
Schuhmode aus aller Welt und aus allen Zeiten – vom alten Ägypten bis zur neuesten Kollektion.

 Casa Loma
1 Austin Terrace
Toronto, ON M5R 1X8
℡ (416) 923-1171

www.casaloma.org
Tägl. 9.30–17 Uhr, Eintritt $ 12
Das in einer Art neogotischem Stil angelegte Stadtschloss wurde zu Anfang des 20. Jh. von dem exzentrischen Sir Henry Mill Pellatt erbaut; mit zeitgenössisch möblierten Räumen, diversen Türmen und Geheimgängen. Casa Loma thront fotogen auf einer Hügelspitze nordwestlich der City.

 Gardiner Museum of Ceramic Art
111 Queen's Park
Toronto, ON M5S 2C7
℡ (416) 586-8080
www.gardinermuseum.on.ca
Di–Sa 10–17, So 11–17 Uhr
Große Keramiksammlung im einzigen Keramikmuseum Kanadas.

 Metropolitan Toronto Library
789 Yonge St.
Toronto, ON M4W 2G8
Im Sommer tägl. geöffnet
Kanadas größte öffentliche Bibliothek ist auch aufgrund ihrer Architektur sehenswert. Mit der größten Sammlung von Büchern, Manuskripten, Fotos und Briefen des britischen Autors Sir Arthur Conan Doyle, Schöpfer des Meisterdetektivs Sherlock Holmes.

 Mackenzie House
82 Bond St.
Toronto, ON M5B 1X2
℡ (416) 392-6915
Mai–Dez. Di–So 12–16 Uhr
Eintritt $ 4
Stadthaus des ersten Torontoer Bürgermeisters. Hervorragend restauriert.

 Toronto's First Post Office
260 Adelaide St. E.
Toronto, ON M5A 1N1
℡ (416) 865-1833
Mo–Fr 9–16, Sa/So 10–16 Uhr
Das erste, 1833 eröffnete Postamt ist heute wieder offiziell in Betrieb. Sehr authentisch – bis hin zu den Postmeis-

tern in alten Uniformen, deren Federkielen und den Wachssiegeln.

Royal Alexandra Theatre
260 King St. W.
Toronto, ON M5V 1H9
Das 1907 erbaute Theater präsentiert sich heute wundervoll bis kitschig restauriert. Ein Traum in Gold und rotem Samt.

Paramount Canada's Wonderland
9580 Jane St.
Vaughan, ON L6A 1S6
✆ (905) 832-8131
www.canadaswonderland.com
Ende Mai–Anfang Sept. tägl. 10–20/22 Uhr; Mai, Sept. nur Sa/So
Tages-Pass $ 35
Riesiger Vergnügungspark vor den nördlichen Stadttoren Torontos (Hwy. 400, Ausfahrt Nr. 33). Mit Achterbahnen, Wasserpark, Fahrsimulatoren, Eislauf-Show, Konzerten etc.

Toronto Island Park
Toronto, ON M5J 2G2
✆ (416) 397-2628
Autofreier Stadtpark auf den mit Brücken verbundenen Inseln im Lake Ontario mit exzellentem Panorama auf die Skyline. Mit Jachthafen, Wiesen zum Picknicken, Badestränden, Radwegen zwischen den Anlegestellen; Fahrradverleih bei Toronto Island Bicycle Rental ✆ (416) 203-0009.
   10 Min. Überfahrt mit der Toronto Island Ferry, ✆ (416) 392-8193, Rückfahrticket $ 6. Die Personenfähren (keine Autos!) pendeln häufig zwischen Bay Street Ferry Dock und den Anlegestellen Ward's Island, Centre Island und Hanlan's Point.

Harbourfront Centre
 235 Queens Quay W.
Toronto, ON M5J 2G8
✆ (416) 973-4000
www.harbourfrontcentre.com

Der Hafenkomplex besteht aus Queens Quay Terminal mit über 30 Geschäften, Restaurants, dem York Quay Centre mit Craft Studio, in dem Kunsthandwerker in verschiedenen Werkstätten ihre Fertigkeiten demonstrieren sowie den Kunstausstellungen in der York Quay Gallery, Jachthafen, Terrassencafés u. a.

Barberian's Steak House
7 Elm St.
Toronto, ON M5G 1H1
✆ (416) 597-0335
www.barberians.com
Sehr gutes und gemütliches Steakhaus mit einer sehenswerten Einrichtung – echte und Pseudo-Antiquitäten aus ganz Kanada. Oft voll. $$$

Wayne Gretzky's
99 Blue Jays Way
Toronto, ON M5V 9G9
✆ (416) 979-7825
www.gretzkys.com
Sportsbar, benannt nach und im Besitz des kanadischen Eishockeyhelden. Gut für Burger, Salate und Gespräche über Sport. $

Filet of Sole Seafood
11 Duncan St.
Toronto, ON M5H 3G6
✆ (416) 598-3256
www.filetofsole.ca
Modernes und populäres Fischrestaurant mit extensiver Auswahl an fangfrischem Fisch, Muscheln und anderen Meeresfrüchten. Auch Steaks stehen auf der Speisekarte.
$$

Black Bull Tavern
298 Queen St. W.
Toronto, ON M5V 2A1
✆ (416) 593-2766
Schon seit Urzeiten existierende Kneipe, sehr populäre Terasse zu allen Tageszeiten Szene-Treffpunkt, u.a. für Motorradfahrer, einfache Menüs. $

P.J. O'Brien Irish Pub & Restaurant
39 Colborne St.

Toronto, ON M5E 1E3
✆ (416) 815-7562
www.pjobrien.com
Kleines, gemütliches irisches Pub mit guter Küche und Entertainment, Downtown hinter Le Royal Meridien King Edward Hotel. $$

The Distillery Historic District
55 Mill St., Toronto, ON M5A 3C4

✆ (416) 364-1177
www.thedistillerydistrict.com
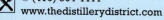

In dem sehenswerten Viertel mit Pflasterstraßen östlich von Downtown wurde ab 1837 Whisky gebrannt. Heute beherbergen dort 44 viktorianische Gebäude und Fabrikhallen einen attraktiven Mix aus Restaurants, Cafés, Hausbrauerei und vielen Kunstgalerien.

Toronto Eaton Centre
220 Yonge St.
Toronto, ON M5B 2H1
✆ (416) 598-8700
www.torontoeatoncentre.com
Eine riesige lang gezogene Glaskuppel überdacht das größte Einkaufszentrum Ostkanadas, 285 Geschäfte, Boutiquen, Kaufhäuser, Restaurants, Kinos auf einem kompletten Downtown-Straßenblock zwischen Dundas St. und Queen St., 1977–79 erbaut.

St. Lawrence Market
92 Front St. E
Toronto, ON M5E 1C4
✆ (416) 392-7120
www.stlawrencemarket.com
Di–Sa 8–18, Sa Bauernmarkt ab 5 Uhr Wochenmarkt in dem 1845 erbauten ehemaligen Rathaus von Toronto, mit Restaurants, morgens idyllisches Panorama des dreieckigen Gooderham Building vor der Downtown-Skyline.

The Guild Shop
118 Cumberland St.

Toronto, ON M5R 1A6
✆ (416) 921-1721
www.craft.on.ca
Mo–Sa 10–18, Do/Fr bis 19, So 12–17 Uhr Das Geschäft der Ontario-Künstlergilde verkauft kanadische Handwerkskunst aus Leder, Glas, Holz u.a.

David Mason Books
366 Adelaide St. W.
Toronto, ON M5V A2A
✆ (416) 598-1015
Wundervolles Antiquariat, in dem man stundenlang stöbern kann.

Sam The Record Man und HMV
347 Yonge St.
Toronto, ON M5B 1S3
✆ (416) 646-2775
www.samtherecordman.com
Riesige Auswahl an CDs, Kassetten und Schallplatten.

Kensington Market
Baldwin St. & Kensington Ave.
Toronto, ON M5T 3 K7
Der lebendigste Markt der Stadt liegt westlich der Spadina Ave. Buntes Durcheinander einfacher Stände, multikulturelle Händlerschaft. Täglich, aber besonders Sa empfehlenswert.

Für den Abend:

T.O. Tix
Yonge-Dundas Square
Toronto, ON M5T 2C7
✆ (416) 536-6468
www.totix.ca
Di–So 12–18.30 Uhr
Toronto zählt nach New York und London zu den bedeutendsten englischsprachigen Theaterstädten. Die offizielle Verkaufstelle (gegenüber dem Eaton Centre) der Toronto Theatre Alliance vertritt über 150 Theater-, Tanz- und Musikveranstalter in Toronto und verkauft reguläre Tickets zum Normalpreis. Nur am Auf-

führungstag gibt es für Kurzentschlossene Tickets zum halben Preis.

 Chicago's Diner
335 Queen St. W.
Toronto, ON M5V 2A4
℡ (416) 977-2904
www.chicagosdiner.ca
Live-Blues, dazu Steaks und Hamburger bis 1 Uhr nachts.

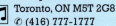 **El Mocambo**
464 Spadina Ave.
Toronto, ON M5T 2G8
℡ (416) 777-1777
www.elmocambo.ca
Der vielleicht bekannteste Club der Stadt – hier spielten sogar schon mal die Rolling Stones. Rock und Blues von lokalen, regionalen, nationalen und mitunter internationalen Größen.

 Montreal Bistro and Jazz Club
65 Sherbourne St.
Toronto, ON M5A 2P9
℡ (416) 363-0179
www.montrealbistro.com
Jede Nacht ein Jazz-Konzert, mit Restaurant.

 Four Seasons Centre for the Performing Arts
Queen St./University Ave.
Toronto, ON M5A 2P9
www.fourseasonscentre.ca
In dem im Juli 2006 eröffneten Theater treten die Canadian Opera Company (www.coc.ca, ℡ 1-800-250-4653) und The National Ballet of Canada (www.national.ballet.ca, ℡ 1-866-345-9595) auf.

 Toronto Symphony Orchestra
212 King St. W.
Toronto, ON M5H 1K5
℡ (416) 598-3375
www.tso.ca
Das Sinfonieorchester tritt in der Roy Thomson Hall bzw. der George Weston Recital Hall auf.

 St. Lawrence Centre for the Arts
27 Front St. E.
Toronto, ON M5E 1B4
℡ (416) 366-7723
www.stlc.com
Zwei Theater (876 und 498 Plätze), auf dem Programm stehen klassisches und modernes Sprechtheater sowie Ballett und auch Konzerte.

 Factory Theatre
125 Bathurst St.
Toronto, ON M5V 2R2
℡ (416) 504-9971
www.factorytheatre.ca
Stücke zeitgenössischer Autoren werden hier aufgeführt.

Wichtige Feste:

 The Molson Indy:
Exhibition Place
Toronto, ON M6K 3C3
℡ (416) 922-7477, www.molsonindy.com
Anfang Juli
Autorennen der Champ Car World Series der Indy-Klasse, eine der wichtigsten Sportveranstaltungen in Kanada.
Caribana:
℡ 1-800-768-5442, www.caribana.ca
Zwei Wochen Ende Juli-Anfang Aug.
Mit einer Million Besuchern das bedeutendste Festival von Toronto. Karibische Rhythmen erfüllen die Stadt und die riesige Samstagsparade am Lakeshore Blvd. westl. des Exhibition Place ist die größte in Kanada.
Canadian National Exhibition:
Exhibition Place
Toronto, ON M6K 3C3
℡ (416) 263-3800, www.theex.com
18 Tage Mitte Aug.–Anfang Sept.
Bunte Mischung aus Volksfest, Kirmes mit Jahrmarktbuden, Landwirtschaftsmesse, beeindruckende Air-Show und Live-Musik. Es ist die größte Veranstaltung dieser Art in Kanada.

⑤ Mennoniten, Shakespeare, Baderummel

Von Toronto nach Grand Bend

5. Route: Toronto – Waterloo/Kitchener – Stratford – Grand Bend
(232 km/145 mi)

km/mi	Zeit	Route	Karte siehe S. 208
0/0	9.00 Uhr	Die Autobahn 401 führt aus **Toronto** heraus nach Westen bis nach	
95/59	10.00 Uhr	**Waterloo/Kitchener** (Ortsbesichtigung, Joseph-Schneider-Haus; eventuell Markt, 2 Std.).	
	12.00 Uhr	Von dort auf dem Hwy. 7/8 über **Shakespeare** nach	
141/88	13.00 Uhr	**Stratford**. Stadtrundgang und Picknick am See.	
	15.00 Uhr	Weiter auf dem Hwy. 7 bis nach Parkhill an der Kreuzung mit dem Hwy. 81. Den nimmt man Richtung Norden bis nach	
232/145	16.00 Uhr	**Grand Bend** am Lake Huron.	

Vorbei an der hässlicheren Seite von Toronto – gesichtslosen Hochhäusern, Fabrikanlagen und Autobahnkreuzen – führt die Autobahn 401 aus der Hauptstadt Ontarios hinaus. Kitchener/Waterloo ist das Ziel, eine Doppelstadt, die bis zum Ersten Weltkrieg noch mit dem schönen Namen Berlin in den Karten verzeichnet war. Die Orte in der Umgebung tragen heute noch deutsche Namen – es gibt Baden, Phillipsburg, Bamberg, New Hamburg, ein Mannheim und auch ein Heidelberg fehlt nicht. Völlig klar – Deutsche besiedelten diese Region. Man sieht kleine Farmen, manche mit Windrädern, man sieht mitunter ein Pferdefuhrwerk, Frauen in langen Kleidern mit einer Haube auf dem Kopf, Männer in schwarzen Hosen, mit schwarzen Westen und breitkrempigen Hüten. Es sind Mennoniten, die Ende des 18. Jahrhunderts nicht aus Deutschland, sondern aus Pennsylvania in den USA kamen.

Menno Simons (1496–1561), ein Geistlicher aus Norddeutschland, begründete die Glaubensrichtung der Mennoniten. Enttäuscht von der Kirche, die sich seiner Meinung nach von den Grundsätzen der Bibel entfernt hatte, schloss er sich 1536 einer Gruppe von Wiedertäufern an. Seine Anhänger nannten sich Mennoniten – ihre Glaubensgrundsätze waren: Sittliche Heiligung, Ablehnung der Kindtaufe, Ablehnung jeglichen Kriegsdienstes und der Glaube, dass der Mensch nicht einer weltlichen Obrigkeit, sondern nur Gott verantwortlich sei.

Ernte mit dem Pferdewagen: Amish People beim Aufladen des Heus

Aus Mitteleuropa vertrieben, zogen sie nach Ostpreußen, nach Russland, Kanada, in die USA, nach Brasilien, Uruguay und Paraguay; überall dorthin, wo man ihnen zusagte, ihre Lebensweise anzuerkennen. Denn immer wieder entzündete sich der Konflikt mit dem Gastgeberland an denselben Punkten: Mennoniten lehnen den Staat in Bezug auf Glaubensdinge, den Eid und den Kriegsdienst ab. Sie sind Pazifisten und haben den Anspruch, ihre Kinder selbst, im mennonitischen Glauben und auf Deutsch zu erziehen. Deutsch ist nämlich die Sprache der Mennoniten, plattdeutsch im Alltag, hochdeutsch im Gottesdienst und in der Schule.

Heute leben in Ontario etwa 40 000 Mennoniten, etwa 170 000 sind es insgesamt in Kanada. In den USA finden sich vor allem im nördlichen Pennsylvania größere Siedlungen. Zentrum der Mennoniten in Ontario ist **Kitchener** – hier trifft man sie vor allem auf dem **Farmers Market**, und im **Joseph-Schneider-Haus** kann man sehen, wie eine mennonitische Familie Anfang des 19. Jahrhunderts lebte.

Die Mennoniten sind keine einheitliche Gruppierung – innerhalb ihres Glaubens gibt es Unterschiede. So gehören die Mennoniten Ontarios etwa 17 verschiedenen Glaubensgruppen an – Trennlinie ist dabei meistens, inwieweit man die Neuerungen des 19. und 20. Jahrhunderts annimmt oder nicht. Alt-Mennoniten wie die Amish People pflegen einen Lebensstil wie vor etwa 200 Jahren – ohne Elektrizität, natürlich auch ohne Autos oder Telefon, aber auch ohne weiterführende Schulbildung. Sie benutzen Pferdewagen und sind auch leicht an ihrer schwarzen Kleidung zu erkennen, während sich die progressiveren Mennoniten äußerlich kaum von ihren nicht-mennonitischen Nachbarn unterscheiden.

Nicht einmal eine Stunde Fahrt ist es von Kitchener bis Stratford, dazwischen lohnt aber ein kurzer Stopp in **Shakespeare**, einer winzigen Siedlung an der Kreuzung von Highway 7/8 und Highway 107. Shakespeare ist kein wirklicher Ort – es ist eine Ansammlung von Antiquitätenläden. Angeboten wird alles, was älter als 15 Jahre ist – auch Kanada ist ein junges Land und wie in den USA ist man hier mitunter anderer Auffassung als in Europa, was antik ist. Aber es verbirgt sich auch manches Schmuckstück unter viel Mittelmäßigem.

Dem Dörfchen Shakespeare folgt die Stadt **Stratford** und der Fluss, der sie durchfließt, heißt Avon. Und ein Theaterfestival gibt es dort auch. Was wird da wohl gespielt? Natürlich vor allem Shakespeare, Stücke des englischen Dramatikers, der in Stratford-upon-Avon in Mittelengland, geboren wurde. Hier in Kanada erinnert eine Büste an ihn im Shakespeare Garden am Avon-Ufer – schließlich verdankt die Stadt dem Dramatiker, dass sie heute ein herausgeputztes Schmuckstück statt bloß eine größere langweilige Landgemeinde ist. 1953 begann die Geschichte des **Stratford Shakespeare Festival**. Damals spielte, noch im Zelt, Sir Alec Guinness Richard III., heute dauert das Festival den ganzen Sommer und gespielt wird in drei Theatern – am Wochenende sogar mit zwei Aufführungen täglich.

Für die Festival-Besucher hat sich die Stadt schick gemacht. Die Hauptstraße Ontario Street lockt mit einigen interessanten Läden, der Park am Flussufer ist ideal für ein stilvolles Picknick, der Fluss für gemächliche Paddel- oder Ru-

dertouren und alles wirkt ein bisschen so wie eine Theater- oder Filmkulisse – geradezu prädestiniert für Verfilmungen englischer Gesellschaftsromane aus dem 19. Jahrhundert.

Grand Bend dagegen ist weniger zurückhaltend. Der Highway 81 führt als Mainstreet mitten in den Ort hinein und endet am Lake Huron – er ist gesäumt von T-Shirt- und Bademoden-

»Baywatch« in Kanada: Am Strand von Grand Bend

Shops, Restaurants, Imbissbuden und an Sommerwochenenden vollgepackt mit Menschen. Sonnengebräunte, fitnessstudiogestählte Körper, Rockmusik aus den Bars, aus vorüberfahrenden Autos, von vorüberfahrenden Motorrädern. Hier zeigt man sich und was man hat, geht in Bars und feiert Parties am Strand. Ein typischer Badeort, aber glücklicherweise einer mit einem sehr langen und breiten Strand. So ist genug Platz für jedermann, und ein kurzer Spaziergang führt schnell zu den ruhigeren Stränden südlich des Hafens und der schmalen Flussmündung. Beides sind hervorragende Plätze für ein nachmittägliches Bad und dafür, im weißen Sand zu sitzen und der Sonne zuzusehen, wie sie langsam im Lake Huron untergeht.

225

Kitchener Waterloo Tourism
191 King St. W.
Kitchener, ON N2G 1B1
✆ (519) 745-3536 oder 1-800-265-6959
Fax (519) 745-3218
www.kw-visitor.on.ca

 Walper Terrace Hotel
1 King St. W.
Kitchener, ON N2G 1A1
✆ (519) 745-4321 oder 1-800-265-8749
Fax (519) 745-3625
www.walper.com
Sowohl das Terrassencafé wie die Restaurants in diesem hübschen Hotel von 1893 mit 79 Zimmern bieten gute Küche. $–$$

 Farmers Market
300 King St. E.
Kitchener, ON N2G 2L3
✆ (519) 741-2287
www.kitchenermarket.ca
Seit 1839 lokaler Markt, auch der Mennoniten, Mi, Sa 7–14 Uhr.

 Joseph-Schneider-Haus
466 Queen St. S.

Zwei rechts, zwei links: Socken für den Amish-Nachwuchs

Kitchener, ON N2G 1W7
✆ (519) 742-7752
Juli/Aug. tägl. 10–17, sonst Mi–Sa 10–17, So 13–17 Uhr, Eintritt $ 2
In diesem Haus von 1816 lebte die mennonitische Schneider- Familie.

 Kitchener-Waterloo Otoberfest
17 Benton St.
Kitchener, ON N2G 3G9
✆ 1-888-294-4267
www.oktoberfest.ca
Das wichtigste Oktoberfest Amerikas und der bedeutendste Erntedankfestumzug Kanadas. Es gibt 17 Bierzelte, jede Menge »German umpta-Music«, Würste und Hendl, und die halbe Million Besucher sind hinterher glücklich und zufrieden (neun Tage Mitte Okt.).

 St. Jacobs Country Tourism
1386 King St. N
St. Jacobs, ON N0B 2N0
✆ (519) 664-1133 oder 1-800-265-3353
Fax (519) 664-2218
www.stjacobs.com
15 km nördlich von Kitchener gelegenes pittoreskes Dorf. Touristen schlendern über die schmucke, mit vielen Antiquitäten-, Kunsthandwerks- und Handarbeitsläden bestückte King Street. Als Kontrast dazu zuckeln in gedeckten Farben gekleidete Mennoniten mit kleinen, schwarzen Pferdekutschen über die Hauptstaße. Sie verkaufen auf dem **Farmers Market**, einem exzellenten Bauernmarkt mit 600 Händlern (Do, Sa 7–15.30 Uhr, im Sommer auch Di), Obst, Gemüse, Andenken oder Kuchen wie den »Shoofly Pie«.

 Ontario Mennonite Relief Sale & Quilt Auction
New Hamburg, ON N3A 1K1
www.ontario-mennonite-relief-sale.org
Letzter Fr/Sa im Mai, 19 km westlich von Kitchener. Beeindruckende Verkaufsmesse von Mennoniten-Produkten, mit Ess- und Kunsthandwerksständen.

Tourism Stratford
47 Downie St.
Stratford, ON N5A 1W7
✆ (519) 271-5140 oder 1-800-561-7926
Fax (519) 273-1818
www.city.stratford.on.ca

The Queen's Inn
161 Ontario St.
Stratford, ON N5A 3A3
✆ (519) 271-1400 oder 1-800-461-6450
Fax (519) 271-7373
www.queensinnstratford.ca
Schön restauriertes Hotel mit 32 Zimmern aus der Mitte des 19. Jh. Vielleicht der stilvollste Platz in Stratford.
$$$–$$$$
Zum Hotel gehört das **Boar's Head Pub** mit Terrasse, bis 1 Uhr ansehnliche Auswahl an Bier aus Kleinbrauereien.

The Artful Lodger
107 Huron St.
Stratford, ON N5A 5S7
✆ (519) 275-2629 oder 1-877-339-2177
Fax (519) 271-3226
www.artfullodger-bandb.com
Bed & Breakfast mit vier Zimmern. $$$

Stratford Festival of Canada
56 Queen St.
Stratford, ON N5A 4M9
✆ 1-800-567-1600
www.stratfordfestival.ca
Eines der bedeutendsten kanadischen Theaterfestivals, spielt wie zu seinen Anfängen Stücke von William Shakespeare, aber auch aus allen Epochen sowie Musicals, Mitte April–Anf. Nov. in vier Theatern:

Festival Theatre
55 Queen St.
Avon Theatre
99 Downie St.
Tom Patterson Theatre
111 Lakeside Dr.
Studio Theatre
George & Waterloo Sts.

Grand Bend & Area Chamber of Commerce
1 Crescent St.
Grand Bend, ON N0M 1T0
✆ (519) 238-2001
Fax (519) 238-5201
www.grandbendtourism.com

Oakwood Resort
Grand Bend, ON N0M 1T0
✆ (519) 238-2324 oder 1-800-387-2324
Fax (519) 238-2377
www.oakwoodinnresort.com
1 km nördlich von Grand Bend am Hwy. 21
Schickes, modernes Hotel mit 126 Zimmern, eigenem Strand, Pool, Spa, Tennisplätzen und eigenem Golfplatz. Gutes Restaurant. $$$–$$$$

Pine Dale Motor Inn
107 Ontario St. S.
Grand Bend, ON N0M 1T0
✆ (519) 238-2231
Fax (519) 238-5756
www.pinedale.on.ca
Ziemlich im Zentrum von Grand Bend, ein paar Blocks vom See entfernt. 41 Zimmer, Hallenbad, Pub. Guter Durchschnitt. $$

The Pinery Provincial Park
✆ (519) 243-2220 oder 1-888-668-7275
www.ontarioparks.com
Viel besuchter Provinzpark 8 km südl. von Grand Bend mit allem, was das Herz begehrt: 10 km Strand, eigene Wanderwege, Fahrrad-, Kanu- und Kajakverleih, Laden, Besucherzentrum und attraktiver Campingplatz.

Aunt Gussie's
135 Ontario St. S.
Grand Bend, ON N0M 1T0
✆ (519) 238-6786
Familienfreundliches Restaurant mit kanadisch-amerikanischer Küche; gute, sehr große Steaks. Auch Frühstück. Sehr populär.

⑥ Ölsucher, Ex-Sklaven und ein Vogelparadies

Von Grand Bend zum Point Pelee National Park

6. Route: Grand Bend – Oil Springs – Dresden (Uncle Tom's Cabin) – Point Pelee (230 km/144 mi)

km/mi	Zeit	Route
0/0	9.00 Uhr	Abfahrt in **Grand Bend** über den Hwy. 21 Richtung Süden bis nach
80/50	10.00 Uhr	**Oil Springs**. Besichtigung des Museums (eine Stunde), dann weiter auf der 21 S. bis

104/65   11.30 Uhr   **Dresden**. Besichtigung von **Uncle Tom's Cabin** und Museum (2 $^1/_2$ Std. mit Picknick), dann Weiterfahrt auf dem Hwy. 21 bis zur Kreuzung mit der Autobahn 401 (Auffahrt 109). Der folgt man Richtung Westen bis zur Kreuzung mit dem Hwy. 77 (Abfahrt 50) und diesem dann bis **Leamington**. Durch den Ort hindurch zur Küstenstraße, die zum

230/144   16.00 Uhr   **Point-Pelee-Nationalpark** führt. Übernachtung in **Leamington**.

Springen Sie noch kurz ins Wasser, bevor Sie sich vom Lake Huron verabschieden und durch Pinienwälder und flaches Farmland nach Süden fahren. Weizen, Mais und das eine oder andere Tomatenfeld – eine recht eintönige Landschaft, durchzogen von geraden Straßen, die sich rechtwinklig kreuzen. Zehn Kilometer geradeaus, dann eine Kreuzung, dann wieder zehn Kilometer, die nächste Kreuzung. Die Orte sind nichts Besonderes, doch dann tauchen Ortsnamen auf, die einen stutzen lassen: Zunächst Petrolia, dann Oil City,

schließlich **Oil Springs**, und dort steht auch noch ein Wegweiser: Oil Museum of Canada.

Oil Springs war, man kann es kaum glauben, einmal das Zentrum der Ölförderung, und zwar nicht nur Kanadas, sondern der Welt. Hier wurde 1858 erstmals kommerziell und mit Gewinn eine Ölquelle von James Miller Williams erschlossen, hier wurden Technologien entwickelt, die dann weltweit, und zwar durch Arbeiter und Ingenieure aus Oil Springs, verbreitet wurden. Der Ort selbst war 1862 der erste auf der Welt,

Josiah Hensons Wohnhaus – »Onkel Toms Hütte«

229

der eine Straßenbeleuchtung mit Kerosinlampen sein eigen nennen konnte. Damals gab es auch eine funktionstüchtige Eisenbahn, die 1910 stillgelegt wurde, und eine Straße aus Holzplanken, die bis nach Sarnia an der Südspitze des Lake Huron führte. Über 100 Bohrtürme aus Holz ragten aus den Feldern auf, und nachdem man 1861 die erste Tiefenbohrung erfolgreich durchgeführt hatte, setzte der große Run nach Oil Springs ein. 4000 Einwohner hatte die Stadt, immerhin etwa fünf Mal so viel wie heute. Es gab neun Hotels,

ein Dutzend Raffinerien und sogar eine Art öffentliches Nahverkehrssystem – große Pferdewagen – für die Arbeiter.

Der Ölboom in Oil Springs und Umgebung dauerte nicht einmal 50 Jahre. Hier wurden zwar mehr als neun Zehntel des kanadischen Rohöls bis 1900 gefördert, aber insgesamt war man im Herzen Ontarios nicht konkurrenzfähig. Heute arbeiten noch etwa 300 kleine Quellen, aus denen im Jahr etwa 25 000 Barrel Rohöl sprudeln. Ein Barrel, ein Fass, sind 158,987 Liter – im ortsansässigen Museum sind alte Ölfäs-

Bezaubernde Wasserlandschaft: Point Pelee National Park

ser, die erst auf Pferdefuhrwerken, später dann mit der Eisenbahn befördert wurden, zu sehen.

Dresden ist ebenfalls ein winziges Nest inmitten von Feldern, und stünde hier nicht das ehemalige Haus von Reverend Josiah Henson, gäbe es keinen Grund anzuhalten. Aber Josiah Henson war nicht irgendwer, er war ein schwarzer Reverend, der 1789 in Maryland (USA) auf einer Plantage als Sklave geboren wurde, 1830 mit Frau und Kindern nach Kanada flüchten konnte und in der Nähe Dresdens Pfarrer wurde. Hier gründete er eine Siedlung für geflüchtete Sklaven, und ab 1841 baute er das »British American Institute«, eine Schule und Ausbildungsstätte für ehemalige Sklaven auf.

Henson schrieb auch eine Autobiografie, und eine Schriftstellerin las dieses Buch. 1852 erschien ihr Roman, der – manches verändert zwar – Josiah Hensons Geschichte weltberühmt machte: »**Uncle Tom's Cabin**« – »Onkel Toms Hütte« von Harriet Beecher-Stowe, ein Buch, das die öffentliche Meinung wie kaum ein anderes gegen die Sklaverei mobilisierte.

Die Ausstellung in Hensons Wohnhaus und den anderen Gebäuden der kleinen Siedlung – auf ihrem Friedhof ist der Reverend auch begraben – informiert über das Leben Josiah Hensons, die Geschichte und die Underground Railroad der Sklaverei – den Fluchtweg der Sklaven aus den Südstaaten nach Kanada. Etwa 50 000 Sklaven schafften den Weg nach »Canaan«, ins gelobte Land Kanada, in dem es keine Sklaverei gab. Sie flüchteten in der Dunkelheit, sie schlugen sich durch Wälder und Sümpfe, immer in Gefahr entdeckt, verraten, verkauft oder gar umgebracht zu werden, und ohne genau zu wissen, wohin ihr Weg führte.

»Red winged Blackbird« – rotgeflügelte Amsel

Leitlinie war die so genannte Underground Railroad, ein geheimes Netzwerk von freien Schwarzen, Quäkern, die aus religiösen Gründen die Sklaverei ablehnten, und anderen, die bereit waren, entflohenen Sklaven zu helfen. Zu ihrer Tarnung benutzten sie Bezeichnungen aus der Welt der Eisenbahn. *Conductors* (Schaffner) führten die Sklaven durch unbekannte Gebiete, *Terminals* (Endbahnhöfe) hießen die Städte im Norden und *Stations* (Bahnhöfe) sichere Punkte unterwegs. Die Sklaven selbst hießen Gepäck – was sich zynisch anhört, aber Sinn macht: Im Museum wird die Geschichte eines Sklaven berichtet, der sich selbst in einer Holzkiste einschließen und per Post nach Norden schicken ließ.

Hinter Dresden werden die Weizen- und Maisfelder weniger, dafür die Obstplantagen und Tomatenfelder zahlreicher. An der Straße hin und wieder ein Obststand, Äpfel, Pfirsiche und Tomaten gibt es hier frisch und saftig, und im Herbst türmen sich goldgelbe Kürbisse am Straßenrand. Dann ist **Leamington** am Lake Erie erreicht, die Stadt, die sich selbst »Ketchup Capital of Canada« nennt – auch ein Ehrentitel. Das ist sie zweifellos, denn das größte Unternehmen im Ort und nicht zu übersehen hört auf den schönen Namen »Heinz«.

Viel mehr gibt es dort auch nicht zu sehen. Am Anleger, von dem die Fähre nach Pelee Island ablegt, langweilen sich die Jugendlichen auf dem Parkplatz, drehen Auto fahrend im Schritttempo eine Runde nach der anderen und spielen mit ihren Stereoanlagen. Jeder neue Tourist ist eine Sensation und wird genauso bestaunt.

Schnell weiter zur Südspitze Festlandkanadas, zum **Point Pelee National Park**. Der Park ist einer der kleinsten Kanadas, aber auch einer der beliebtesten: Etwa eine halbe Million Besucher finden sich hier im Jahr ein. Die schmale Halbinsel, die wie eine Sporn in den Lake Erie hineinragt, wird vor allem im Herbst und im Frühjahr viel besucht – dann nämlich ist sie einer der besten Plätze weltweit zur Vogelbeobachtung. Riesige Schwärme von Zugvögeln pausieren hier vor oder nach der Reise – Wissenschaftler haben in diesen Zeiten 350 verschiedene Arten gezählt. Etwa 90 verschiedene leben immer auf der Halbinsel. Im Herbst sammeln sich hier auch große Schwärme der leuchtendgelben Monarchfalter, Schmetterlinge, die wie Zugvögel im Winter nach Mexiko fliegen. Es ist kaum zu glauben, dass sie es mit ihrem taumelnden Flug schaffen, die ungeheuerliche Wasserfläche des Lake Erie zu überqueren.

Der Monarchfalter ist gefährdet. Wissenschaftler der Cornell University in New York vermuten, dass genetisch veränderter Mais seine Larven tötet. Dem so genannten Bt-Mais wurden Gene des *Bacillus thuringiensis* eingepflanzt, der im Gewebe der Pflanze ein Gift produziert, das eigentlich nur gegen Maisschädlinge wirksam sein soll. Doch die Maispollen scheinen auch für die Schmetterlingslarven tödlich zu sein. Gen-Mais ist in den USA in den letzten Jahren mehr und mehr gepflanzt worden. 2,5 bis fünf Millionen Hektar schätzungsweise, das sind ein Achtel bis ein Viertel der gesamten Anbaufläche, sind inzwischen mit gentechnisch verändertem Mais bepflanzt – wenn die Forscher aus New York Recht haben, ist das eine hausgemachte Katastrophe.

Point Pelee ist der kleine Rest einer ehemals riesigen Marschlandschaft am Ufer des Lake Erie, einer Wildnis, die halb See, halb Festland war. Holzstege führen heute in die Wasserlandschaft, in der Schilf- und Kolbenrohrwälder wachsen und in der Reiher auf Frösche oder Fische lauern. Die schönste Möglichkeit, sich von der Landschaft gefangen nehmen zu lassen, ist eine Kanufahrt.

Oder man wandert zur Südspitze der Halbinsel. Vorbei an Sandstränden, aber auch durch dichte Wälder, in denen Baumarten vorkommen, die ansonsten nirgendwo in Kanada zu finden sind. Die Südspitze der Insel verändert sich jeden Tag – es ist eine schmale, mehrere hundert Meter lange, spitz zulaufende Landzunge aus Treibsand, die mal im Bogen nach Südosten, mal nach Südwesten zeigt. Die Strömung nagt von allen Seiten, schwemmt Sand und Treibholz an und spült es wieder weg. Hier kommen zwei Strömungen zusammen, und man sieht die Kraft des Wassers und der Wellen. Baden ist hier viel zu gefährlich, und wer den Tag so beenden will, wie er ihn begonnen hat, sollte die Strände etwas entfernt von der Spitze der Halbinsel aufsuchen. Aber achten Sie auf eventuelle Warnschilder am Parkeingang – die Wasserqualität des Erie-Sees wird einmal pro Woche analysiert und ist leider nicht so gut wie die des Lake Huron. ☀

Infos: Oil Springs, Dresden, Leamington

 Oil Museum of Canada
2423 Kelly Rd.
Oil Springs, ON N0N 1P0
✆ (519) 834-2840
Mai–Okt. tägl. 10–17, ansonsten Mo–Fr
10–17 Uhr, Eintritt $ 5
Erste kommerziell genutzte Ölquelle
Nordamerikas 1858. Gute und lehrrei-
che Ausstellung zur Geschichte des
»Schwarzen Goldes« nicht nur in Kanada.

 Uncle Tom's Cabin Historic Site
29251 Uncle Tom's Rd.
Dresden, ON N0P 1M0
✆ (519) 683-2978
www.uncletomscabin.org
www.sarnia.com/parkway
Di–Sa 10–16, So 12–16, im Juli und Aug.
auch Mo 10–16 Uhr, Eintritt $ 6
Museumsgebäude 2 km westl. von Dresden, im alten Hof von Reverend Josiah
Henson, dem »Vorbild« des Onkel Tom
in Harriet Beecher-Stowes Roman »Onkel Toms Hütte«.

 Point Pelee National Park
407 Monarch Lane
Leamington, ON N8H 3V4
✆ (519) 322-2365
www.pc.gc.ca/pelee
Nationalpark und Vogelschutzgebiet auf
einer schmalen Landzunge im Lake Erie.
Badestrand, Fahrt mit Pendelbus zur
Landspitze. Erkundungen zu Fuß, per
Fahrrad oder Kanu.

 Comfort Inn Leamington
279 Erie St. S.
Leamington, ON N8H 3C4
✆ (519) 326-9071 oder 1-800-424-6423
Fax (519) 326-3445
www.choicehotels.ca/cn276
Typisches Mittelklasse-Kettenmotel. 62
Zimmer. $–$$

 The Seacliffe Inn
388 Erie St. S.
Leamington, ON N8H 3E5
✆ (519) 324-9266, Fax (519) 324-9028

www.seacliffeinn.com
Attraktives Hotel im nautischen Dekor
mit 29 Zimmern mit Kamin, Restaurant
(Spezialität Steaks und Fisch) mit Terras-
se und Panorama auf Lake Erie. $$

 Manhattan Moe's
5 Nelson St.
Leamington, ON N8H 1G6
✆ (519) 322-1928
Steaks und Fischgerichte, auch einiges
Vegetarisches. Suppen- und Salatbuffet.
$–$$

Mußestunde – Hobbymalerin im Park

7 **Durch Amerikas Autostadt**
Von Point Pelee über Detroit nach Ann Arbor

7. Route/Programm: Point Pelee – Detroit – Ann Arbor
(148 km/92 mi)

km/mi	Zeit	Route/Programm	Karte s. S. 228
0/0	9.00 Uhr	In **Leamington** auf den Hwy. 3, der nach Westen direkt durch das kanadische Windsor über die Ambassador-Brücke nach	
60/37	10.00 Uhr	**Detroit** führt. Auf der US-amerikanischen Seite nehmen Sie direkt die erste Abfahrt (ebenfalls Hwy. 3) und gelangen so mitten in die Innenstadt. Stadtbesichtigung und Lunch (6 Std.).	
	16.00 Uhr	Die I-94 W. führt direkt aus der Innenstadt Detroits nach	
148/92	17.00 Uhr	**Ann Arbor**. Besichtigung der Innenstadt.	

Nicht nur Autostadt – die Monorail in Detroit

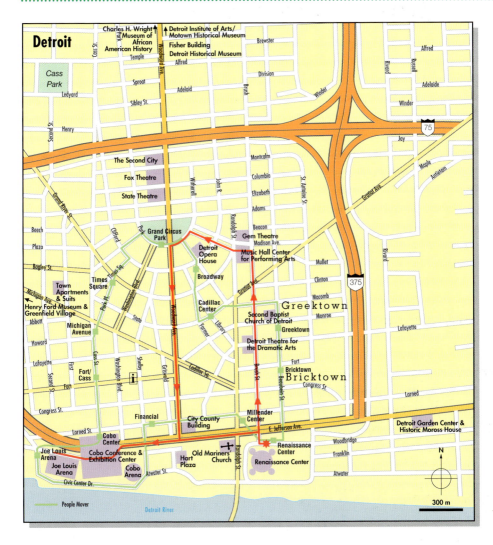

Detroit

Charles H. Wright Museum of African American History

Detroit Institute of Arts/ Motown Historical Museum

Fisher Building
Detroit Historical Museum

Brewster

Alfred

Cass Park

Temple

Alfred

Division

Russell

Ledyard

Sproat

Adelaid

Brush

Adelaide

Sibley St.

Winder

Winder

Henry

75

Jay

The Second City

Montcalm

Maple

Fox Theatre

Columbia

Antietam

State Theatre

Elizabeth

St. Antoine St.

Adams

Gratiot Ave.

Beacon

Rivard

Beech

Grand Circus Park

Gem Theatre
Madison Ave.

Plaza

Detroit Opera House

Music Hall Center for Performing Arts

Bagley St.

Broadway

Mullet

Clinton

375

Town Apartments & Suits

Times Square

Cadillac Center

Macomb

G r e e k t o w n

Henry Ford Museum & Greenfield Village

Second Baptist Church of Detroit

Monroe

Abbott

Michigan Avenue

State

Greektown

Lafayette

Howard

Detroit Theatre for the Dramatic Arts

Lafayette

Fort

First

Fort/ Cass

Bricktown

B r i c k t o w n

Second

Fort

Congress St.

Larned

Congress St.

Financial

City County Building

Millender Center

Detroit Garden Center & Historic Moross House

Larned St.

Cobo Center

E. Jefferson Ave.

Woodbridge

N

Joe Louis Arena

Cobo Conference & Exhibition Center

Old Mariners' Church

Renaissance Center

Franklin

Joe Louis Arena

Cobo Arena

Hart Plaza

Renaissance Center

Atwater

Civic Center Dr.

Atwater St.

300 m

People Mover

Detroit River

Den besten Blick auf **Detroit** genießt man nicht von einem Punkt in der Stadt, sondern von außerhalb: Vom **Dieppe Park** im kanadischen Windsor, der direkt östlich der Ambassador-Brücke liegt, die in elegantem Bogen über den Detroit River führt und Kanada und die USA verbindet.

Von hier sieht man die Skyline der Stadt, deren herausragendes Gebäude

das **Renaissance Center** ist – sinnfälliger Ausgangspunkt des Stadtrundgangs durch Amerikas Autostadt. Denn das Ende 1977 eröffnete Gebäude sollte nach den Unruhen sowie dem wirtschaftlichen und sozialen Niedergang der Stadt einen neuen Aufbruch in die Zukunft demonstrieren – doch geklappt hat der bestenfalls stellenweise. Sieht die Skyline noch blitzeblank aus, so ändert sich der positive Eindruck schnell, wenn man in die Innenstadt kommt. Sie ist bestenfalls durchwachsen – spiegelnde Hochhäuser neben verlassenen Lagerhäusern, verwahrloste Häuserblocks, durch die der ultramoderne **People Mover** gleitet.

Kaum eine andere Stadt Amerikas hatte ihr Schicksal so an einen Industriezweig gehängt wie Detroit. An eine Industrie, von der Amerika immer geglaubt hatte, dass sie niemals in eine wirkliche Krise geraten könnte – an die Automobilindustrie.

Denn die Stadt, die am – man nimmt es in Detroit genau – 24. Juli 1701 vom französischen Entdecker Antoine de la Mothe Cadillac gegründet wurde und lange wegen ihrer strategisch günstigen Lage an der Mündung des Detroit River in den Lake Michigan zwischen Franzosen und Engländern und dann Englän-

Wie alles anfing: Motorenbau in Detroit um 1915

dern und Amerikanern umkämpft war, blühte zu Beginn des 20. Jahrhunderts auf. Damals begannen Henry Ford, Ranson E. Olds, David Buick und andere in dieser Region, industriell Autos zu bauen. 1902 gab es in Detroit vier Autofirmen, die im Jahr etwa 200 Wagen produzierten, 1914 waren es bereits 70, und 1920 arbeiteten fast eine Million Menschen in der Automobilindustrie und montierten im Jahr etwa eine Million Autos. Diese Jobs waren gesucht, hatte Ford doch schon 1914 die tägliche Arbeitszeit von neun auf acht Stunden reduziert und gleichzeitig den Tageslohn von 2,34 Dollar auf fünf Dollar angehoben.

Erfolgreichstes Modell der Ford-Werke war damals der Ford T, der ab 1908 gebaut wurde. 15 Millionen mal wurde er gebaut – 1927 endete die Produktion dieses Autos. Da war Ford schon nicht mehr Amerikas größter Autoproduzent – GM, General Motors, hatte die Führung übernommen.

General Motors vereinigte in den 1920er Jahren etwa 20 verschiedene Autohersteller unter einem Dach, darunter Firmen wie Buick, Oldsmobile, Pontiac, Cadillac und Chevrolet. Anders als Ford setzte GM damals auf eine breitere Produktpalette und auf schnelleren Modelldurchlauf. Jährlich kamen neue Modelle auf den Markt, und die Käufer honorierten das.

Die 1920er und 1930er Jahre brachten den ersten großen Einbruch, doch der zweite Weltkrieg (die Automobilkonzerne stellten damals ihre Produktion auf Waffen um) und die 1950er Jahre ließen die Autoindustrie wieder boomen. Immer mehr und immer größere Autos wurden entwickelt und verkauft. Der erneute Niedergang begann dann in den späten 1960er Jahren. Der Boom war vorbei, der Markt gesättigt, und eu-

Autos, nichts als Autos: Auf und vor der Wand in Detroit

ropäische und asiatische Marken drangen erfolgreich auf den amerikanischen Markt vor. Einheimische Autos waren nicht mehr gefragt. Sie waren zu unsicher, zu groß, zu schwerfällig, brauchten zuviel Benzin und rosteten im Vergleich zu schnell.

Und als die Automobilindustrie hustete, erkältete sich die Stadt – Detroit bekam aber mehr als eine bloße Grippe. Die Arbeitslosenquote stieg, das ohnehin schwache soziale Netz brach auseinander und im Sommer 1967 gerieten schwarze Einwohner und die mehrheitlich weiße Polizei aneinander: Nach sieben Tagen Gewalt hatte man 43 Tote zu beklagen. Die Stadt lag danieder, und wer es sich leisten konnte, wanderte ab. Heute noch liegt das Durchschnittseinkommen pro Kopf in Detroit bei nur etwas über 27 000 Dollar im Jahr – das in den weißen Vorstädten ist etwa doppelt so hoch.

Derzeit hat Detroit etwa 1,1 Millionen Einwohner, im Umland leben noch einmal drei Millionen Menschen. Nach wie vor ist die Stadt vorwiegend von den großen drei der Automobilbranche abhängig, auch wenn die Stadtväter heute mehr und mehr die Ansiedlung moderner High-Tech-Fimen betreiben. Wer sind die großen drei? Es sind General Motors mit den Marken Chevrolet, Buick, Oldmobile, Cadillac und Saturn, Ford mit den Marken Ford, Lincoln und Mercury sowie der heute mit dem Daimler-Konzern vereinigte Hersteller Chrysler, zu dem in den USA die Marken Chrysler, Dodge sowie Jeep und Eagle gehören.

237

Verschwenderisches Interieur: Art decó im Fisher Building

Das **Renaissance Center**, das die Wiedergeburt Detroits sichtbar machen sollte, wurde auch mit Autogeld finanziert – Vorsitzender der Baugesellschaft war Henry Ford II., und die Ford-Werke unterhalten hier auch einen Showroom. Das Center ist eine gläserne Burg von aufeinander getürmten, verglasten Röhren, und im obersten, dem 70. Stock, befindet sich ein Drehrestaurant.

Westlich des Centers, jenseits der Einfahrt in den Tunnel, der unter dem Detroit River hindurch nach Kanada führt, passiert man die **Old Mariners Church** von 1849 – Detroits älteste Steinkirche – und gelangt auf den Philip A. Hart-Platz. Auf diesem Downtown-Treffpunkt finden die meisten Freiluftkonzerte der verschiedenen Musikfestivals statt. An der Nordseite des Platzes, wo Woodward und East Jefferson Avenue zusammen-

treffen, steht das Monument für Joe Louis: mit geballter Faust, die gefürchtete Rechte des Boxweltmeisters, der aus Detroit stammte.

Geht man vom Renaissance Center nach Norden in die Brush Street passiert man zunächst das Millender Center, ein weiteres Hotel-, Wohn- und Einkaufszentrum, das mit dem Renaissance Center per Skywalk (überdachte Fußgängerbrücke) verbunden ist. Weiter nördlich beginnt Bricktown, ein ehemaliges Lagerhausviertel, in dem sich heute einige Bars und Restaurants finden. Die Beaubien Street führt dann weiter nach Greektown, das mit zahlreichen Bars, Restaurants und kleinen Geschäften schönste und bunteste Viertel in der Detroiter Innenstadt. Um die Wende zum 20. Jahrhundert wurde das Viertel zum Zentrum der griechischen Einwanderer. Sein Mittelpunkt ist Trappers Alley, ein weiteres Shopping Center (508 Monroe Street).

Folgt man der Beaubien Street weiter nach Norden und biegt dann links in die Madison Avenue ein, so gelangt man nach vier Blocks vorbei am Music Hall Center for Performing Arts zum **Grand Circus Park**, einer Grünanlage, die trotz ihres Namens nur einen Halbkreis bildet. Von dort führt die Woodward Avenue, eine ehemals vornehme Einkaufsstraße, die ihre besten Zeiten aber lange hinter sich hat, zurück zur Philip A. Hart Plaza.

Nördlich der Innenstadt und am besten über die Woodward Avenue zu erreichen, aber zu weit, um zu Fuß zu laufen, liegt das so genannte New Center, ein Citybereich, der in den 1920er Jahren entstand. 1921 ließ General Motors (West Grand Boulevard & Cass Avenue) sein neues Verwaltungsgebäude errichten. Der Architekt Albert Kahn schuf das Gebäude, ebenso wie das gegenüberliegende **Fisher Building**, 1928. Das Fisher Building ist ihm besser gelungen, es ist ein elegantes 134 Meter hohes Art-déco-Gebäude, das vor allem im Innern luxuriös ausgestattet ist.

Ansonsten liegen die meisten Sehenswürdigkeiten des New Center südlich des Edsel Ford Freeways (I-94), und zwar östlich des Campus der Wayne State University. Es sind Museen: das **Detroit Institute of Arts** (5200 Woodward Ave.), das **Detroit Historical Museum** und das **Children's Museum** (beide Woodward Ave. & Kirkby St.) sowie das **Charles H. Wright Museum of African-American History** (315 Warren Ave.).

Der Edsel Ford Freeway (I-94) führt auch hinaus aus Detroit Richtung Westen. Letzte Grüße aus der Autostadt in Form von Leuchtreklamen, die für Autos (wofür sonst?) werben, begleiten die Fahrt. Es geht vorbei an den Produktionsstätten von Ford, ein riesiges Schild weist auf die »**Ford World Headquarters**« in der Vorstadt Dearborn hin – hier könnte man abfahren und das **Henry Ford Museum**, das Freilichtmuseum **Greenfield Village** und die Automotive Hall of Fame besuchen. Kurz vor dem Flughafen passiert man noch den größten Autoreifen der Welt (er steht neben der Interstate), es folgt ein wenig plattes Land und dann die Universitätsstadt Ann Arbor.

Ann Arbor, viel gerühmt und geschmäht, meist mit Berkeley und Madison (s. S. 102 ff.) in einem Atemzug genannt, ist eine Unistadt. Eine Stadt mit etwa 110 000 Einwohnern, von denen knapp 40 000 Studenten sind. Die **University of Michigan**, eigentlich immer nur U of M genannt, hat einen sehr guten Ruf, in manchen Fächern sogar ei-

Campus der U of M, der University of Michigan

nen herausragenden und hat seit den 1960er Jahren auch den – deshalb der Vergleich mit Berkeley und Madison –, ein Hort gesellschaftskritischer Wissenschaft zu sein.

Die Innenstadt Ann Arbors ist übersichtlich. Sie wird dominiert vom Campus der U of M, der sich östlich der State Street, der Süd-Nord-Achse durch das Zentrum erstreckt und über die auch der Besucher in die Stadt findet.

Ann Arbor ist weniger wegen besonderer Sehenswürdigkeiten ein Besucherziel. Zwar gibt es einige sehenswerte Bauten auf dem Campus, so das **Law Quadrangle**, die juristische Fakultät, die in ihrer neogotischen Bauweise an alte englische Bildungsanstalten erinnert (besonders an Cambridge), und auch einige ausgezeichnete Museen. Was Ann Arbor aber so interessant macht ist die Atmosphäre. Bummeln Sie durch die Washington und die Liberty Street, den Campus und über die University Avenue, stöbern Sie in Buchläden oder lesen Sie im Café in alten Zeitungen – eine Gelassenheit und Ruhe, die man ansonsten in amerikanischen Städten vermisst, eine Stimmung, die zum Flanieren einlädt, hier ist sie zu finden. Eben auch ein Kontrastprogramm zu Detroit. ❈

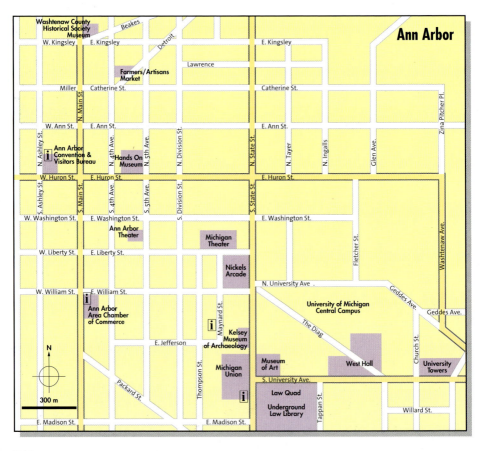

Detroit Metropolitan Convention & Visitors Bureau
211 W. Fort St., Suite 1000
Detroit, MI 48226
✆ (313) 202-1800 oder 1-800-338-7648
Fax (313) 202-1808
www.visitdetroit.com

 People Mover
1420 Washington Blvd., Detroit, MI 48226
✆ (313) 224-2160
www.thepeoplemover.com
Mo–Fr 7–23, Sa 9–24, So 12–20 Uhr
Einzelfahrt 50 Cents
Das vollautomatische, 4,6 km lange Hochbahnsystem umrundet in 15 Min. mit Stopps an 13 Haltestellen die Detroiter Innenstadt.

 The Atheneum Suite Hotel and Conference Center
 1000 Brush Ave., Detroit, MI 48226
✆ (313) 962-2323 oder 1-800-772-2323
Fax (313) 962-2424
www.atheneumsuites.com
Im Stadtteil Greektown gelegenes Luxushotel mit 174 geräumigen Suiten und gutem Cajun-Restaurant. $$$–$$$$

 Hotel Pontchartrain
2 Washington Blvd.
Detroit, MI 48226
✆ (313) 965-0200, Fax (313) 965-9464
www.hotelpontch.com
Luxuriöse Herberge im Herzen der Innenstadt, 384 Zimmer, von einigen hat man eine gute Aussicht auf den Detroit River. $$$$

 Shorecrest Motor Inn
1316 E. Jefferson Ave.
Detroit, MI 48207
✆ (313) 568-3000 oder 1-800-992-9616
Fax (313) 568-3002
www.shorecrestmi.com
Familiär geführtes Motel in der Innenstadt, nur zwei Blocks östlich des Renaissance Center, 54 Zimmer. Für die Lage sehr preiswert. $–$$

 Courtyard By Marriott-Downtown Detroit
 333 E. Jefferson Ave., Detroit, MI 48226
✆ (313) 222-7700 oder 1-800-321-2211
Fax (313) 222-6509
www.detroitdowntowncourtyard.com
Vorwiegend von Geschäftsleuten besuchtes Hotel. Übergang zum Renaissance Center, Zugang zum People Mover. 260 Zimmer, gutes Restaurant. Einige Zimmer mit Blick auf den Fluss. $$$$

 American Coney Island
114 W. Lafayette Blvd., Detroit, MI 48226
✆ (313) 961-7758
www.americanconeyisland.com
24 Stunden geöffnetes, schlichtes Wurstrestaurant. Hier gibt es die echten Coney Island Hot Dogs mit polnischer Wurst und Chile Sauce, eine echte Detroiter Spezialität. Coney Island Restaurants oder Imbissbuden gibt es fast an jeder Ecke, doch hier sollen die Würste am besten sein – obwohl manche eher auf die Nachbarbude schwören: Lafayette Coney Island (116 W. Lafayette, ✆ (313) 964-8198). $

 The Rattlesnake Club
300 River Place, Detroit, MI 48207
✆ (313) 567-4400
www.rattlesnakeclub.com
Eins der besten Restaurants der Stadt: neue amerikanische Küche, häufig und zu Recht mit Preisen ausgezeichnet, östl. von Downtown am Detroit River. $$$

 The Whitney
4421 Woodward Ave.
Detroit, MI 48201
✆ (313) 832-5700
www.thewhitney.com
Elegantes Speiserestaurant im 1894 erbauten Whitney Mansion mit klassischer amerikanischer Küche, Fleisch und Fisch. Ebenfalls ein Anwärter auf den Titel des besten Restaurants der Stadt. $$$

⑦ **Infos:** Detroit

 Carl's Chop House
3020 Grand River Ave., Detroit, MI 48201
℡ (313) 833-0700
www.carlschophouse.com
Gute Steaks und frische Hummer. $$

 Fishbone's Rhythm Kitchen Cafe
400 Monroe St., Detroit, MI 48226
℡ (313) 965-4600
Südstaatenküche mit allem, was dazu-
gehört. Teilweise scharf gewürzte Spei-
sen, Fisch und Meeresfrüchte, Alligator-
fleisch, gute und laute Stimmung. $$

 Baker's Keyboard Lounge
20510 Livernois, Detroit, MI 48221
 ℡ (313) 345-6300
www.bakerskeyboardlounge.com

Vielleicht nicht wie behauptet der »älteste Jazzclub der Welt«, aber doch einer
mit Tradition. Di–So Live-Musik.

 Music Hall Center for Performing Arts
350 Madison Ave.
Detroit, MI 48226
℡ (313) 887-8500
www.musichall.org
1928 erbautes Theater mit 1700 Plätzen,
heute u.a. Bühne für Tanz und Musical.

 Fisher Theatre
3011 W. Grand Blvd., Detroit, MI 48202
℡ (313) 872-1000
www.nederlanderdetroit.com
Hübsch instandgehaltenes Theater mit
2100 Sitzen aus dem Jahre 1928, im Fi-

Autoproduktion: Wandbild des Künstlers Diego Riviera im Detroit Institute of Arts

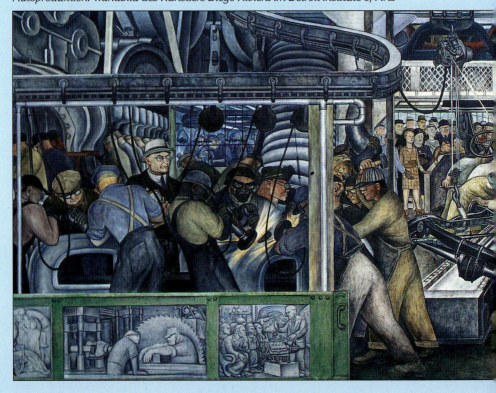

sher Building, einem perfekten Art-dé-co-Hochhaus, errichtet nach Plänen von Albert Kahn, heute eine Shopping Mall.

The Detroit Institute of Arts
5200 Woodward Ave.
Detroit, MI 48202
℡ (313) 833-7900
www.dia.org
Mi/Do 10–16, Fr 10–21, Sa/So 10–17 Uhr
Eintritt $ 6
Eins der besten Kunstmuseen der USA mit einer riesigen Sammlung französischer Impressionisten und deutscher Expressionisten. Außerdem viele Exponate der amerikanischen Moderne. Werke u.a. von Tizian, Caravaggio, Cézanne, Warhol und Rothko.

Detroit Historical Museum
5401 Woodward Ave., Detroit, MI 48202
℡ (313) 833-1805
www.detroithistorical.org
Mi–Fr 9.30–17, Sa/So 10–17 Uhr
Eintritt $ 5
Interessante stadtgeschichtliche Sammlung, die ihren Schwerpunkt auf das 19. Jh. gelegt hat.

Children's Museum
6134 2nd Blvd., Detroit, MI 48202
℡ (313) 873-8100
www.detroitchildrensmuseum.org
Mo–Fr 9–16 Uhr
Ein unterhaltsames und pädagogisch ausgerichtetes Sammelsurium, das sich in neun Galerien auf spielerische Art mit Geschichte, Kunst, Kultur und Naturwissenschaft beschäftigt, populär auch das Planetarium.

Charles H. Wright Museum of African-American History
315 E. Warren St., Detroit, MI 48201
℡ (313) 494-5800
www.maah-detroit.org
Di–Sa 9.30–17, So 13–17 Uhr
Eintritt $ 8
Geschichte der Schwarzen in den USA mit Verweis auf die afrikanische Geschichte. Besuch sehr empfehlenswert.

Motown Historical Museum
2648 W. Grand Blvd.
Detroit, MI 48208
℡ (313) 875-2264
www.motownmuseum.com
Di–Sa 10–18 Uhr, Eintritt $ 8
Geschichte der Motown-Music in den Originalräumen von Hitsville, USA, der Plattenfirma, die den Sound von Jackson Five, Smokey Robinson und Diana Ross bekannt machte.

Detroit Symphony Orchestra
3711 Woodward Ave., Detroit, MI 48201
℡ (313) 576-5111
www.detroitsymphony.com

Max M. Fisher Music Center, Konzerthalle für 2000 Zuhörer mit bester Akustik.

Henry Ford Museum & Greenfield Village
20900 Oakwood Blvd.
Dearborn, MI 48124
✆ (313) 982-6001
www.hfmgv.org
Henry Ford Museum tägl. 9.30–17 Uhr
Eintritt $ 14
Greenfield Village, Mitte April–Okt. tägl. 9.30–17, sonst Fr–So 9.30–17 Uhr
Eintritt $ 20
Die benachbarten Museen liegen in Dearborn westlich von Detroit. Greenfield Village ist ein exzellentes Freilichtmuseum mit 80 authentischen Gebäuden, z.B. dem Haus, in dem Henry Ford seine Kindheit verlebte. In sieben historischen Distrikten werden 300 Jahre amerikanische Geschichte präsentiert. Das Henry Ford Museum beschäftigt sich vorwiegend mit Verkehr und Technik. Höhepunkte sind die riesige Automobilausstellung, darunter einige Limousinen der US-Präsidenten, Flugzeuge aus den Anfangsjahren der Fliegerei sowie eine der bedeutendsten Kollektionen von Landwirtschaftsmaschinen.

Eastern Market
2934 Russel St., Detroit, MI 48207
✆ (313) 833-1560
www.easternmarket.org
Bereits 1891 eingerichteter Großmarkt (Mo–Fr ab 1 Uhr morgens) und Einzelhandelsmarkt (Sa 5–17 Uhr) für Obst, Gemüse, Fleisch und Blumen. Am Samstag lohnenswert, dann ist Familieneinkaufstag mit rund 45 000 Besuchern, das Hauptgeschäft läuft vormittags, auch Frühstücksrestaurants.

Wichtige Feste:

North American International Auto Show: www.naias.com

15 Tage Mitte Januar
Cobo Conference/Exhibition Center in Downtown Detroit
Auf der bedeutendsten Automobilausstellung Amerikas werden viele neue Modelle präsentiert.
Detroit Downtown Hoedown:
www.wattsupinc.com
Drei Tage Mitte Mai
Hart Plaza in Downtown Detroit
Preist sich als die größte Country Musik Show der Welt.
Detroit International Jazz Festival:
www.detroitjazzfest.com
Vier Tage Anfang Sept.
Downtown Detroit, u.a. Hart Plaza
Mit 100 Konzerten dem Vernehmen nach das bedeutendste kostenlose Jazz Festival der Welt.

Ann Arbor Convention & Visitors Bureau
120 W. Huron St.
Ann Arbor, MI 48104
✆ (734) 995-7281 oder 1-800-888-9487
Fax (734) 995-7283
www.annarbor.org

Motel 6
3764 S. State St.
Ann Arbor, MI 48108
✆ (313) 665-9900 oder (800) 466-8356
Fax (734) 665-2202
www.motel6.com
Landesweite preiswerte Motel-Kette, mit Pool, Nahe der Ausfahrt 177 von der I-94.
$$

The Dahlmann Campus Inn
615 E. Huron St.
Ann Arbor, MI 48104
✆ (734) 769-2200 oder 1-800-666-8693
Fax (734) 769-6222
www.campusinn.com
Modernes, gut ausgestattetes Hotel mit 208 Zimmern; Fitnessraum, Pool, Sauna im Zentrum. Empfehlenswertes Restaurant.
$$$–$$$$

Days Inn
2380 Carpenter Rd.
Ann Arbor, MI 48108
℃ (734) 971-0700 oder 1-800-329-7466
Fax (734) 971-1492
www.daysinn.com
Ordentliches Motel mit 127 Zimmern der mittleren Preisklasse mit Hallenbad, Whirlpool, Nahe Ausfahrt 37 A von der US 23. $$

Ann Arbor Bed & Breakfast
921 E. Huron St., Ann Arbor, MI 48104
℃ (734) 994-9100
www.annarborbedandbreakfast.com
Neun schöne Zimmer mit Bad und gutem Frühstück, neben dem Uni-Campus. $$–$$$

University of Michigan Museum of Art
525 S. State St., Ann Arbor, MI 48109
℃ (734) 764-0395
www.umma.umich.edu
Di–Sa 10–17, außerdem Do 17–21, So 12–17 Uhr
Eintritt frei
Wundervolle Kunstsammlung aus allen Epochen, darunter Werke von Rembrandt, Picasso, Monet, Beckmann, Cézanne und Miro.

Kelsey Museum of Archaeology
434 S. State St., Ann Arbor, MI 48109
℃ (734) 764-9304
www.lsa.umich.edu/kelsey
Di–Fr 9–16, Sa/So 13–16 Uhr
Eintritt frei
Sammlung der University of Michigan von Ausgrabungsfunden aus Ägypten, dem Nahen Osten, Griechenland und Italien.

The Earle
121 W. Washington St.
Ann Arbor, MI 48104
℃ (734) 994-0211
www.theearle.com
Sehr schön eingerichtetes Bistro mit Weinbar und Terrassencafé. Klassische italienische und französische Küche, exzellente Weinauswahl. $$–$$$

Metzger's German Restaurant
307 N. Zeeb Rd.
Ann Arbor, MI 48103
℃ (734) 668-8987
www.metzgers.net
Das älteste Restaurant in Ann Arbor verwöhnt mit deutscher Küche und deutschem Ambiente (Familienfotos und Kuckucksuhren an den Wänden), deutscher Bierauswahl. Es gibt Kohlrouladen, Bratwürste und Sauerbraten, aber auch amerikanische Küche. $–$$

Gandy Dancer
401 Depot St.
Ann Arbor, MI 48104
℃ (734) 769-0592
www.muer.com
Das schönste Restaurant Ann Arbors. Im alten Bahnhof wird man mit einem wundervollen Ambiente und viel frischem Fisch und frischen Meeresfrüchten verwöhnt. Reservierung empfohlen. $$$

The Ark
316 S. Main St., Ann Arbor, MI 48104
℃ (734) 761-1451
www.theark.org
420-Sitze-Club mit täglichen Live-Konzerten lokaler und nationaler Berühmtheiten, die von Folk, Jazz über Rock die unterschiedlichsten Stilrichtungen präsentieren. Als Studentenstadt besitzt Ann Arbor viele Clubs sowie eine Fülle preiswerter Restaurants und Bars in Campus- und Innenstadtnähe.

West Side Book Shop
113 W. Liberty St.
Ann Arbor, MI 48104
℃ (734) 995-1891
Ann Arbor ist voll mit Buchhandlungen, diese ist das schönste Antiquariat. Bücher, Karten, Stiche und hervorragende Fotografien.

❽ Zwei Städte in Michigan

Von Ann Arbor über Lansing nach Grand Rapids

8. Route: Ann Arbor – Grand Rapids (169 km/105 mi)

km/mi	Zeit	Route
0/0	9.00 Uhr	Weiterfahrt über den Hwy. 23 N. und die I-96 nach
87/54	10.00 Uhr	**Lansing** (Kapitol, Stippvisite im Michigan Historical Museum oder Universitäts-Campus und R. E. Olds Transportation Museum; Lunch).
	14.30 Uhr	Weiterfahrt über die I-96 nach
169/105	15.30 Uhr	**Grand Rapids** (Van Andel Museum und Heritage Hill District).

Wer will, erreicht von Grand Rapids in etwa 30 Min. Fahrtzeit über die I-196 (28 mi/45 km) **Holland** und trifft dort auf den Highway 31. Knappe 10 weitere Meilen (16 km) sind es von dort bis **Saugatuck**, wo man Anschluss an die Route eins (rot) hat. Informationen zu Saugatuck finden Sie S. 94 ff.

Nur eine Stunde Autofahrt trennt die größte Unistadt Michigans, Ann Arbor, von der zweitgrößten. Doch **Lansing** beherbergt nicht nur die Michigan State University, sondern ist gleichzeitig die Hauptstadt des Bundesstaates. Aber anders als beispielsweise Madison –

Studentenstadt und Hauptstadt von Wisconsin – ist Lansing im Stadtzentrum eher ruhig. Manch einer sagt sogar verschlafen, und Lansing zeigt dort, was es wirklich ist: der Mittelpunkt eines eher landwirtschaftlich geprägten Umlandes.

Der Stolz der Stadt: State Capitol in Lansing

Anders ist das in East Lansing, wo die **Michigan State University** ihren Campus hat und die Studenten auf der Grand River Avenue und ihren Nebenstraßen mit dem Nötigsten (Bars und Buchhandlungen) versorgt werden. 1855 als erste Landwirtschaftshochschule gegründet, hat sich die Michigan State University inzwischen zu einer vollständigen Universität, eher zu einer kleinen Stadt entwickelt. Ihr Gelände ist größer als die Innenstadt Lansings, es umfasst über 1250 Hektar und ist ein wundervoller Landschaftspark mit einzelnen neogotischen und modernen Gebäuden und verschiedenen botanischen Gärten.

Doch zurück ins Zentrum, dessen Stolz das **State Capitol** (1873–79) ist. Wie bei den meisten Regierungsgebäu-den der Einzelstaaten in den USA stand auch hier das Kapitol in Washington Pate, doch es besitzt eine Besonderheit: eine steil und schlank aufragende Kuppel, die es leichter und weniger wuchtig als die meisten anderen Kapitole (z.B. das von Madison, s. S. 103 oder das von St. Paul, S. 130) wirken lässt. Detailverliebt ist die Außenfassade gestaltet und auch das Innere ist nicht gerade schlicht zu nennen.

Lansing wurde 1847 zur Hauptstadt Michigans erklärt – bis dahin hatte die Regierung in Detroit getagt. Man suchte einen zentralen Punkt, und da der Norden und die Upper Peninsula damals noch kaum erschlossen waren, fand man ihn im Süden des Staates. Lansing, nicht mehr als ein Haus und eine Sägemühle an einer Wegkreuzung, war nicht die erste Wahl, aber eine tragfähige Kompromisslösung, und so begann erst mit dem Umzug der Regierung die Geschichte der Stadt. Um 1900 kam die Schwerindustrie hinzu – damals baute Ranson Elis Olds hier die ersten Autos, die Oldsmobile.

Diese lassen sich im **R. E. Olds Transportation Museum** bewundern. Hier ist die Produktpalette von den Anfängen bis in die Neuzeit sowohl der GM-Tochter Oldsmobile als auch der zweiten, von Ranson Elis Olds gegründeten, aber sehr unbekannten Autofirma REO zu bewundern. Nahezu ein Muss für alle an Geschichte Interessierte ist das **Michigan Historical Museum**, das die Geschichte des Bundesstaates von der fast menschenleeren Wildnis, die die ersten Siedler vorfanden, bis hin zum Zentrum der Schwerindustrie vermittelt. Ein exzellenter Teil beschreibt den Zusammenstoß der Weißen mit den indianischen Kulturen und wie die Indianer dabei das Verhältnis zu ihrem Land (und auch ihr Land) verloren, ein weiterer die Geschichte der Minen auf der Upper Peninsula, ein anderer die der Einwanderer, noch einer ist dem so genannten »Braunen Bomber« Joe Louis gewidmet. Und es gibt über 20 Ausstellungsbereiche. Hier kann man schon seinen Nachmittag verbringen.

Von Lansing aus führt die I-94 weiter nach Westen. Die Strecke ist eintönig, doch nicht lang und schon sieht man die kleine Skyline von **Grand Rapids** aufragen. Die zweitgrößte Stadt Michigans besitzt 19 000 Einwohner; sie liegt an und verdankt ihren Namen den Stromschnellen, die der Grand River hier bildet. Holz baute die Stadt, im doppelten Sinne: Die meisten Einwohner bauten ihre Häuser daraus – gut zu sehen im Heritage District – und man

Am Grand River in Grand Rapids

verdiente sein Geld durch die Möbelindustrie – das wird hervorragend im **Van Andel Museum Center** dargestellt.

Das Museum ist sowieso eine der wichtigsten Sehenswürdigkeiten der Stadt. Ein moderner Museumsbau, hell und licht mit durchdachten Ausstellungen. So zeigt die Geschichte der Möbelindustrie nicht nur alte Möbel (die sehr schön aussehen können), sondern dokumentiert auch den Wandel dieses Industriezweiges bis heute. Denn während der Depression der 1930er Jahre wanderte ein Großteil der Möbelproduzenten nach North Carolina ab – dort waren die Arbeitskräfte billiger – und in Grand Rapids begann man stattdessen, Büromöbel, oft auch aus Kunststoff oder Metall, herzustellen.

Auch heute noch lebt ein Großteil der Stadt von der Möbelindustrie. Viel Geld wird mit Handelsgeschäften gemacht – Jay van Andel, der einen Großteil der Baukosten von 35 Millionen Dollar für das Museum stiftete, erwarb seinen Reichtum mit der Firma »Amway«, die heute im Direktvertrieb von Waren mit weltweit 14 000 Angestellten einen Umsatz von sieben Milliarden Dollar erzielt. Die Familie Van Andel ist eine der reichsten der Stadt. Es gibt nicht nur das Van Andel Museum, sondern auch die Van Andel Arena, ein Multifunktions-Stadion, sowie das Amway-Hotel, die größte Luxusherberge in Grand Rapids.

Gegenüber dem Van Andel Museum liegt das **Gerald Ford Museum**, das die Lebensgeschichte des Ex-Präsidenten verklärend erzählt – Ford startete in Grand Rapids, einer Stadt, die von jeher eine Hochburg der Republikaner war, 1948 seine politische Karriere.

Beide Museen liegen am Flussufer, und ein kleiner Park führt dort entlang nach Norden. Leider nicht bis ganz zur **Fish Ladder**, jener Konstruktion, die es

den Lachsen ermöglicht, die in einen etwa zwei Meter tiefen Wasserfall verwandelten Stromschnellen des Grand River zu überwinden. Im Herbst schwimmen die Fische stromaufwärts, dann kann man sie die kleinen Treppen hinaufspringen sehen.

Der **Heritage Hill District** ist der schönste Teil von Grand Rapids. Das Stadtviertel östlich der Innenstadt entstand zwischen 1840 und 1920, als die Holz- und Möbelindustrie florierte und die Besitzer der Unternehmen und Manufakturen viel Geld verdienten. Ein Viertel der Bevölkerung von Grand Rapids kann auf holländische Vorfahren zurückblicken, Calvinisten, für die der wirtschaftliche Erfolg immer bedeutend war und die auch nicht schüchtern waren, ihn zu demonstrieren. So ließen sie sich große Häuser erbauen; fast 1500 von ihnen sind erhalten und die meisten, da denkmalgeschützt, in einem sehr guten Zustand. Zwei unterschiedliche Gebäude seien hier herausgestellt:

Das **Voigt House**, 115 College Street, ist ein viktorianisches Prachtstück, wie von einem Konditor entworfen. Erkerchen, Balkone, verzierte Dachgauben und Arkaden und im Innern mit schweren Möbeln aus der Blütezeit Grand Rapids ausgestattet. Viel klarer ist hingegen in seinen Formen das **Meyer May House**, 450 Madison Street, so klar und nüchtern in seiner Linienführung, dass es schon untypisch für den Heritage Hill District ist. Kein Wunder, es wurde auch von Frank Lloyd Wright (s. S. 110 f.) entworfen und ist eines seiner schönsten Wohnhäuser im so genannten Prärie-Stil. Zwar ist von Prärie hier nicht viel zu sehen, statt wilder Wiesen gibt es nur gepflegte Vorgärten mit vorschriftsmäßig gestutztem Rasen. Macht nichts, das Haus passt sich auch hier ein. ✦

Greater Lansing Convention & Visitors Bureau
1223 Turner St. Suite 200
Lansing, MI 48906
✆ (517) 487-6800 oder 1-888-252-6746
Fax (517) 487-5151
www.lansing.org

Radisson Hotel Lansing
111 N. Grand Ave.

Lansing, MI 48933
✆ (517) 482-0188 oder 1-800-333-3333

Fax (517) 487-6646
www.radisson.com/lansingmi

Großes Konferenz- und Business-Hotel in der Innenstadt, nur einen Steinwurf vom Kapitol entfernt. 257 Zimmer, Hallenbad, Whirlpool, Fitnessraum, Gutes Restaurant. $$$–$$$$

Hampton Inn Lansing
525 N. Canal Rd.

Lansing, MI 48917
✆ (517) 627-8381 oder 1-800-426-7866
Fax (517) 627-5502
www.hamptoninn.com
Außerhalb der Innenstadt nahe der Abfahrt 93 B von der I-96 Richtung Saginaw. 108 Zimmer, Fitnessraum, gutes Preis-Leistungs-Verhältnis. Mit Frühstück. $$

English Inn
677 S. Michigan Rd. (Hwy. 99)
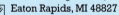
Eaton Rapids, MI 48827
✆ (517) 663-2500 oder 1-800-858-0598
Fax (517) 663-2643
www.englishinn.com
1927 erbaute Tudor-Villa eines ehemaligen Oldsmobile-Vorstandsvositzenden rund 25 km südlich von Lansing, B&B mit sechs schönen Zimmern auf einem 6 ha großen Grundstück am Grand River, gutes und elegantes Restaurant, Pub. $$$–$$$$

Sleepy Hollow State Park
7835 E. Price Rd.
Laingsburg, MI 48848
✆ (517) 651-6217

www.michigan.gov/dnr
Schöner Campingplatz am Lake Ovid.

Michigan State University Museum
West Circle Dr., Lansing, MI 48824
✆ (517) 355-7474
www.museum.msu.edu
Mo–Fr 9–17, Sa 10–17, So 11 13–17 Uhr
Eintritt frei
Auf dem Campus, vorwiegend Naturgeschichte der Great Lakes Region.

State Capitol
Capitol & Michigan Aves.
Lansing, MI 48909
✆ (517) 373-2353
Mo–Fr 9–16 Uhr auch Führungen
Der dem Kapitol in Washington ähnelnde Bau wurde 1879 eingeweiht.

R. E. Olds Transportation Museum
240 Museum Dr., Lansing, MI 48933
✆ (517) 372-0529
www.reoldsmuseum.org
Im Sommer Di–Sa 10–17, So 12–17, sonst Di–Sa 10–17 Uhr
Eintritt $ 5
Ausstellung mit den schönsten und wertvollsten Fahrzeugen aus der von Ransom Eli Olds 1897 gegründeten Automobilfirma. Bis zur Einstellung der Produktion 2004 wurden 35,2 Mio Oldsmobile verkauft.

Michigan Historical Museum
702 W. Kalamazoo St., Lansing, MI 48909
✆ (517) 373-3559
www.michigan.gov/museum
Mo–Fr 9–16.30, Sa 10–16, So 13–17 Uhr
Eintritt frei
Das ausgezeichnete Museum erläutert in 14 Galerien die Geschichte von Michigan von der Frühzeit bis in die Gegenwart.

Impression 5 Science Center
200 Museum Dr., Lansing, MI 48933
✆ (517) 485-8116
www.impression5.org

Mo–Sa 10–17, Do 10–20 Uhr
Eintritt $ 5
Wissenschaftsmuseum mit vielen Dingen zum Ausprobieren.

Clara's Lansing Station
637 E. Michigan Ave.
Lansing, MI 48912
℡ (517) 372-7120, www.claras.com
Großes und sehr schönes Restaurant mit Terrasse in einem 1903 erbauten ehemaligen Bahnhofsgebäude. Amerikanische Küche, Riesenauswahl, freundlicher Service. $–$$

The Nuthouse Sports Grill
420 E. Michigan Ave., Lansing, MI 48933
℡ (517) 484-6887
www.nuthousesportsgrill.com
Typische große Sportsbar mit vielen Fernsehern, auf denen Sportveranstaltungen gezeigt werden. Dazu Musik, Stimmengewirr, große Hamburger und schneller Service.

Grand Rapids/Kent County Convention & Visitors Bureau
171 Monroe Ave. NW, Suite 700
Grand Rapids, MI 49505
℡ (616) 459-8287 oder 1-800-678-9859
Fax (616) 459-7291
www.visitgrandrapids.org

Courtyard by Marriott
11 Monroe Ave. NW
Grand Rapids, MI 49503
℡ (616) 242-6000 oder 1-800-321-2211
Fax (616) 242-6605
www.courtyard.com
Zentral, freundlich, 214 Zimmer, Pool, Whirlpool, Fitnesscenter, Basketball- und Tennishalle. $$$–$$$$

Exel Inn
4855 28th St. S.E.
Grand Rapids, MI 49512
℡ (616) 957-3000 oder 1-800-367-3935
Fax (616) 957-0194
www.exelinns.com

Nahe der Ausfahrt 43 B von der I-96. 110 Zimmer, Fitnessraum. $–$$

The Brayton House
516 College Ave. S.E.
Grand Rapids, MI 49503
℡ (616) 451-4849 oder 1-800-551-5126
www.bandbofgrandrapids.com
Das 1889 im Georgian-Revival-Baustil errichtete Herrenhaus im Heritage Hill District (s.u.) besitzt drei Gästezimmer. $$–$$$

Grand Rogue Campground
6400 W. River Dr., Belmont, MI 49306
℡ (616) 361-1053
www.grandrogue.com
Am Fluss gelegener Campingplatz, 110 Stellplätze für Zelte und Wohnwagen mit Kanu- und Kajakverleih.

Van Andel Museum Center
272 Pearl St. N.W.
Grand Rapids, MI 49504
℡ (616) 456-3977
www.grmuseum.org
Mo–Sa 9–17, So 12–17 Uhr, Eintritt $ 7
Natur- und Sozialgeschichte des westlichen Michigan. Grand Rapids vor der Wende zum 20. Jh., ein Planetarium, ein riesiges Finnwalskelett und Möbel von 1900 sind die Höhepunkte.

Frederik Meijer Gardens & Sculpture Park
1000 East Beltline N. E.
Grand Rapids, MI 49525
℡ 1-888-957-1580
www.meijergardens.org
Mo–Sa 9–17 (Di bis 21), So 12–17 Uhr
Eintritt $ 10
Das tropische Gewächshaus ist das größte in Michigan und mit 160 Skulpturen besitzt der botanische Park die bedeutendste Skulpturenkollektion im Mittelwesten. Weitere Höhepunkte sind ein Englischer Garten mit mehrjährigen Pflanzen sowie ein Glashaus mit fleischfressenden Pflanzen.

Gerald R. Ford Presidential Museum
303 Pearl St. N.W.
Grand Rapids, MI 49504
✆ (616) 254-0400
www.ford.utexas.edu
Tägl. 9–17 Uhr, Eintritt $ 5
Die Ausstellung schildert Leben und politische Tätigkeit des 38. US-Präsidenten.

 Fish Ladder Park
560 Front Ave., Grand Rapids, MI 49504
✆ (616) 456-3696
Guter Platz zur Fischbeobachtung, vor allem im Spätsommer, wenn die Lachse den Grand River hochwandern.

 Heritage Hill Association
126 College Ave. S.E.
Grand Rapids, MI 49503
✆ (616) 459-8950
www.heritagehillweb.org
Das Stadtviertel besteht aus 1300 ab 1848 erbauten, teils denkmalgeschützten Häuser. Übersichtskarte mit Erläuterung zur Architektur einzelner Häuser auf drei Rundwegen. Zwei davon sind auch zu besichtigen: **Voigt House**, 115 College Ave. S.E. , Di 11–15 Uhr sowie am zweiten und vierten So im Monat 13–15 Uhr; **Meyer May House**, 450 Madison Ave. S.E., Di und Do 10–14, So 13–17 Uhr.

 Charley's Crab
63 Market St. S.W.
Grand Rapids, MI 49503
✆ (616) 459-2500
www.muer.com
Zwar der Ableger einer Restaurantkette, aber trotzdem der beste Tipp für Fisch und Meeresfrüchte. Auch einige Tische draußen mit Blick über das Flussufer. $$–$$$

 Rose's on Reeds Lake
550 Lakeside Dr. S.E.
Grand Rapids, MI 49506
✆ (616) 458-1122
www.rosesrestaurant.com
Gute italienische Küche, die man auch schön draußen sitzend (beheizbare Veranda) genießen kann. $$

 The Schnitzelbank
342 Jefferson Ave. S.E.
Grand Rapids, MI 49503
✆ (616) 459-9527
www.schnitzelbankgr.com
Süddeutsche Dekoration, deutsche Küche, und mancher Kellner spricht Deutsch. Es gibt Sauerbraten, Rouladen, Würste, Schnitzel, aber auch Sandwiches und Forellen. Viele Biersorten. $$–$$$

 Pal's Diner
6503 28th St. S.E.
Grand Rapids, MI 49506
✆ (616) 942-7257
Ein 1954 erbauter Diner, der 1993 von seinem Originalstandort in New Jersey hierhin transloziert wurde. Vorallem ein kulturelles Erlebnis – ein Zeitsprung in die 1950er Jahre. Original eingerichtet, nur die Autos vor der Tür sind nicht stilecht. Auf dem Parkplatz des Cascade Center Shopping Mall.

 Grand Rapids Brewing Company
3689 28th St. S.E.
Grand Rapids, MI 49512
✆ (616) 285-5970
Gemütliche Brauereikneipe mit gutem Essen, Steaks und Salate. $–$$

Informationen zu Saugatuck s. S. 98 f.

Holland aus dem Bilderbuch: Holzschuhe von Meisterhand

Service von A–Z

Vorbemerkung: Die USA und Kanada sind in einigem unterschiedlich, haben aber auch vieles gemeinsam. Die Tipps im Service sind für beide Länder gültig, wenn in Kanada etwas abweicht, ist es gesondert vermerkt. Preise in Kanada sind in kanadischen Dollar angegeben.

An- und Einreise

Während des Fluges müssen Sie die Zoll- und Einreiseformulare ausfüllen. Geben Sie auf dem Einreiseformular eine genaue Adresse an, auch wenn es nur die des Hotels für die erste Nacht ist. Eine Visumspflicht besteht für Besucher aus Deutschland, Österreich und der Schweiz nicht, es sei denn, Sie wollen sich länger als drei Monate im Land aufhalten. Der maschinenlesbare rote Reisepass muss mindestens für die Reisedauer gültig sein. Vorläufige Reisepässe, Kinderausweise oder Einträge in den Reisepässen der Eltern werden in den USA nicht mehr akzeptiert. Möglicherweise wird es weitere Verschärfungen geben, deshalb erkundigen Sie sich am besten kurz vor Ihrer Abreise bei der Amerikanischen Botschaft oder unter www.usembassy.de/visa nach den aktuellen Bestimmungen.

Vor der Gepäckausgabe wartet der *immigration officer*, der Beamte der Einwanderungsbehörde, der in den USA einen **Fingerabdruck** ab- und ein **digitales Foto** auf-

nimmt. Er erkundigt sich nach Zweck *(business* oder *vacation)* und Dauer der Reise, seltener nach dem Rückflugticket und der finanziellen Ausstattung. Dann kommt die Zollabfertigung. Durch den Zoll (s.u.) gibt es den grünen und den roten Weg. Wählen Sie den grünen, wenn Sie nichts zu verzollen haben.

Der Chicago O'Hare International Airport (ORD), www.ohare.com, wird non-stop u.a. von Düsseldorf, Frankfurt, München und Zürich bedient. Der zweitgrößte Flughafen der USA befindet sich 27 km nordwestlich vom Stadtzentrum. Zwischen dem Airport und der Innenstadt verkehrt die blaue Linie der »El«(siehe Blaue Seiten). Die sicheren, preiswerten Züge verkehren alle 8–10 Min. In das Stadtzentrum dauert die zügige Fahrt lediglich 45 Min. Die Busse des Continental Airport Express, www.airportexpress.com, © 1-888-284-3826, bringen Fluggäste für $ 25 zu den meisten großen Downtown Hotels, Taxifahrten zur Innenstadt kosten zwischen $35-$40.

Der Chicagoer Midway International Airport (MDW) wird bis auf einige Charterflüge nur im Inlandverkehr angeflogen. Zum 16 km südwestlich vom Stadtzentrum gelegenen Flughafen gelangt man am besten mit der orangefarbenen Linie der »El« in 30 Min.

Der TorontosPearson International Airport (YYZ), www.gtaa.com, ist Kanadas mit Abstand größter Flughafen. Er wird non-stop von allen bedeutenden europäischen Charter-

und Linienfluggesellschaften bedient. Der Flughafen liegt 27 km nordwestlich des Stadtzentrums. Die Zufahrt erfolgt per Bus- und U-Bahn-Umsteigeverbindung der TTC (siehe Blaue Seiten). Busse des Pacific Western Airport Express, ℰ 1-800-387-6787, www.torontoairportexpress.com, fahren für $ 16 zu den meisten großen Downtownhotels, eine Taxifahrt ins Stadtzentrum kostet $ 47.

Der Detroit Metropolitan Wayne County Airport (DTW), www.metroairport.com, zählt mit über 33 Mio. Passagieren zu den zehn größten Flughäfen in den USA und wird nonstop u.a. von Frankfurt und Amsterdam bedient. Er liegt 29 km südwestlich der Stadt mit erbärmlicher Anbindung an den öffentlichen Nahverkehr. Eine Taxifahrt nach Downtown kostet $ 40.

Ebenfalls über 33 Mio. Passagiere und Non-Stop-Flüge ab Amsterdam verzeichnet der Minneapolis-St.Paul International Airport (MSP), www.mspairport.com. Der nur 11 km südöstlich von Minneapolis gelegene Flughafen besitzt eine exzellente Verkehrsanbindung als Zwischenstopp auf der Metro Transit Hiawatha Line, www.metrotransit.org/rail. Die Straßenbahnlinie verkehrt zwischen Downtown Minneapolis und der Mall of America.

Auskunft

Infos über die Great Lakes erhalten Sie bei:
Great Lakes of North America
Bundesstaaten IL, IN, MI, MN, OH, PA, WI
c/o TravelMarketing Romberg
Schwarzbachstr. 32, 40822 Mettmann
ℰ (02104) 79 74 51, Fax (02104) 91 26 73
www.greatlakes.de
www.travelmarketing.de

Chicago/Illinois, Pennsylvania
c/o Wiechmann Tourism Service
Scheidswaldstr. 73
60385 Frankfurt
ℰ (069) 25 53 82 50 (Pennsylvania)
ℰ (069) 25 53 82 80 (Chicago/Ilinois)
Fax (069) 25 53 81 00
www.wiechmann.de

www.pa-usa.de
www.gochicago.de

New York State
Seeleitn 65, 82541 Muensing
ℰ (08177) 998 95 06, Fax (08177) 1093
www.iloveny.com

Ontario
c/o News Plus
Sonnenstr. 9, 80331 München
ℰ (089) 23 66 21 68, Fax (089) 23 66 21 99
www.news-plus.net
www.ontariotravel.net

Auskunft vor Ort

Fast alle größeren Orte besitzen eine **Touristeninformation**, deren Adresse Sie auf den blauen Infoseiten der Tagestouren finden. Hier erhält man örtliche Informationen, Tipps für Veranstaltungen und Unternehmungen. Die Büros vermitteln auch Unterkünfte.

Einige Bundesstaaten unterhalten auch spezielle **State Welcome Center**, die meistens direkt an der Grenze zum Nachbarstaat liegen (gut ausgeschildert am Highway). Hier gibt es kostenlos gute Karten und Infomaterial über den gesamten Staat.

Autofahren/Verkehrsregeln

Der amerikanische Fahrstil unterscheidet sich angenehm vom europäischen. Amerikaner fahren meistens langsamer, defensiv, drängeln nicht, passen ihre Geschwindigkeit dem allgemeinen Verkehrsfluss an und sind Fehlern anderer gegenüber nachsichtig (»forgiving driving«). Das alles gilt nicht für die Rush hour und um die Großstädte. Dann wird mitunter kräftig gedrängelt und gerast.
Einige von denen in Europa abweichende Verkehrsregeln und Verhaltensweisen:

– Die **Höchstgeschwindigkeit** beträgt in der Stadt (außer auf den Expressways) 25–30 mph (40–48 km/h) und auf den Expressways und den Interstate Highways zwischen 55 mph (89 km/h) in Städten und 65–70 mph (105–113 km/h) Überland. Halten Sie sich strikt an diese Geschwindigkeitsbegrenzungen; die Straßenpolizei ist zwar Touristen gegenüber sehr freundlich, aber auch unnachgiebig – und Geschwindigkeitsüberschreitungen werden schnell sehr teuer.

– **Schulbusse** mit blinkender Warnanlage, die Kinder ein- und aussteigen lassen, dürfen in keiner Richtung passiert werden!

– **Rechtsabbiegen an roten Ampeln** ist nach vollständigem Stopp erlaubt, wenn keine Fußgänger die Straße kreuzen. Achtung, an manchen Kreuzungen ist das ausdrücklich verboten (*no right turn on red*).

– Sehr populär sind die **4 way stops**, Kreuzungen, an denen alle Wagen halten müssen. Man fährt in der Reihenfolge weiter, in der man an die Kreuzung herangefahren ist.

– Außerhalb von Ortschaften darf man nur so parken, dass das Auto mit keinem Reifen mehr auf der Straße steht.

– Fährt hinter Ihnen ein Polizeiwagen her und schaltet sein Blaulicht ein, heißt das: rechts ran und anhalten. Stoppt der Wagen hinter Ihnen, bleiben Sie im Wagen sitzen und drehen das Fahrerfenster runter. Der Polizist kommt zu Ihrem Fenster und fragt nach Ihren Papieren. Greifen Sie jetzt nicht hektisch ins Handschuhfach oder in eine Tasche, sondern lassen Sie die Hände auf dem Lenkrad, sagen Sie dem Officer, dass Sie jetzt Ihre Papier rausholen und greifen langsam zu Ihrem Führerschein. Polizisten sind in den USA misstrauischer, auch weil der Schusswaffenbesitz verbreiteter ist.

Farben an den Bordsteinkanten geben normalerweise Auskunft darüber, dass **Parkbeschränkungen** gelten. Beachten Sie die zugehörigen Schilder.

– Parken Sie nie vor einem Hydranten oder an einer Bushaltestelle!

– *Valet parking* ist eine feine Sache und bedeutet, dass man bei einem Restaurant oder einem Theater vorfahren und das Auto einem Bediensteten (*Valet*) geben kann, der es parkt. Der *Valet* bekommt ein Trinkgeld ($ 1 wenn er den Wagen übernimmt und $ 1–2 wenn Sie Ihren Wagen wiederbekommen).

Mietwagenfahrer sollten sich bei **Pannen** unbedingt mit dem Verleiher in Verbindung setzen, um alles weitere abzusprechen. Haben Sie eine Panne, versuchen Sie den Wagen von der Straße wegzubekommen und warten Sie bis die Highway Patrol (Polizei) kommt. Sind Sie in einer etwas einsamen Gegend unterwegs, öffnen Sie am besten die Motorhaube als sichtbares Zeichen, dass etwas mit Ihrem Wagen nicht stimmt. Vielleicht hilft Ihnen ein freundlicher Mitmensch weiter.

Tankstellen und Zapfsäulen funktionieren etwas anders als in Europa. Mitunter muss man vorher bezahlen (an der Zapfsäule per Kreditkarte), vor allem ist aber zu beachten, dass man nachdem man den Zapfschlauch von der Säule genommen hat, die Schlauchhalterung hoch klappt. Erst dann läuft Benzin.

Automiete

In der Regel ist es preisgünstiger, Leihwagen und Wohnmobile bereits von Europa aus zu reservieren, weil alle Nebenkosten wie unbegrenzte Kilometer, Steuern, Vollkasko- und Zusatzhaftpflichtversicherung bereits im Preis eingeschlossen sind. Bei der Autoübernahme benötigt man lediglich den Voucher der Vermietfirma, eine gängige Kreditkarte (s.u.) sowie den nationalen Führerschein, die alle auf denselben Namen lauten müssen. Zur Wagenmiete muss man mindestens 21 Jahre alt sein (mitunter sogar 25). Achten Sie auf verdeckte Kosten. Beispielsweise kostet es bei fast allen Autovermietern extra (oft jeweils $ 5 oder mehr am Tag), wenn man einen zweiten Fahrer in die Papiere eintragen lässt, eine zusätzliche Personal Accident Insurance (Insassenunfallversicherung) bzw. Personal Effects Protection (Gepäckversicherung) abschließt.

Die Kfz-Vermietstationen befinden sich direkt am Flughafen, und so kann man ohne Umschweife relativ schnell losfahren. Die Wohnmobilagenturen sind dagegen nicht am Airport stationiert, eine Camperübernahme ist am Anreisetag nicht möglich. Beim Empfang des Wohnmobils lässt man sich vom Vermieter die Funktionsweise des Wagens ausführlich erläutern. Insbesondere überprüft man Fahrzeug und Einrichtungsgegenstände auf Vorschäden, für die man sonst bei Camperrückgabe aufkommen muss.

Überprüfen Sie den Wagen bei der Übernahme genau (Handbremse, Reserverad) und lassen Sie sich alles Ungewohnte erklären (Automatikschaltung, Besonderheiten bei Allradantrieb oder Campern).

Camping

Nordamerika ist das Traumland für einen Campingurlaub. Insbesondere in den State und Provincial Parks erstrecken sich weitläufige idyllische Anlagen für Zelt- und Wohnmobil-Camper. Die großzügigen Stellplätze sind stets mit Feuerstelle, Bänken und Grillrosten bestückt. Das Feuerholz liegt auf Sammelplätzen bereit, so dass das abendlichen Lagerfeuer beste Urlaubsstimmung garantiert. Für viele staatliche Campgrounds gilt first come, first served - wer zuerst kommt, darf den Platz belegen. Private Campingplätze dagegen lassen sich unter Angabe der Kreditkartennummer vorbuchen, z.B. bei der überregionalen Kette ›Kampgrounds of America‹ (KOA), www.koa. com. Die Privatplätze liegen generell verkehrsgünstig und weisen darüber hinaus viel Komfort auf. Sie stellen Strom-, Wasser- und Abwasseranschlüsse für Wohnmobile zur Verfügung (hookups), es gibt häufig Spielplätze, Münzwaschsalons, Fernseh- und Videoräume.

Diplomatische Vertretungen

Deutsches Generalkonsulat
676 N. Michigan Ave., Suite 3200
Chicago, IL 60611
✆ (312) 202-0480, Fax (312) 202-0466
www.germanyinfo.org/chicago
und

Deutsches Generalkonsulat
77 Bloor St. W.
Toronto, ON M5S 1M2
✆/Fax (416) 925-2813
www.toronto.diplo.de

Österreichisches Generalkonsulat
400 N. Michigan Ave., Suite 707
Chicago, IL 60611
✆ (312) 222-1515 und Fax (312) 222-4113
www.austria-chicago.org
und

Österreichisches Generalkonsulat
2 Bloor St. W.
Toronto, ON M4W 3E2
✆ (416)-967-3348, Fax (416) 967-4101

Schweizer Generalkonsulat
737 N. Michigan Ave., Suite 2301
Chicago, IL 60611
✆ (312)-915-0061, (312) 915-0388
www.eda.admin.ch/chicago
und

Schweizer Generalkonsulat
154 University Ave., Suite 601
Toronto, ON M5H 3Y9
✆ (416) 593-5371, Fax (416) 593-5083
www.eda.admin.ch/canada

Eisenbahn

Die Union Station an der 225 S. Canal St. in Downtown Chicago ist der Eisenbahn-Knotenpunkt von Amtrak, der überregionalen Passagierzuglinie in den USA. Dort treffen sich alle Züge auf ihrer Fahrtroute zum Pazifik nach Seattle, Portland, San Francisco und Los Angeles, zum Atlantik nach Boston, New York und Wahington DC und zum Golf von Mexiko nach New Orleans. Informationen über Tarife und Zugverbindungen erhält man unter www.amtrak.com, ✆ 1-800-872-7245.

Elektrogeräte

Nordamerika verfügt über ein 110 Volt/60 Hertz Stromnetz. Europäische Elektrogeräte (Rasierapparat, Radiogeräte, Akkuladegerät, Fön etc.) arbeiten dort einwandfrei, wenn sie einen Spannungsumschalter von 220 Volt auf 110 Volt besitzen. Zusätzlich braucht man einen passenden Adapter für die nordamerikanischen Steckdosen, den es als ›Amerika-Stecker‹ in vielen Elektrogeschäften gibt.

Feiertage

Viele US-Feier- und Festtage werden abweichend von ihrem eigentlichen Datum auf den Montag danach verlegt, damit so ein langes Wochenende entsteht. An solchen Wochenenden ist von Donnerstag bis Montag meist alles ausgebucht und die Geschäfte sind rappelvoll. Nur zwei Feiertage sind den US-Bürgern wirklich heilig, und an ihnen hat fast alles geschlossen: **Thanksgiving** (Erntedankfest) und der **Weihnachtsfeiertag**. Der **4th of July** (Nationalfeiertag) wird überall mit Paraden und Feuerwerken gefeiert.

New Year's Day 1. Januar
Martin-Luther-King-Jr. Birthday 3. Montag im Januar
Washington's Birthday 3. Montag im Februar
Memorial Day letzter Montag im Mai
Independence Day Unabhängigkeitstag 4. Juli
Labor Day Tag der Arbeit 1. Montag im September
Columbus Day 2. Montag im Oktober
Veterans' Day 11. November
Thanksgiving Day 4. Donnerstag im November
Christmas Day 25. Dezember

In **Kanada** gelten folgende Feiertage:
New Year's Day 1. Januar
Good Friday Karfreitag
Easter Monday Ostermontag
Victoria Day vorletzter Montag im Mai
Canada Day 1. Juli, Nationalfeiertag
Civic Holiday 1. Montag im August, Provinzfeiertag
Labor Day, Tag der Arbeit, 1. Montag im September
Thanksgiving Day 2. Montag im Oktober, Erntedankfest
Remembrance Day 11. November
Christmas Day 25. Dezember
Boxing Day 26. Dezember

Geld und Devisen

Die Reisekasse verteilt man am besten auf drei Zahlungsmittel: Bargeld in Dollar, Reiseschecks (traveller checks), am besten in $ 50 Stückelung) und Kreditkarte (Visa, MasterCard, American Express). Bis zu $ 10 000 dürfen an Zahlungsmitteln eingeführt werden. Geldscheine ab $ 100 werden ungern oder gar nicht akzeptiert, abends gibt es in einigen Geschäften maximal $ 20 an Wechselgeld zurück. In öffentlichen Verkehrsmitteln wird in der Regel passendes Fahrgeld verlangt.

Reiseschecks in US-Währung (und auf eine US-Bank wie American Express ausgestellt) werden in Geschäften, Hotels und Restaurants wie Bargeld behandelt, man erhält das Wechselgeld einfach in Scheinen und Münzen zurück.

Mit Reiseschecks und Bargeld in europäischen Währungen kann man in Nordamerika außerhalb einiger Großstadbanken und Flughäfen fast nichts anfangen.

Kreditkarten hingegen sind gut für alles: ob Hotelzimmer, Einkauf, Autos, Tankstellen, Theater- und Kinokarten oder Restaurantbesuche, in Nordamerika lassen sich mindestens 80% der Aufenthaltskosten bequem und sicher per Credit Card begleichen. Sehr hohe Akzeptanz haben Mastercard und Visa, die von American Express ist etwas geringer. Ganz wichtig: Lediglich mit der Kreditkartennummer kann man auch Theaterkarten, Autos, Flugscheine oder Hotelunterkünfte verbindlich reservieren.

Bei Diebstahl oder Verlust erfolgt die **Kartensperrung** unter folgenden Nummern:
American Express Credit ✆ 1-800-554-2639
Mastercard ✆ 1-800-622-7747
Visa Card ✆ 1-800-847-2911
American Express Traveller's Cheques ✆ 1-800-221-7282

Wer zu seiner Kreditkarte noch eine Geheimzahl hat (PIN-Code), kann damit an Geldautomaten (ATM) der Banken Geld abheben. Das ist praktisch, die Gebühren dafür sind allerdings oft hoch. Ebenfalls mit PIN-Code kann man mit EC-Karten an Geldautomaten mit dem MAESTRO-Symbol Dollars abheben.

Der **US-Dollar** ist in 100 Cent unterteilt. Weitverbreitet sind Münzen *(coins)* zu ¢1 *(penny)*, ¢ 5 *(nickel)*, ¢ 10 *(dime)*, ¢ 25 *(quarter)*, selten zu cent 50 *(half dollar)* bzw. $ 1 *(golden dollar)*.

Achtung: Die Dollarscheine *(bills, notes)* sind alle gleich groß und gleich grün und deshalb leicht zu verwechseln. Scheine gibt es im Wert von $ 1, 2, 5, 10, 20, 50, 100, wobei die neue Generation der $ 10-, 20- und 50-Scheine farbig ist.

Der **kanadische Dollar** ist in 100 Cent unterteilt. Es gibt Münzen zu ¢ 1 *(penny)*, ¢ 5 *(nickel)*, ¢ 10 *(dime)*, ¢ 25 *(quarter)*, zu einem Dollar und zwei Dollar.

Die Geldscheine sind leichter zu unterscheiden als in den USA, da sie in Größe und Farbe unterschiedlich sind. Es gibt Scheine zu Can-$ 5, 10, 20, 50, 100.

Die ausgezeichneten Preise sind in Nordamerika nie die Endpreise. Es fehlen immer

Cedar Point Amusement Park in Sandusky

die Taxes – Umsatzsteuern des Staates und des Landes, die zusammen zwischen 5% (Wisconsin) und 15% (Ontario) betragen.

Hinweise für Behinderte

Die meisten öffentlichen und privaten Einrichtungen sind behindertengerecht, d. h. sie haben Auffahrtsrampen, Fahrstühle und Toiletten für Behinderte. Das gilt auch für die öffentlichen Verkehrsmittel. Einige Autovermietungen bieten Autos mit Handschaltung an.

Kinder

Nordamerikaner sind sehr kinderfreundlich. Kindermenüs, eigene Kindersitze und -tische sind in Restaurants eine Selbstverständlichkeit ebenso wie kostengünstige oder kostenlose Unterbringung in den Hotels. Viele Hotels vermitteln auch Babysitter.

Klima/Kleidung

Die Great Lakes Region ist ein Gebiet mit klimatischen Extremen. Im Winter bläst der Wind aus der Arktis und faucht ungehindert über die Ebenen des Nordens. Im Sommer können die subtropischen Luftmassen aus Mexiko und Texas ungehindert bis weit in den Norden vordringen. Die riesigen Seen mildern die Extreme geringfügig, und so ist es im Sommer an den Seen einige Grad kühler und im Winter einige Grad wärmer als im Landesinnern.

Die **beste Reisezeit** ist Mai bis Oktober. Vor Mai kann es an den Seen noch kalt und regnerisch sein, und der Winter setzt im Norden oft schon Ende Oktober ein. Dann fährt man auf die Upper Peninsula Michigans oder in den Norden Wisconsins und Minnesotas in den Wintersport.

Im Hochsommer kann es an den Seen sehr heiß werden, in Chicago z.B. liegen die Tageshöchsttemperaturen im Juli und August durchweg bei 30° C.

Die schönste Jahreszeit ist der Spätsommer/Herbst. Während der zweiten Augusthälfte oder den ersten Septemberwochen gibt es wahrscheinlich warme Tage, etwas kühlere Nächte, das Seewasser ist warm genug zum Baden, die Wälder im Norden färben sich langsam, Tomaten und Pfirsiche sind reif, und die meisten Touristen haben ihren Urlaub schon hinter sich (abgesehen vom Wochenende um den Labour Day Anfang September).

Amerikaner sind für ihre legere **Kleidung** bekannt, sie denken sich nichts dabei in feinem Kostüm und in Turnschuhen aufzutreten. So braucht man sich im allgemeinen wenig Sorgen zu machen. Selbst ins Theater, die Oper oder ins Konzert kann man in Jeans, mit Schlips und Kragen wird man sich aber wohler fühlen. Freizeitkleidung im Spielcasino ist Standard. In einigen Restaurants werden Jackett und Krawatte *(dress code)* verlangt.

Ansonsten empfiehlt sich, alles dabei zu haben. Alles heißt: Badehose, Shorts und T-Shirt, aber auch ein dickeres Hemd, einen Pullover, lange Hosen, eine wind- und regenabweisende Jacke. Wichtig sind gute Schuhe.

Maße und Gewichte

Kanada ist für Europäer das einfachere Land. Hier wurde das metrische System eingeführt, in den USA muss man sich hingegen mit *inch, foot, quart, gallon, ounce* und *pound* plagen. Da hilft nur eine Umrechnungstabelle (s.o.).

Medizinische Versorgung

In Nordamerika ist man Privatpatient, die Kosten für Behandlung und Krankenhausaufenthalte sind extrem hoch und müssen sofort entrichtet werden, Kreditkarten werden akzeptiert. Man sollte sich vor der Reise bei seiner Krankenkasse nach einer Kostenerstattung erkundigen und gegebenenfalls eine Zusatz- oder Auslandskrankenversicherung abschließen.

Bei Notfällen rufen Sie die Notfallnummer 911 und nennen Sie Adresse, Namen, Telefonnummer und Ihr Problem. Oder Sie wählen eine 0 für den *operator*, der den Ruf dann weiterleitet.

Bei der Suche nach Ärzten können Ihnen die Visitor Info Centers am besten Auskunft geben, ansonsten finden Sie Ärzte in den *yellow pages* (Gelbe Seiten) verzeichnet. An Wochenenden sind meist nur die Notfallstationen der Polikliniken geöffnet.

Apotheken *(pharmacy)* sind meist als Abteilungen in großen Supermärkten oder *drugstores* zu finden. Viele in Europa verschreibungspflichtige Medikamente gibt es in Übersee im Regal zur Selbstbedienung. Ständig benötigte Medikamente sollte man besser mitbringen (Attest ausstellen lassen, falls der Zoll fragt), weil es sie in Nordamerika vielleicht nicht gibt, sie dort anders heißen oder eine andere Zusammensetzung haben.

Öffentliche Verkehrsmittel

Die USA sind nicht das Land, das die öffentlichen Verkehrsmittel erfunden hat. Ein eigenes Auto muss schon sein, will man die Großen Seen erkunden. Lediglich in wenigen Großstädten gibt es recht gut funktionierende Bus-, Straßenbahn- und S-/U-Bahnsysteme, die besten in Toronto (s. S. 215) und Chicago (s. S. 36).

Längenmaße:	1 *inch (in.)*	= 2,54 cm
	1 *foot (ft.)*	= 30,48 cm
	1 *yard (yd.)*	= 0,9 m
	1 *mile*	= 1,6 km
Flächenmaße:	1 *square foot*	= 930 cm²
	1 *acre*	= 0,4 Hektar
		(= 4 047 m²)
	1 *square mile*	= 259 Hektar
		(= 2,59 km²)
Hohlmaße:	1 *pint*	= 0,47 l
	1 *quart*	= 0,95 l
	1 *gallon*	= 3,79 l
Gewichte:	1 *ounce (oz.)*	= 28,35 g
	1 *pound (lb.)*	= 453,6 g
	1 *ton*	= 907 kg

Post

Postämter gibt es in jedem noch so kleinen Ort. Sie sind Mo–Fr 8–17 Uhr geöffnet, mitunter auch am Samstagvormittag. Um eine postlagernde Sendung zu erhalten, muss man die Adresse wie folgt angeben:
Name
c/o General Delivery
Main Post Office
Ort, Kürzel des Bundesstaates, Postleitzahl
Land

Nordamerikanische Postadressen unterscheiden sich von europäischen in einigen wichtigen Punkten:
- Die Hausnummer kommt vor den Straßennamen.
- Die Angabe der Straße ist wertlos ohne Angabe der Himmelsrichtung, weil fast alle Straßen in einen nördlichen oder südlichen bzw. einen westlichen oder östlichen Abschnitt unterteilt sind.
- Die Angabe des Bundesstaates erfolgt mit einem Kürzel aus zwei Buchstaben (MI für Michigan, ON für Ontario) und kommt nach einem Komma hinter den Ort.
- Die Postleitzahl folgt am Ende der Anschrift.

Restaurants/Essen und Trinken

Dass Amerikas Küche besser ist als ihr Ruf und mehr ist als Hamburger, Ketchup und Cola, hat sich mittlerweile herumgesprochen. Mag man auch in manchen amerikanischen Provinznestern auf Fast food angewiesen sein, in den Städten herrscht kein Mangel an guten Restaurants. Hier hat man nur die Qual der Wahl, denn neben den traditionellen Steaks- und Fischrestaurants kann man unter einer Vielzahl von Einwandererküchen wählen.

Der Mittlere Westen ist die Kornkammer und Viehweide Nordamerikas, die Großen Seen und ihre Zuflüsse sind die Fischgründe der Region. So muss man sich überall entscheiden: Stör, Hecht oder *Whitefish*, Lachs oder Forelle oder soll es Schwein, Lamm oder Rindfleisch sein. Im Süden Kanadas wachsen Tomaten, die keinen Vergleich mit denen aus Italien oder Spanien zu scheuen brauchen, ebensowenig wie die Pfirsiche und Aprikosen.

Städte wie Chicago, Detroit, Milwaukee, Minneapolis, Cleveland und Toronto bieten alles, was der Feinschmecker sucht, aber auch auf dem Land kann man überraschend gut essen. Erste Mahlzeit am Tag ist das **Frühstück** – klassisch das reichhaltige American Breakfast aus Eiern, Bratwürstchen *(sausages)*, Speckstreifen *(bacon)*, Schinken *(ham)* und Bratkartoffeln *(hash browns)* Eier sind nicht gleich Eier, es gibt sie *scrambled* (Rühreier) oder *fried* (Spiegeleier). Bei den Spiegeleiern muss man sich erneut entscheiden. *»Sunny side up«* heißt einseitig gebraten, *»overeasy«* beidseitig.

Nach einem solchen Frühstück kann der **Lunch** (Mittagessen ab 12 Uhr) etwas kleiner ausfallen.

Das **Dinner** (Abendessen) nimmt man üblicherweise zwischen 17 und 21 Uhr zu sich. Nach 22 Uhr ist es auf dem Land schwierig noch ein geöffnetes Restaurant zu finden.

Restaurants haben eine Raucher- und eine Nichtraucherabteilung, oft heißt es gar »non smoking only«.

Hauptgerichte heißen in der Gastronomie »entrees«, die Preise können von $ 5–$ 50 reichen. **Alkoholische Getränke** sind teurer als in Europa, Eiswasser gibt es immer gratis, und es ist nicht anstößig, nur Wasser zu trinken. Zu dem Endpreis kommen immer Steuern.

Bier, Wein und stärkere Alkoholika bekommt man nur in speziell lizenzierten Restaurants und Läden *(liquor stores)* oder Supermärkten, die eine solche Lizenz besitzen. In *Microbreweries* (kleinen Hausbrauereien) wird hervorragendes Bier gebraut. Vermeiden Sie die Produkte von Anheuser Busch (Budweiser wird auf Reisbasis hergestellt) und Millers, der Wein aus Ontario ist kein Spitzengewächs, aber sehr gut trinkbar.

Amerikas **Kaffee** hat einen schlechten Ruf. Zu Recht und zu Unrecht. Zu Recht, weil er oft eine dünne Plörre ist, die zudem noch zu bitter schmeckt (dafür aber meistens auch fast nichts kostet), zu Unrecht, weil es inzwischen Cafés und Geschäfte mit so genanntem **Gourmet Coffee** an jeder vierten Straßenecke gibt. Und da sich in Amerika wirtschaftlicher Erfolg meist in Kettenreaktionen abspielt sind es Caféketten, die heute oft das Stadtbild dominieren.

Die unter den Tages-Infos empfohlenen Restaurants sind nach folgenden **Preiskategorien** für ein Abendessen (ohne Getränke, Trinkgeld, Steuer) gestaffelt:

$	bis 10 Dollar
$$	10–20 Dollar
$$$	über 20 Dollar

Sicherheitshinweise

Trotz der deprimierenden Kriminalitätsstatistik sind die USA ein sicheres Reiseland – Kanada ist es sowieso.

Ein paar einfache Vorsichtsmaßregeln sollten Sie aber beachten. Meiden Sie in den Großstädten einfach bestimmte Straßenzüge – welche das sind, kann man Ihnen an der Rezeption verraten. Der abendliche Stadtspaziergang ist in den USA nicht üblich, nur in den Vierteln mit Restaurants und Kneipen flaniert man abends umher. Nehmen Sie im Zweifel ein Taxi.

Die freie Natur ist in den Nordamerika wilder als in Europa. Unterschätzen Sie nicht die Wälder des Nordens, nicht die plötzlichen Wetterumschwünge, nicht die Unwetter auf den Seen. Hören Sie genau auf die Warnungen der Park Ranger in den Naturparks und nehmen Sie diese Warnungen sehr ernst.

Telefonieren

Öffentliche Telefone sind überall zu finden. Telefonieren ist in den USA und Kanada einfach, beide Länder sind in ein einheitliches System eingebunden.

Am einfachsten sind die 1-800, 1-866, 1-877 oder 1-888 Nummern: diese können Sie gebührenfrei von jedem Telefon aus anrufen. Ortsgespräche kosten von öffentlichen Telefonen ¢ 30.

Alle Telefonnummern bestehen aus 10 Ziffern. Die ersten drei sind die Vorwahl, die eigentliche Rufnummer ist immer siebenstellig.

Bei Ferngesprächen muss man immer zusätzlich noch eine 1 vorwählen.

Manche Firmen und Institutionen haben statt einer Rufnummer eine leicht zu merkende Buchstabenfolge, z. B. USA-RAIL für die Bahngesellschaft Amtrak. Der Grund dafür: Alle Wählscheiben und Wahltastaturen geben neben den Ziffern auch Buchstaben an. So wird aus USA-RAIL die Nummer 872-7245.

Am besten kaufen Sie sich nach Ihrer Ankunft eine **Prepaid Calling Card** im Werte von $ 10 oder $ 20 (gibt es an Tankstellen, Kiosken, Tabakläden). Damit können Sie von jedem öffentlichen Telefon, aber auch von jedem Hoteltelefon anrufen. Diese Plastikkarten haben auf der Rückseite eine PIN Nummer aufgedruckt, die überklebt ist. Sie rubbeln die Nummer frei, und dann geht es los:

Zunächst wählen Sie die angegebene *Toll free* (1-800) Nummer. Eine Stimme fordert Sie auf (evtl. sogar auf deutsch), ihre PIN Nummer einzugeben, und nachdem das geschehen ist, die Rufnummer (Vorwahl ohne die 1, dann die Nummer des Anschlusses) einzutippen. Die freundliche Stimme sagt dann noch wie lange man mit der Karte noch telefonieren kann, und dann ertönt das Frei- oder Besetztzeichen.

Die Vorwahlen lauten: Deutschland 01149, Schweiz 01141 und Österreich 01143.

Leider ist das Mobil-Telefonieren weniger einfach. Die europäischen 900 Mhz/1800 Mhz Dualbandhandys bleiben stumm, lediglich Tribandgeräte funktionieren auch auf dem nordamerikanischen 1900 Mhz Netz. Unterwegs stören immer wieder Funklöcher, weil analoge Netze nicht alle Regionen und digitale Netze nur größere Städte abdecken.

Noch zwei **wichtige Rufnummern**:
– Notruf ist einheitlich 911.
– Wer mit dem System nicht zurechtkommt wählt 0 und wartet auf den *operator*.

Trinkgeld

Das Trinkgeld *(tip)* ist wichtig in Amerika, da Bedienungspersonal in Kneipen und Restaurants häufig darauf angewiesen ist. Man gibt dem Kellner im Restaurant 15–20 % vom

Rechnungsbetrag (schreibt es auf die Abrechnung der Kreditkarte oder lässt es auf dem Tisch liegen), Taxifahrer bekommen etwas weniger, in Kneipen zahlt man ungefähr ¢ 50 pro Drink und der Kofferträger im Hotel bekommt je nach Hotel ¢ 50–$ 1 je Gepäckstück. Bei mehrtägigem Aufenthalt erhält das Zimmermädchen pro Nacht etwa $ 1.

Unterkunft

Es gibt in Nordamerika eine Fülle von Übernachtungsmöglichkeiten. Die Palette reicht vom familiär geführten **Motel**, über **Ketten-Motels**, **Bed & Breakfasts** und **Resorts** bis hin zu **Luxushotels**. Alle Hotels verfügen über Raucher- und Nichtraucher-Zimmer.

Motels sind meist flache, ein- bis zweistöckige Bauten, oft an Highways gelegen. Die Zimmer sehen fast immer gleich aus – die Ketten unterscheiden sich in der Regel nur durch die Größe der Räume, der Bäder und danach, wieviel Handtücher es dort gibt. Oft gibt es ein winziges Frühstück *(continental breakfast)*.

Bed & Breakfasts sind (vielfach nur Nichtraucher-)Zimmer mit Frühstück, oft in liebevoll eingerichteten Privathäusern. Die meisten B & Bs sind klein, haben selten mehr als 5 oder 6 Zimmer und Platz für ein Dutzend Gäste. Die Atmosphäre ist familiär und die Frühstücksbrötchen sind oft selbst gebacken.

Resorts sind Sporthotels, meist mit eigenem Golfplatz, Bootsanlegestellen o. ä. Hier ist in der Regel alles genauso erstklassig wie in den teuren Hotels. Übernachtungen in **Hotels** verstehen sich fast immer ohne Frühstück. Downtown Hotels haben oft hohe Parkgebühren ($ 15–20 pro Tag und Übernachtung).

Großstadthotels und Motels machen oft Wochenendsonderangebote, *weekend packages*, nach denen man fragen sollte.

Die bei den Hotelempfehlungen angegebenen **Preiskategorien** gelten für zwei Personen ohne Frühstück. Einzelzimmer sind meistens nur unwesentlich billiger (wenn überhaupt) und für ein zusätzliches Bett muss man etwa $ 8–10 berappen. Kinder übernachten im Schlafzimmer der Eltern meistens kostenlos.

$	bis 50 Dollar (ohne *taxes*)
$$	50–80 Dollar
$$$	80–120 Dollar
$$$$	über 120 Dollar

Zeitzonen

Die Region der Großen Seen erstreckt sich über zwei verschiedene Zeitzonen, deren Grenze von Norden nach Süden durch den Lake Michigan und den Lake Superior führt. In Ontario (Kanada) und den US-Bundesstaaten New York, Pennsylvania, Ohio, Indiana und Michigan ist es sechs Stunden früher als in Mitteleuropa (12 Uhr, wenn es in Deutschland 18 Uhr ist). Hier befindet man sich in der *Eastern Time Zone*. In Illinois, Wisconsin und Minnesota ist es sogar sieben Stunden früher, da hier die Uhr nach der *Central Time* schlägt.

Zoll

Zollfreigrenzen bei der **Einreise in die USA**
– 200 Zigaretten oder 50 Zigarren oder 2 kg Tabak
– 1 l alkoholische Getränke
– Geschenkartikel im Wert von $100
Zollfreigrenzen bei der **Einreise nach Kanada**
– 200 Zigaretten, 50 Zigarren oder 200 gr Tabak
– 1,5 l Wein oder 8,5 l Bier
– Geschenkartikel im Wert von $ 60
Pflanzen, Gemüse, Obst, Fleisch dürfen nicht eingeführt werden. Haustiere können gegebenenfalls mitgebracht werden, die Quarantäne-Bestimmungen variieren je nach Tierart.

Wer will, darf auch sein Auto aus Europa mitbringen und es bis zu einem Jahr in Nordamerika fahren. Beim Verkauf in Nordamerika müssen zahlreiche Zoll- und Umrüstbestimmungen beachtet werden.

Autokauf in den USA ist einfach, und Autofahren, abgesehen von hohen Versicherungsprämien, preiswert. Wollen Sie den Wagen beim Verlassen des Landes mitnehmen, sollten Sie sich über die Zoll- und Zulassungsbestimmungen im eigenen Land informieren.

Orts- und Sachregister

Die amerikanischen Bundesstaaten und kanadischen Provinzen, die im Reiseführer erwähnt werden, erscheinen im Register in geläufigen Abkürzungen.
  Die *kursiv* gesetzten Begriffe und Seitenzahlen beziehen sich auf den Serviceteil, **fett** gedruckte Angaben verweisen auf ausführliche Erläuterungen.

Namenregister

SUNNY SIDE UP

Bildnachweis

Manfred Braunger, Freiburg: S. 6, 9, 15, 18, 24, 46, 53, 60, 62, 66, 70, 82, 89, 90, 128, 144/145, 150/151, 152, 159, 160, 176/177, 178, 179, 180/181, 185, 192, 237, 238
Chicago Historical Society: S. 19
Fridmar Damm, Köln: S. 25, 210/211, 212
Peter Frischmuth/argus, Hamburg: Umschlagklappe (vorn), S. 1 (13), 8, 50, 51, 52, 59, 66/67, 69, 78, 80, 81, 85, 91, 95, 96, 98/99, 101, 130, 149, 154, 157, 162, 165, 166, 169, 171, 172, 173, 175, 187, 193, 194, 197, 203, 207, 233, 242/243, 248, 252, 258
Eberhard Grames/Bilderberg, Hamburg: S. 132, 234
Great Lakes of North America, Ratingen: S. 65, 78/79
Christian Heeb/LOOK, München: Umschlagvorderseite, S. 2/3, 10, 28/29, 29, 30, 32, 33, 34, 35, 37, 38, 39, 43, 44, 45, 97, 137, 141 (hintere Umschlagklappe), 146
Karl Johaentges/LOOK, München: S. 121, 133
Karl-Heinz Raach/LOOK, München: S. 206, 213, 214
Jörg Sackermann, Köln: S. 230, 231
Sabine Tautfest, Washington: S. 76, 87, 92, 93
Heike Wagner, Bernd Wagner, Duisburg: S. 199, 205, 217
Günther Wessel, Hamburg: S. 23, 104 (Umschlagrückseite), 106, 109, 116/117, 118, 119, 123, 186, 229, 236, 239, 247
Thomas Peter Widmann, Regensburg: S. 16, 223, 224/225, 226
Vista Point Archiv: S. 22, 49, 200/201

Umschlagvorderseite: Mackinac Bridge. Foto: Christian Heeb/LOOK, München
Vordere Umschlagklappe: Graduation Day in Chicago. Foto: Peter Frischmuth/argus, Hamburg
Vordere Umschlagklappe (innen): Übersichtskarte
Schmutztitel: Keweena-Halbinsel. Foto: Peter Frischmuth/argus, Hamburg
Haupttitel (S. 2/3): Seeblick auf Chicago. Foto: Christian Heeb/LOOK, München

© Vista Point Verlag, Köln
2. aktualisierte Auflage 2006
Aktualisierung der 2. Auflage: Heike Wagner und Bernd Wagner
Alle Rechte vorbehalten
Reihenkonzeption: Horst Schmidt-Brümmer, Andreas Schulz
Lektorat: Simone Nörling
Layout und Herstellung: Kerstin Hülsebusch-Pfau, Britta Wilken
Reproduktionen: Litho Köcher, Köln; ceynowa GmbH, Köln
Stadtpläne: Berndtson & Berndtson Productions GmbH, Fürstenfeldbruck; Routenkarten: Base map©MapQuest.com/DTP Grafik, Korschenbroich

Gedruckt auf chlorfrei gebleichtem Papier

ISBN 3-88973-254-2

VISTA POINT VERLAG
Händelstr. 25–29 · 50674 Köln · Postfach 27 05 72 · 50511 Köln
Telefon: 02 21/92 16 13-0 · Telefax: 02 21/92 16 13 14
info@vistapoint.de · Internet: **www.vistapoint.de**